Späte Freiheiten

Geschichten vom Altern

Neue Lebensformen im Alter

Ein Gemeinschaftsprojekt:
Historisches Museum Bielefeld
Schweizerisches Landesmuseum Zürich
Siemens Kulturprogramm
Zentrum Technik und Gesellschaft
der TU Berlin

Historisches Museum Bielefeld
17. Oktober 1999 - 16. Januar 2000

Schweizerisches Landesmuseum Zürich
14. April 2000 - 16. Juli 2000

FOR MORE INFORMATION
INFOPOST

Späte Freiheiten

Geschichten vom Altern

Neue Lebensformen im Alter

Herausgegeben von Hans-Liudger Dienel,
Cornelia Foerster, Beate Hentschel
und Christof Kübler

Mit Beiträgen von Carl Amery, Raimund
Beck, Christine von Blanckenburg,
Markus Borchelt, Sabina Brändli,
Jürgen Büschenfeld, Michael Detto,
Hans-Liudger Dienel, Ursula Eymold,
Susanne Frohriep, François Höpflinger,
Utz Jeggle, Hans W. Jürgens, Robin Lohmann,
Erika Neubauer, Horst Pichert, Birgit Riedel,
Katharina Schicke, Rolf Winau
und Carsten Zorn

www.spaetefreiheiten.de

Prestel

Dieses Buch erschien anläßlich der Ausstellung ›Späte Freiheiten. Geschichten vom Altern‹ im Historischen Museum Bielefeld (17. Oktober 1999 – 16. Januar 2000) und im Schweizerischen Landesmuseum Zürich (14. April – 16. Juli 2000)

Herausgeber

Hans-Liudger Dienel, Wissenschaftlicher Geschäftsführer, Zentrum Technik und Gesellschaft, Technische Universität Berlin

Cornelia Foerster, Direktorin, Historisches Museum Bielefeld

Beate Hentschel, Projektleiterin, Siemens Kulturprogramm

Christof Kübler, Konservator, Fachstelle 20. Jahrhundert, MUSÉE SUISSE, Schweizerisches Landesmuseum Zürich

Ausstellung

Kooperierende Institutionen und deren Leiter
Historisches Museum Bielefeld, Dr. Cornelia Foerster
MUSÉE SUISSE, Schweizerisches Landesmuseum Zürich, Dr. Andres Furger
Siemens Kulturprogramm, Michael Roßnagl
Zentrum Technik und Gesellschaft der TU Berlin, Dr. Hans-Liudger Dienel

Beirat
Prof. Dr. Margret Baltes (†), Jens Reese, Prof. Dr. Peter Borscheid, Prof. Dr. Ulrich Borsdorf, Fritz H. Breimesser, Dr. Robert Bud, Prof. Klaus-Achim Heine, Germanus Hungeling, Dr. Erika Neubauer, Dr. Walter Rathjen, Dr. Gerhard Renda, Wilfried Rogasch, Dr. Eva Schulze, Eva Sulovsky

Konzeption und Projektleitung
Dr. Hans-Liudger Dienel, Dr. Cornelia Foerster, Dr. Beate Hentschel, Lic. phil. Christof Kübler

Konzeption und Regie
Ursula Eymold M.A., Raimund Beck M.A.

Ausstellungsgestaltung
Stefan Haslbeck, Daniel Juric

Autorenteam
Raimund Beck M.A., Christine v. Blanckenburg M.A., Dr. Jürgen Büschenfeld, Ursula Eymold M.A., Katharina Schicke M.A., Carsten Zorn Dipl.-Pol.

Ausstellungsassistenz
Katharina Schicke M.A.

Schwerpunktrecherchen
Wilfried Rogasch M.A., Ina Mühlenmeier

Ausstellungsbau
Rüdiger Uffmann, Michael Fuhren, Robert Lloyd, Markus Braun, Wulf-Peter Siewert-Jülich

Lichttechnik
Olaf Brusdeylins + Team

Ausstellungstechnik
Jürgen Zehnpfennig + Team

Klang- und Videoinstallationen
Torsten Belscher, Wolfgang Käppner, Jan Sturm

Transport
Art Express-Kulturtransporte, Hamburg
Hasenkamp Internationale Transporte GmbH & Co. KG

Versicherung
Hasenclever und Partner GmbH & Co., Bielefeld

Leporello
Stefan Haslbeck

Plakat
Agentur für Kommunikation, Markus Rasp

Presse- und Öffentlichkeitsarbeit
Christina Kaufmann M.A. (Siemens Kulturprogramm), Dr. Gerhard Renda (Historisches Museum Bielefeld), Ueli Stahel (Schweizerisches Landesmuseum Zürich), Karolin Timm M.A. (Siemens Kulturprogramm), Dr. Astrid Tönnies (Siemens Schweiz)

Katalog

Konzeption
Beate Hentschel

Katalogassistenz
Rea Triyandafilidis

Koordination
Claudia Theimer, Rea Triyandafilidis

Bildredaktion
Ursula Eymold, Beate Hentschel, Claudia Theimer, Rea Triyandafilidis

Textredaktion
Beate Hentschel, Rea Triyandafilidis

Internet-Auftritt

Konzeption und Redaktion
Jeannette Eichholz

Webmaster
Robert Balthasar.

Ausstellung und Katalog wurden gefördert durch

Siemens-Electrogeräte GmbH, München
Siemens AG, Information and Communication Networks
Siemens AG, Information and Communication Products
Siemens AG, Zweigniederlassung Bielefeld

Siemens Schweiz AG
Regierungsrat des Kantons Zürich
Sulzer Medica AG, Winterthur

Umschlagfoto
Matthias Ziegler, München

Frontispiz
Foofie Harlan, Mitglied der Senioren-Cheerleader-Gruppe ›The Poms‹ aus Sun City/USA, im Alter von 77 Jahren, 1991.
Alon Reininger, Contact/Agentur Focus

Die Deutsche Bibliothek – CIP-Einheitsaufnahme
Ein Titeldatensatz für diese Publikation ist bei der Deutschen Bibliothek erhältlich.

Prestel Verlag
Mandlstraße 26
80802 München
Telefon: 089/381709-0
Telefax: 089/381709-35

Lektorat: Doris Kutschbach
Gestaltung und Satz: wigel@xtras.de
Lithographie: ReproLine, München
Druck und Bindung: Sellier Druck GmbH, Freising
Printed in Germany
ISBN 3-7913-2174-9

Geleitwort

»Erst im Alter kann die Freiheit auffällig wachsen: nicht die Sehnsucht nach ihr, sondern schon die Realisierung. Man will keine Karriere mehr, man kann keine mehr wollen. Der Wettlauf ist vorbei. Mit ihm: das Sich-anpassen-müssen, das Einsteckenmüssen. Mit ihm: die Angst, den richtigen Zug zu versäumen. Mit ihm: die Sorge, aufs falsche Pferd zu setzen. Mit ihm: das Wiederkäuen der blödesten Prunksätze des Zeitgeistes. Es ist hier die Rede von einer Möglichkeit: Das Alter kann die Selbsterkenntnis fördern.« So notierte der Soziologe und Philosoph Herbert Marcuse Ende der 60er Jahre und umschrieb schon damals ein Thema, das heute aktueller ist denn je: die späten Freiheiten und Chancen der ›55plus-Generation‹. Gemeint sind ganz konkret diejenigen Freiheiten, die die Menschen nach dem Erwerbsleben haben.

Immer stärker wird in der Gesellschaft diejenige Lebensphase in den Mittelpunkt rücken und zu einer Herausforderung werden, in der das Sein auf der Werteskala höher steht als das Werden und Haben. Zunehmend regt sich der Wunsch nach der ›inneren‹ Karriere, dem erfolgreichen und zufriedenen Leben nach der Berufstätigkeit. Im Jahre 2050 wird der Durchschnittseuropäer eine mittlere Lebenserwartung von 79 bis 82 Jahren haben. Laut EU-Bericht von 1995 wird die europäische Frau sogar 84 bis 86 Jahre alt. So geht es in Zukunft verstärkt um das Sein der Bevölkerungsgruppe zwischen 55 und 75 Jahren, die im 21. Jahrhundert nahezu ein Drittel der Bevölkerung der westlichen Welt stellen werden.

Fortschritte in der Medizin, der Technik, der Bildung, bei den Möglichkeiten materieller Vorsorge sowie beim allgemeinen sozioökonomischen Lebensstandard haben dazu geführt, daß auch das Alter zu einer positiven Lebensetappe geworden ist. Im allgemeinen fühlen sich die Älteren subjektiv genauso wohl wie die Jüngeren. Dieses Lebensgefühl haben sie einer größeren psychischen Widerstandsfähigkeit zu verdanken, wenngleich – und das darf nicht vergessen werden – dieses Lebensgefühl natürlich nicht auf alle zutrifft und sich das Leben älterer Menschen schnell und zum Schlechteren verändern kann. Allein, sie ringen darum, wie in einem Leben jenseits des ökonomischen Produktionszwangs ›Lebenssinn‹ bestimmt wird. Man erhofft sich, daß dieser Lebenssinn nicht nur von den Älteren selbst, sondern auch von den jüngeren Generationen akzeptiert wird.

Heute entsteht die ›Belle Époque‹ einer neuen Generation, die ihre spezifischen Bedingungen den gesellschaftlichen, kulturellen wie technischen Entwicklungen der letzten fünfzig Jahre verdankt. Je mehr eine Gesellschaft daran interessiert ist, daß die körperlichen, geistigen und sozialen Entwicklungsmöglichkeiten des Individuums zeitlich ausgedehnt werden, um so mehr bedarf es auch der entsprechenden gesamtgesellschaftlichen Unterstützungsmaßnahmen – technischer wie ökonomischer Art. Hier geht es nicht darum, das Leben einfach nur zu verlängern, sondern darum, es zu verbessern.

Wir sprechen von der Lebensphase der Menschen zwischen 55 und 75 Jahren, die von Werbung und Marketing »Junge Alte« oder »Neue Generation«, in den USA »Woopies«, »Mid Ager« oder »Best Ager« genannt werden. Diese »New Generation« ist gesund und fit, politisch kompetent, mobil, selbstbewußt, kaufkräftig und mit einem Lebensgefühl ausgestattet, nicht mehr ganz jung, aber frei, unternehmungslustig und vital zu sein. Alte Menschen führen ein umsorgtes, zum Teil technikgestütztes, aber dennoch selbständiges Leben. Wohnkomfort im Ruhestand hat für sie einen hohen Stellenwert. Reisefieber führt viele von ihnen in ferne Länder. Sie lernen, ihre neue Freiheit zu genießen – wenngleich, so kann man feststellen, Männer diese private Freiheit bisher stärker wahrnehmen als Frauen. Für die Jüngeren sind sie eher Potential denn Ballast. Fängt die schönste Zeit im Leben nach 50 an? Wohl nicht! So jedenfalls schätzt sich die ältere Generation selbst ein, und auch die Jungen werden wohl kaum das Gegenteil behaupten. Aber immerhin sind Freiheit, Unabhängigkeit und kreative Entfaltung Angebote und Anforderungen an die neuen ›jungen Alten‹, wie sie nie zuvor in der Geschichte der Menschheit bestanden haben.

Angesichts der neuen Aufgaben, vor die sich Sozial- und Wirtschaftspolitik infolge der wachsenden Anzahl und zunehmenden gesellschaftlichen Präsenz älterer Menschen heute gestellt sehen, hat die UN-Generalversammlung schon 1992 beschlossen, das Jahr 1999 als ›International Year of Older Persons‹ zu begehen. Der Aktualität und Brisanz dieses Themas tragen die Ausstellung ›Späte Freiheiten. Geschichten vom Altern‹ und das sie begleitende Buch Rechnung.

So wird berechtigterweise eine der wichtigen Fragen des nächsten Jahrhunderts auch diejenige sein: Wie wollen wir in Zukunft im Alter leben?

Michael Roßnagl
Leiter des Siemens Kulturprogramms

Avant-propos

»C'est seulement avec l'âge que la liberté augmente de façon manifeste: non pas le désir de liberté, mais sa réalisation. On ne veut plus faire carrière, on ne peut plus vouloir faire carrière. C'est la fin de la compétition et, avec elle, disparaît la nécessité de s'intégrer, de prendre sur soi. Ainsi que la peur de manquer le bon train ou d'avoir misé sur le mauvais cheval. Ou encore le rabâchage des certitudes imbéciles, fruits de l'esprit du temps. Il faut évoquer ici une possibilité: l'âge peut favoriser la connaissance de soi.« Ainsi s'exprimait Marcuse, à la fin des années soixante, en abordant alors un thème, aujourd'hui plus actuel que jamais: les libertés et les opportunités tardives de la génération des plus de 55 ans. Cela concerne, très concrètement, les libertés dont jouissent les gens après la vie professionnelle.

Dans une mesure toujours plus large, notre société va accorder une attention centrale à cette phase de la vie et lui donner le sens d'un défi, où, dans l'échelle des valeurs, Être est plus important que Devenir ou Posséder. Même si les aspirations demeurent, notamment celles d'une carrière »intérieure«, à savoir mener une vie réussie et satisfaisante après l'activité professionnelle, le thème est avant tout celui du mode d'existence du groupe de population compris entre 55 et 75 ans, qui, dans le monde occidental, représentera au XXIe siècle près d'un tiers de la population. En 2050, l'Européen bénéficiera en moyenne d'une espérance de vie située entre 79 et 82 ans. D'après un rapport de l'Union européenne en date de 1995, la femme atteindra même un âge compris entre 84 et 86 ans.

Les progrès de la médecine, des techniques et de l'instruction, la possibilité d'assurer l'existence matérielle ainsi que le niveau de vie socio-économique général ont permis à la vieillesse de devenir une étape positive de la vie. En général, les personnes âgées se sentent, subjectivement, aussi bien que les plus jeunes, et elles doivent ce sentiment de l'existence à une meilleure résistance psychique. Pourtant, nous ne devons pas oublier que ce sentiment n'est pas partagé par tous et que la vie des personnes âgées peut se modifier rapidement, se détériorer. Les personnes de cette génération recherchent le »sens de la vie« dans une existence libérée de l'obligation économique de la production. Avec l'espoir que ce sens de la vie n'est pas uniquement partagé par les plus anciens, mais aussi accepté par les jeunes générations.

Aujourd'hui, nous assistons à la »Belle Époque« d'une nouvelle génération qui doit ses conditions spécifiques aux évolutions sociales, culturelles et techniques des dernières cinquante années. Plus une société cherche à prolonger dans le temps les possibilités d'évolution physique, intellectuelle et sociale de l'individu, plus elle a besoin des mesures correspondantes de soutien, consenties par l'ensemble de la société – sur le plan technique et économique. Il ne s'agit pas seulement de prolonger la vie, mais de l'améliorer.

Nous parlons de la vie des personnes âgées de 55 à 75 ans, dont la publicité parle en termes de »jeunes anciens« ou de »nouvelle génération«, ceux qui sont appelés »Woopies«, »Mid Ager« ou »Best Ager« aux États-Unis. Cette »nouvelle génération« jouit d'une santé et d'une forme remarquables, elle est politiquement avertie, mobile, consciente de soi et dispose d'un bon pouvoir d'achat. Elle se rend compte qu'elle n'est plus extrêmement jeune, mais elle est libre, désireuse d'entreprendre et tonique. Les anciens mènent une vie protégée, parfois avec l'aide de la technique, mais pourtant autonome. Pendant la retraite, le confort de l'habitation revêt une place plus importante. L'envie de voyager conduit un grand nombre d'entre eux vers des pays lointains. Ils apprennent à jouir de leur nouvelle liberté. On constate toutefois que, jusqu'ici, les hommes font un usage plus large de cette liberté que les femmes. Pour les jeunes, les anciens sont plutôt un fardeau potentiel. La partie agréable de l'existence commence-t-elle après 50 ans? Certainement non! C'est ainsi que le voit la plus ancienne génération, et les plus jeunes ne vont certainement pas les contredire. Pourtant, la liberté, l'indépendance, l'épanouissement créateur constituent des offres et des exigences pour les »jeunes anciens« comme cela n'a encore jamais été le cas dans l'histoire de l'humanité.

Face à ces nouveaux défis auxquels est confrontée la politique économique et sociale, en raison du nombre croissant et de la place toujours plus large occupée dans la société par les plus âgés, l'Assemblée générale de l'ONU a décidé, en 1992 déjà, que l'année 1999 serait »l'International Year of Older Persons«. L'exposition et le catalogue *Libertés tardives. Histoire du vieillissement* tiennent compte du caractère à la fois actuel et explosif de ce sujet.

Ainsi, de façon tout à fait pertinente, l'une des questions majeures du siècle à venir sera la suivante: comment voulons-nous, à l'avenir, vivre notre vieillesse?

Michael Roßnagl
Responsable du Siemens Kulturprogramm

Vorwort

Alt müßte man sein!

Dieser Seufzer stand am Anfang der gemeinsamen Überlegungen, eine durchgreifende Revolution in unserer Gesellschaft zum Thema einer Ausstellung zu machen: die positive Umwertung des Alters.

Während die politisch korrekte Forderung nach einem Dialog der Generationen noch das traditionelle Bild des Alters vermittelt, ist die Entwicklung längst weitergegangen. Ältere Menschen, materiell weitgehend abgesichert, noch rüstig und mit Zeit und Lust am Leben, sind eine neue, attraktive, experimentierfreudige Generation, für die die Gleichung ›Ruhestand = Alter‹ schon längst nicht mehr gilt.

Unser Gesamtprojekt soll die Geschichte, Gegenwart, Chancen und Probleme des zukünftigen Lebens im Alter zeigen. Zwei Thesen stellen wir hierbei auf: 1. Die historische Entwicklung der Lebenssituation älterer Menschen zeigt eine stetige Veränderung von großer Abhängigkeit und Unfreiheit hin zu immer mehr Freiheit und Selbständigkeit im Alter. Die 2. These lautet: Die Gesellschaft setzt sich heute und in Zukunft nicht mehr nur aus den bekannten drei, sondern aus vier Generationen zusammen. Die Menschen der europäischen und nordamerikanischen Gesellschaft haben einen Lebensabschnitt ganz eigener Qualität neu hinzugewonnen. Gemeint ist damit die Lebensphase ungefähr zwischen dem 55. und dem 75. Lebensjahr. Ausstellung und Buch beschreiben, was diese Neuheit ausmacht. Was waren und sind die Voraussetzungen für die Entwicklung dieser neuen Generation? Wie lebt sie? Was sind ihre Forderungen? Aber auch: Unter welchen Voraussetzungen kommt es vor, daß alte Menschen sich von den neuen Möglichkeiten und Freiheiten ausgeschlossen sehen? Wir zeigen Ausschnitte aus einer Kultur, in der das Leistungsprinzip in der Regel nicht mehr gilt und deren Vertreter sich außerhalb der gesellschaftlich anerkannten Funktionen und Tätigkeiten als eigenständige gesellschaftliche Gruppe etabliert haben.

Diese neue Kultur einer ›jungen alten‹ Generation ist Thema unserer Ausstellung. Wir haben uns damit sehr bewußt für einen optimistischen Blick auf das Alter entschieden. Altersarmut, Einsamkeit, das Nachlassen der Kräfte, Krankheit und Tod, dies alles steht nicht im Vordergrund. Denn diese Phänomene sind nicht neu, waren vielmehr für die Bevölkerungsmehrheit über lange Jahrhunderte die dominierenden Kennzeichen des Alters.

Erst seit wenigen Jahrzehnten hat sich dies – wiederum für die Bevölkerungsmehrheit – grundlegend verändert, ohne daß damit die genannten negativen Begleiterscheinungen des Alters gänzlich verschwunden wären. Doch faszinierend ist der unbestreitbare positive Zugewinn an Zeit, Gesundheit und materieller Sicherung, der den Menschen nach dem Ausscheiden aus dem Berufsleben heute zuteil wird.

Wann beginnt das Alter? Eine Frage, die vielleicht nur individuell zu beantworten ist. Die Lebensphase, die im Mittelpunkt der Ausstellung steht, ist die Zeit vor dem Alter, sofern man unter Alter Gebrechlichkeit, Pflegebedürftigkeit und Krankheit bis zum Tode versteht. Es sind die ›gewonnenen Jahre‹, wie sie Historiker und Soziologen nennen. Sie beginnen zumeist mit dem Ausscheiden aus dem Beruf oder dem Auszug der erwachsenen Kinder. Viele Menschen – gerade der Kriegsgeneration – können es sich »jetzt zum ersten Mal in ihrem Leben so richtig sorgenfrei schön machen«. Tun sie es auch, und wie tun sie es? Diese Fragen will die Ausstellung beantworten. Im Zentrum stehen deshalb nicht gesamtgesellschaftliche Prozesse und technologische Entwicklungen, sondern die einzelnen Menschen mit ihren individuellen Perspektiven und Möglichkeiten. Dazu haben wir einen biographischen Zugriff gewählt: Die historisch-systematische Darstellung verschiedener Aspekte unseres Themas wird durch reale und fiktive Beispiele individueller Lebensläufe konkret und anschaulich ergänzt.

Ausstellung und Buch sind in fünf Themenbereiche gegliedert: Körper, Wohnen, Kommunikation, Mobilität und materielle Sicherung. Dieser eher als ›alltagskulturell‹ zu bezeichnende Ansatz, der neben dem kulturhistorischen steht, führt dazu, daß Ausstellung und Buch neben Exponaten und Bildern aus den Bereichen Kunst und (im weitesten Sinne) Technik viele Gegenstände des Alltags, Exponate von großer Privatheit, zeigen. Das Gesamtprojekt versteht sich als Versuch, das Alter in seiner gesellschaftlichen Konstruktion einerseits und in seinen alltäglichen Wirkungen für den einzelnen andererseits zu beschreiben. Es reflektiert einen grundlegenden demographischen Wandel und stellt sich einigen drängenden Fragen: Was bedeutet das Alter für uns? Welches Verständnis haben wir davon? Welche Technologien wünschen wir uns zur Erhöhung der Lebensqualität im Alter? Welche personalen Sicherungssysteme sind in Zukunft denk- und realisierbar? Welche Auswirkungen haben gesamtgesellschaftliche Entwicklungen auf das Alter bzw. auf unser Bild vom Alter?

Das Neue wird sichtbar vor der Folie des Alten. Wir haben uns deshalb bei der Konzeption von Buch und Ausstellung für einen kulturhistorischen Ansatz entschieden, um Lebenssituationen älterer Menschen in einer Gegenüberstellung von Früher und Heute radikal vergleichen zu können. Der Rückblick auf die Vergangenheit soll dazu dienen, die heutige Situation besser zu verstehen und Ideen und Vorstellungen für die Zukunft zu entwickeln. Denn: »Wer die Vergangenheit nicht kennt«, so schrieb Golo Mann, »wird die Zukunft nicht in den Griff bekommen.« Der Schwerpunkt von Ausstellung und Buch konzentriert sich auf den Bereich des privaten Lebens, um einen möglichst lebensnahen Zugang zu dem gesellschaftlich komplexen Thema Alter zu geben.

Für wen ist die Ausstellung gemacht, an wen wendet sie sich, welches ist die Zielgruppe? Unser Thema ist unbestritten von großer Aktualität und Brisanz für alle, für die Jüngeren wie für die Älteren. Welche Sprache ist dann zu wählen, welche Präsentationsformen sind geeignet, mehrere Generationen mit unterschiedlicher Lebenserfahrung zu erreichen?

Wir haben festgestellt, daß ältere Menschen zunächst zögerten, wenn wir ihnen von unserem Projekt berichteten – so als überlegten sie, ob sie wohl zu den ›Betroffenen‹ gehörten, obwohl sie sich nicht alt fühlten und nicht so lebten, wie es traditionellen Vorstellungen vom Alter entspräche. Machen wir also eine Ausstellung für die Jungen, so daß sich auch die Junggebliebenen angesprochen fühlen können?

Vielleicht ist es eine Ausstellung der ›mittleren‹ Jahrgänge. Zumindest stehen wir – das Ausstellungsteam – in den 30er und 40er Jahren und insofern zwischen jung und alt. Wir erwarten das Alter mit großer Spannung und Ungewißheit. Dies war unsere Motivation, den Blick zurückzuwenden, um vor der Folie früherer Lebensformen die heutigen Veränderungen und künftigen Perspektiven um so deutlicher zu akzentuieren. Das Bild der Lebenstreppe, die das Leben gleichmäßig in einen Aufstieg und einen Abstieg teilte, galt jahrhundertelang als zutreffende Darstellung des menschlichen Schicksals. Vielleicht verwirklicht sich eine wesentliche Forderung der Arbeiter des 19. Jahrhunderts, die den Tagesablauf gleichmäßig in acht Stunden Bildung, acht Stunden Arbeit und acht Stunden Ruhe aufgeteilt sehen wollten, heute zunehmend in modernen Lebensläufen, in denen die drei Phasen Ausbildung, Berufstätigkeit und Ruhestand einander nahezu gleichwertig werden.

Für uns – die Ausstellungsautoren, die wir ›mitten im Leben stehen‹ – kann sich diese neue Perspektive, in der Ausbildung, Beruf und Ruhestand gleichberechtigt nebeneinander stehen, durchaus als Fortschritt zu einem ausgewogenen Leben darstellen, und so blicken wir voll optimistischer Erwartung in die Zukunft. Etwas von dieser ›Altersvorfreude‹ soll sich in der Ausstellung den Besuchern mitteilen.

Das Buch führt durch die einzelnen Kapitel und Stationen der Ausstellung. Es ist jedoch mehr als ein Ausstellungskatalog. Wir möchten es als ein Sachbuch zu einem aktuellen gesellschaftlichen Thema verstanden wissen: zu einem Thema, das mittlerweile in nahezu allen Feldern der Gesellschaft – wie z.B. Wirtschaft, Technik, Kunst, Design, Architektur – seine Spuren hinterläßt. Die thematische Vielfalt von Buch und Ausstellung ist Programm. Ist der Zeitraum, den die Ausstellung umfaßt, auf die letzten 200 Jahre begrenzt, so nimmt der Katalog, gerade was die Bildauswahl betrifft, Zeugnisse aller Zeiten und Kulturen auf. Eine vollständige und ausführliche Objektliste am Ende des Buches beschreibt die in der Ausstellung zu sehenden Exponate. Zu Beginn jedes Kapitels sollen jeweils zwei Biographien, eine historische und eine aktuelle, samt den entsprechenden Insignien des Alters dem Leser einen persönlichen Zugang zum Thema eröffnen. Sie stellen das Alter in einen lebensgeschichtlichen Zusammenhang und machen damit deutlich, daß die Gestalt, die diese Lebensphase für das jeweilige Individuum erhält, das Resultat lebenslanger Prägungen ist. Die Biographien beanspruchen nicht, für eine Zeit, eine soziale Schicht oder bestimmte Arbeitsverhältnisse repräsentativ zu sein; sie haben rein exemplarischen Charakter.

Für das Gelingen dieses Gemeinschaftswerks haben viele Partner zusammengewirkt. Stammt die ursprüngliche Idee zum Thema vom Siemens Kulturprogramm, so wurden Ausstellung und Buch gemeinschaftlich konzipiert und realisiert vom Historischen Museum Bielefeld, dem Schweizerischen Landesmuseum Zürich, dem Siemens Kulturprogramm und dem Zentrum Technik & Gesellschaft der Technischen Universität Berlin. Für die Beratung danken wir unserem wissenschaftlichen Beirat, der Vor- und Feinkonzept der Ausstellung kritisch kommentiert und begleitet hat. Zum engeren Ausstellungsteam gehören neben den Herausgebern des Buches Ursula Eymold und Raimund Beck (Regie und Dramaturgie), Stefan Haslbeck (Gestaltung), Christine von Blanckenburg, Jürgen Büschenfeld, Katharina Schicke und Carsten Zorn in München, Zürich, Fulda, Berlin und Bielefeld. Das Team hat intensiv und engagiert gearbeitet, vielen Dank!

Herzlich danken möchten wir auch den zahlreichen Leihgebern und den großzügigen Förderern von Ausstellung und Buch: Sulzer Medica AG, Siemens-Electrogeräte GmbH, Siemens Schweiz AG, Siemens AG, Bereich Information and Communication Networks, Bereich Information and Communication Products, und Siemens AG, Zweigniederlassung Bielefeld.

Hans-Liudger Dienel
Cornelia Foerster
Beate Hentschel
Christof Kübler

Présentation

Il faudrait être vieux!

Ce regret a marqué le début d'une réflexion commune sur une exposition consacrée à une révolution profonde qui concerne notre société: la nouvelle appréciation positive de la vieillesse.

Alors que l'exigence, politiquement correcte, du dialogue entre les générations diffuse une image encore traditionnelle de la vieillesse, l'évolution est déjà bien plus avancée. Les personnes âgées bénéficient le plus souvent de la sécurité matérielle, sont en forme physiquement, disposent de temps et affichent leur plaisir de vivre. Elles représentent une nouvelle génération, attachante et marquée par le goût de l'expérience, pour laquelle l'équation »retraite = vieillesse« ne s'applique plus depuis longtemps.

Notre projet global est de montrer l'histoire, l'actualité, les opportunités et les problèmes de la vieillesse dans le futur. À ce propos, nous formulons les deux hypothèses suivantes: Premièrement, l'évolution historique de la situation des personnes âgées s'inscrit dans un progrès constant, avec le passage d'une vieillesse caractérisée par une forte dépendance et absence d'autonomie à une vieillesse marquée par l'élargissement des libertés et de l'indépendance. Deuxièmement, aujourd'hui et dans le futur, la société ne se compose plus des trois générations classiques, mais de quatre âges. Les gens qui vivent dans la société européenne et nord-américaine ont gagné une étape de vie, aux qualités propres. Il s'agit de la phase comprise entre la 55e et la 75e année. L'exposition et le catalogue décrivent ce qui fonde cette nouveauté. Quelles ont été et quelles sont les conditions de l'évolution de cette nouvelle génération? Comment vit-elle? Quelles sont ses exigences? Mais aussi, quelles sont les circonstances pouvant exclure les personnes âgées de ces nouvelles possibilités et libertés? Nous présentons les aspects d'une culture où le principe de la performance ne s'applique généralement pas, et dont les représentants ont constitué un groupe social indépendant, situé en marge des fonctions et activités reconnues par la société.

Cette nouvelle culture d'une »jeune ancienne« génération est le thème de notre exposition. De manière consciente, nous avons opté pour un regard optimiste sur la vieillesse. La pauvreté des vieillards, leur solitude, le dépérissement physique, la maladie et la mort, tous ces aspects ne sont pas mis en avant. En effet, ces phénomènes ne sont pas nouveaux, mais ont été, durant des siècles et pour la majorité de la population, les caractéristiques dominantes de la vieillesse.

C'est seulement au cours des dernières décennies que cette image s'est fondamentalement modifiée – désormais pour la majorité de la population – sans pour autant que les aspects négatifs qui accompagnent le vieillissement aient entièrement disparu. Ce qui est pourtant fascinant, c'est l'indiscutable gain en temps de vie, santé et sécurité matérielle dont bénéficient aujourd'hui ceux qui ont achevé leur vie professionnelle.

Quand commence la vieillesse? Une question dont la réponse est, peut-être, uniquement individuelle. La période de vie, placée au centre de l'exposition, est celle qui précède la vieillesse, pour autant que celle-ci est synonyme de handicap, de perte d'autonomie ou de maladie menant à la mort. Il s'agit des »années gagnées« comme les désignent les historiens et les sociologues: elles débutent la plupart du temps avec la fin de la vie professionnelle et avec le départ des enfants, désormais adultes. De nombreuses personnes – en particulier celles de la génération de la guerre – peuvent ainsi »pour la première fois de leur vie s'organiser une vie agréable et sans soucis«. Le font-elles vraiment et comment le font-elles? L'exposition entend répondre à ces questions. Elle n'est donc pas centrée sur des processus touchant l'ensemble de la société et sur les évolutions technologiques, mais sur les individus, avec leurs perspectives et possibilités individuelles. Pour cela, nous avons opté pour une approche biographique. La représentation historique et systématique des différents aspects de notre thème est complétée de manière concrète et imagée par des exemples, réels et fictifs, puisés dans des destins individuels.

L'exposition et le catalogue sont traversés par cinq thèmes: le corps, l'habitat, la communication, la mobilité et la sécurité matérielle. Cette approche, que l'on peut plutôt qualifier »d'ancrée dans la culture du quotidien«, parallèle à l'histoire des cultures, fait que l'exposition et le catalogue présentent, à côté d'œuvres et d'images appartenant au monde de l'art et (dans un sens très large) de la technique, des objets quotidiens, parfois au caractère extrêmement privé. L'ensemble du projet se voit comme une tentative pour décrire la vieillesse d'une part dans sa perspective sociale et d'autre part à travers son incidence quotidienne pour chacun. Cela reflète une mutation démographique fondamentale et soulève quelques questions bien actuelles: que signifie pour nous la vieillesse? Comment l'acceptons-nous? Quelles technologies souhaitons-nous pour améliorer la qualité de vie lors de la vieillesse? Quels systèmes de sécurité individuelle sont envisageables et réalisables dans l'avenir? Quelle est l'influence des évolutions globales de la société sur la vieillesse ou sur notre image de la vieillesse?

Le nouveau ne se manifeste que sur l'arrière-plan de l'ancien. Lors de la conception du catalogue et de l'exposition, nous avons donc choisi une approche s'inscrivant dans l'histoire de la culture, afin de comparer la situation des personnes âgées à la lumière d'une confrontation entre hier et aujourd'hui. Le retour vers le passé doit servir à mieux comprendre la situation présente, à développer des idées et des représentations pour l'avenir. Car, comme l'affirmait Golo Mann, »celui qui ne connaît pas le passé ne maîtrisera pas l'avenir«. La note principale de l'exposition et du catalogue est la vie privée, afin de parvenir à une approche aussi vivante que possible du thème social complexe de la vieillesse.

Pour qui l'exposition est-elle faite, à qui s'adresse-t-elle, à quel groupe est-elle destinée? Notre thème est indiscutablement d'une grande actualité et interpelle tout le monde, les plus jeunes comme les plus âgés. Quelle langue choisir, quelle forme de présentation adopter pour s'adresser à plusieurs générations, aux expériences de vie différentes?

Nous avons constaté que les personnes âgées se montraient tout d'abord hésitantes lorsque nous leur avons parlé de notre projet, comme si elles réfléchissaient pour savoir si elles faisaient partie des »concernés«, bien qu'elles ne se sentent pas âgées et ne vivent pas selon les modèles traditionnellement attachés à la vieillesse. Fallait-il donc faire une exposition pour les benjamins, afin que les anciens, restés jeunes, se sentent concernés?

En fait, il s'agit peut-être d'une exposition des classes d'âge »moyennes«. Nous – l'équipe chargée d'organiser l'exposition – sommes dans la trentaine et la quarantaine, donc entre les jeunes et les anciens. Nous attendons la vieillesse avec beaucoup de tensions et d'incertitudes. Nous avons donc été motivés par l'idée de jeter un regard en arrière, en prenant pour toile de fond la folie des anciens modes d'existence, afin d'accentuer encore plus nettement la présentation des modifications actuelles et des perspectives futures. L'image de l'échelle de la vie, qui subdivise l'existence en deux parties égales, une montée et une descente, a été jugée pertinente durant des siècles pour représenter la destinée humaine. Peut-être voyons-nous se réaliser une exigence essentielle des ouvriers du XIXe siècle qui voulaient diviser la journée de manière égale en huit heures d'instruction, huit heures de travail et huit heures de repos. Aujourd'hui en effet, la vie moderne accorde, dans une mesure croissante, des places presque égales aux trois phases de la formation, de la vie active et de la retraite.

Pour nous – les auteurs de l'exposition, »qui se trouvent au milieu de la vie« – cette nouvelle perspective, où la formation, la vie professionnelle et la retraite occupent une place égale, peut tout à fait être conçue comme un progrès vers une vie plus équilibrée. C'est pourquoi nous portons un regard plein d'optimisme et d'attente sur l'avenir. Nous espérons communiquer aux visiteurs de l'exposition quelque chose de cette »joie de prendre de l'âge«.

Le catalogue constitue un fil directeur à travers les différents thèmes et parties de l'exposition. Mais c'est plus que cela. Nous l'avons conçu comme un ouvrage de référence sur un sujet social actuel, qui concerne entre-temps tous les domaines de la société – comme par exemple l'économie, la technique, l'art, le design, l'architecture. La diversité thématique du catalogue et de l'exposition constitue en soi un programme. Durant l'intervalle couvert par l'exposition, limité aux deux cents dernières années, le catalogue contient, en particulier en ce qui concerne l'iconographie, des témoignages de toutes les périodes et de toutes les cultures. Une liste complète et détaillée des objets, en fin d'ouvrage, décrit les pièces exposées. Au début de ce chapitre deux biographies, une historique et une actuelle, avec tous les attributs de la vieillesse, faciliteront au lecteur l'accès à ce thème. Elles présentent la vieillesse dans une perspective historique, montrant ainsi clairement que l'image de cette phase de l'existence, perçue individuellement, est le résultat d'une vision qui couvre toute la vie. Les biographies n'ont pas la vocation d'être représentatives d'une époque, d'une catégorie sociale ou de conditions de travail particulières: elles ont une pure valeur d'exemple.

Nombreux sont ceux qui ont contribué à la réussite de cette réalisation commune. Si l'idée première du thème a été donnée par le Siemens Kulturprogramm, l'exposition et le catalogue ont été conçus et réalisés en commun par le Historisches Museum Bielefeld, le Schweizerisches Landesmuseum Zürich, le Siemens Kulturprogramm et le Zentrum Technik & Gesellschaft de l'Université technique de Berlin. Nous remercions de ses avis notre Conseil scientifique qui a accompagné de ses remarques critiques et de ses commentaires l'ébauche puis le projet détaillé de cette exposition. En dehors des auteurs du catalogue, le noyau de l'équipe était composé d'Ursula Eymold et Raimund Beck (réalisation et dramaturgie), Stefan Halsbeck (conception), Christine v. Blanckenburg, Jürgen Büschenfeld, Katharina Schicke et Carsten Zorn à Munich, Zurich, Fulda, Berlin et Bielefeld. L'équipe a travaillé avec beaucoup d'engagement et d'efficacité: qu'elle en soit remerciée! Nous tenons également à exprimer notre gratitude aux nombreuses personnes qui nous ont prêté des œuvres et à ceux qui ont généreusement soutenu l'exposition et le catalogue: Sulzer Medica AG, Bosch-Siemens-Hausgeräte GmbH, Siemens Schweiz AG, Siemens AG, Division Information and Communication Networks, Division Information and Communication Products, et Siemens AG, succursale de Bielefeld.

Hans-Liudger Dienel
Cornelia Foerster
Beate Hentschel
Christof Kübler

Michael Detto

Falten feiern

Es gibt ein Bild in ›Arthur Elgort's Models Manual‹: Die Mittagssonne wirft harte Schatten; eine alte Dame (die weißbehandschuhte Hand leicht, aber entschlossen auf dem Spazierstock) blickt eine junge an, welche die Augen niederschlägt; beide auf dem Bürgersteig, im Hintergrund verlieren sich die Quader des Gebäudes, an dem die junge Frau lehnt. Es ist die klassische Situation einer Belehrung, die offensichtlich bereits erfolgt ist. Beide Frauen stehen sich an schlichter Eleganz der Haltung und Kleidung in nichts nach; es ist ein Farbfoto wie aus vergangener Zeit. Der Moment gleicht einer Sacra conversazione, die sich ins Unbestimmte dehnt. Kein Hinweis, daß die Junge den Rat annehmen wird, auch wenn sie ihn erwägt. Warten.

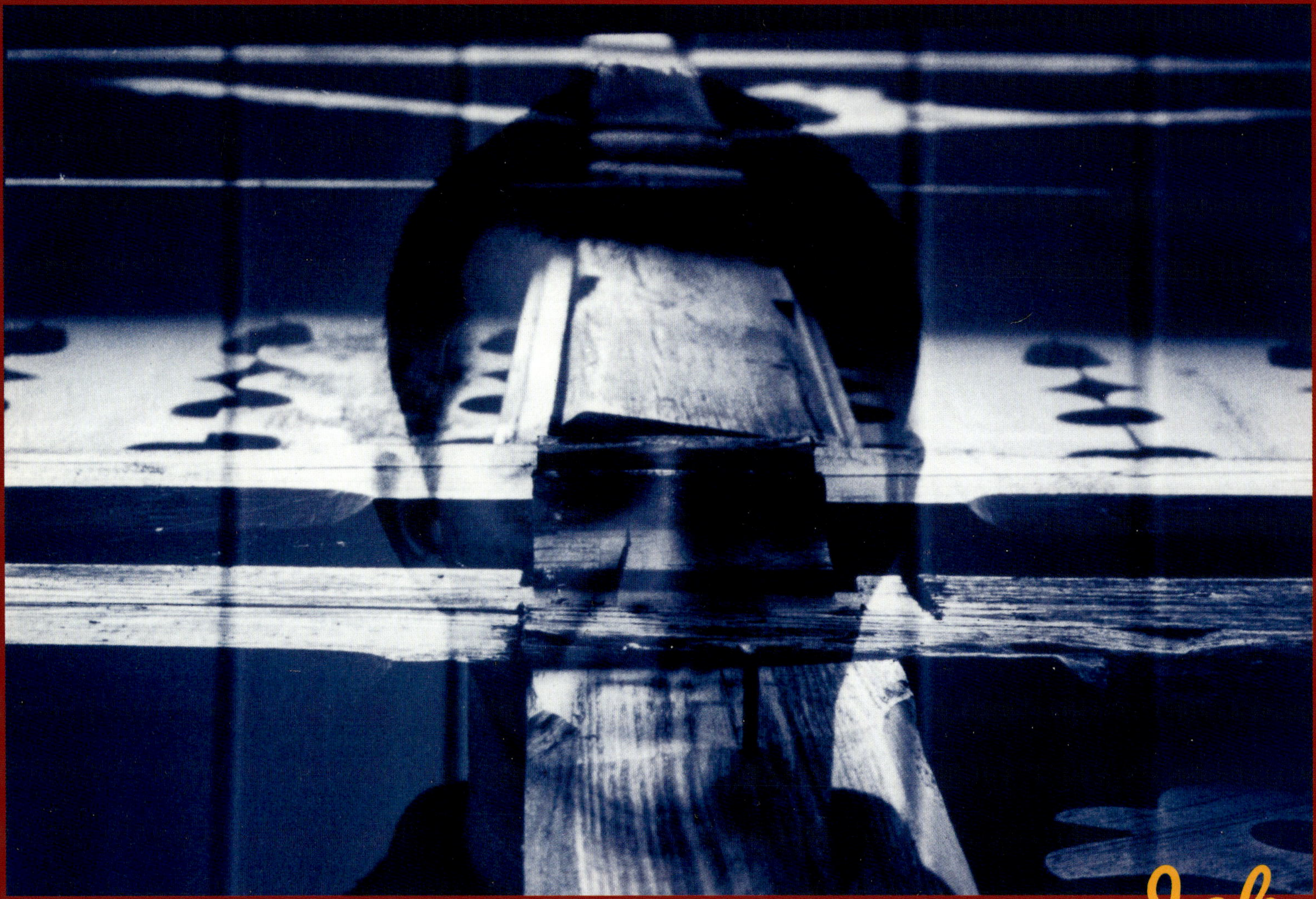

Ich

Ich wollte gerne alt sein, als ich noch jung war. In den frühen Tagen des Fernsehens blickte mir aus dem Bildschirm das zerknitterte Gesicht eines Mannes entgegen, und ich, das Kind, soll ausgerufen haben: »So viele Falten möchte ich auch einmal haben.« Meine ersten Zählversuche scheiterten an der Unmöglichkeit, den Faltenreichtum der alten Menschen zu erfassen (welch ein Überfluß an Haut). Vermutlich war ich es nur leid, das würdelose Leben eines Kindes zu führen, unfrei und ständig in Gefahr, sich Nägel oder anderes ins Fleisch zu rammen.

De

De Beauvoir schrieb über das Alter: »Jede Aussage, die behauptet, sich ganz allgemein auf das Alter zu beziehen, muß zurückgewiesen werden, weil sie dazu neigt, diese Kluft [sie schreibt vorher: zwischen Ausbeutern und Ausgebeuteten] zu verschleiern.« Ein apodiktischer Satz, der auch alt geworden ist, wie ein Stachel in der Haut, der sich auflöst mit der Zeit. Geblieben sind die vielen Geschichten, die diese Autorin für ihr Buch zusammengetragen hatte, eine Enzyklopädin des Alters, und die Geschichte der Freiheiten, die sie sich genommen hatte.

Zwei Bilder nahm ich auf, eines im Westen, das andere im Osten, das eine mit dem anderen im Kopf, so daß ich nicht mehr genau weiß, welches zuerst da war. Als sie vor mir lagen, stimmte mich die Eindeutigkeit gereizt, und um mich zu entlasten, klebte ich beide Bilder zusammen. Das eine sollte wie ein bunter Balken auf der schwarzweißen Säule des Hochformats lasten, die offensichtliche Übertreibung, das Klischee austreiben. Leider erinnere ich mich nicht mehr sehr deutlich an das Gespräch mit der Frau am Müllcontainer; ich weiß noch, sie dachte, ich wolle die Aufnahme wiederholen. Sie verstand nicht, daß ich sie nur informieren wollte, daß ich von ihr ein Bild gemacht hatte.

Se

Sehr jung zu sterben, erhält vor allem bei berühmten Menschen eine Aura von Vollendung und Tragik, die eher der Sentimentalität der Zurückgebliebenen geschuldet zu werden scheint (ach ja, der Torso …). Dagegen das Alter mit seiner eindrucksvollen Last der angehäuften Schulden, die, wenn schon nicht bezahlt, so doch getragen sein wollen. Und so gibt es erst mit den Jahren etwas, das mit dem alten Wort Contenance umschrieben werden kann: die Freiheit, sich eine Haltung als kleidsame Form zu wählen, die stützt und nicht protzt.

Neulich überschrieb jemand einen Artikel zum Los moderner Künstler: »Zur Jugend verdammt«. Popkultur hat diesen Satz bis zur (manchmal tödlichen) Albernheit auf die Spitze getrieben; inzwischen selbst in die Jahre gekommen, gibt sie nun eine Koketterie mit dem Alter zum besten (»Help the aged«, singt der Dandy – über sich selbst), und greise Menschen tauchen in den neuesten Bildern auf, den Musikvideos, der Werbung, etwas fremd noch, aber mit höflichem Interesse und ansprechend in Szene gesetzt.

Wenn Dinge und Begriffe altern, behandeln wir im Westen sie ohne Erbarmen (im Osten gibt es eine Liebe zu den Schatten; für Japan beschreibt Tanizaki Jun'ichiro die genießerische Wertschätzung für den abgenutzten Gegenstand, die Patina).

Über ein halbes Jahr ging ich beinahe täglich an jener Puppe vorbei. Das Geschäft war immer geschlossen, und es roch sehr muffig in der Nähe der Ladentür. Es gab Gerüchte, es hieß, die Besitzerin sei spurlos verschwunden.

Ne

Cicero ließ den alten Marcus Porcius Cato sagen, ein Alter, das sich mit Worten verteidigen müsse, sei erbärmlich. Machen wir es uns einfacher, indem wir sagen, wir hätten heute die Bilder?

Nicht nur Schauspieler fürchten die Kamera, die angeblich alles sieht. Den grausam dokumentarischen Bildern auszuweichen wird erleichtert, wenn wir uns auf - zugegeben einfältige - Analogien einlassen. Es gibt Vorschläge, zum Beispiel die Überbelichtung eines Bildes als Hinweis auf einen frühen Tod zu verstehen, einen Kreisabschnitt als Lebensabschnitt, den Bildrahmen als Jugend, welche dem eigentlichen Bild, also dem Alter, die Form gab, usw. usw. Natürlich sind solche Entsprechungen austauschbar, es sind ja auch nur wieder Worte, aber wir ersparen uns manche Taktlosigkeit.

Das Wort Foto-Essay erscheint immer häufiger, ein Bastard, der aus der Infiltrierung von Bildern mit Worten hervorgegangen ist. Vielleicht gibt es deshalb immer mehr Buchstaben in den Bildern, und manchmal scheinen mir, wenn ich mit der Kamera um mich blicke, Häuser oder Menschen wie Lettern zu sein.

Tiefe Abneigung empfindet Senator Norberto Bobbio, dessen Schrift über das Alter vor kurzem auf deutsch erschienen ist, gegen Cicero und andere, die in seiner Folge das Alter zu rechtfertigen suchen: Sein aufrichtiger, engagierter und warmherziger Pessimismus widerlegt ihn mit jeder Zeile.

Ein guter Freund und leidenschaftlicher Leser sagte mir, nun alt geworden, stelle er sich bei jeder Lektüre zunehmend die Frage, ob das denn noch lesenswert sei, die Zeitverschwendung gerechtfertigt. Er liest dennoch die Zeitung.

u

»Und was hat's für einen Sinn alt zu werden, wenn man sauber bleiben muß?« Das fragt ein älterer Herr in einer englischen Komödie der 80er Jahre, in der viele ältere Herren ein Bordell besuchen und zusammen mit den Bordellbetreiberinnen diese Freiheit zu verteidigen wissen. Das Kunststück der Geschichte besteht darin, einen schmuddeligen und materialisierten Alltag ernst zu nehmen als Basis für Unabhängigkeitsstreben und Selbstbewußtsein.

Auch hier bleibt die Tatsache bestehen, daß der Mensch im Alter zunehmend von Dienstleistungen abhängig wird – und daß diese bezahlt werden müssen (den alten Brauch, den Toten Münzen auf die Augen zu legen, habe ich erst spät kennengelernt; diese Geste ist so vieldeutig, daß es mich bisher grauste, all diese Spuren aufzunehmen).

T

Treppen führen hinab zum Fluß Styx, dem Fährmann Charon, der die Toten übersetzt ins Schattenreich. So stellte ich mir das vor als Kind, als ich diese Geschichte zum ersten Mal hörte. Und natürlich waren Tod und Freitod synonym.

Der Philosoph der Falten und der Rhizome, Gilles Deleuze, starb 70jährig im November 1995, indem er sich das Leben nahm. Er soll sehr krank gewesen sein und sich aus dem Fenster gestürzt haben.

Ɛ

Es heißt, Vorurteile, die man noch im Alter habe, seien dann so wertvoll geworden, daß man sie pflege (die Beobachtung stammt, wenn ich mich recht erinnere, von Elias Canetti); dies eröffnet immerhin der Ironie ein weites Feld, und es gibt dieser spezifischen Eitelkeit des Alters Raum und Substanz, die den angesammelten Erfahrungsschatz den Jungen wieder und wieder vorführen muß. Das stete Klagelied »Die Alten werden immer mehr« überspielt nicht nur das Unbehagen der Nachgeborenen, nun in der Minderheit zu sein, sondern auch noch von einem gigantischen Block angestauter Erinnerung belästigt zu werden. In einer Zeit, die uns übersättigt mit Informationen, mag eine wichtige Freiheit ihren Nutzen erweisen, das Vergessen. Sicher möchten wir nur das Belanglose loswerden, aber wer mag da noch entscheiden? Tröstlich ist: Es bleibt noch genug Freiheit auszuwählen und zu schummeln, bevor all diese Geschichten verschwinden.

Carl Amery

Späte Aussichten: Risiken und Nebenwirkungen

Ein Beipackzettel

»Glückliches Volk, das sich so vieler lebender Beispiele altehrwürdiger Tugenden erfreuen kann und das Meister hat, die in der Lage sind, sie in der Weisheit aller früheren Geschlechter zu unterrichten! Aber noch glücklicher müssen jene vortrefflichen Struldbruggs sein, die, verschont vom allgemeinen Unglück der menschlichen Natur, geistig frei und ungebunden sind, ohne die Last und Bedrückung, die vom Bewußtsein des unerbittlichen Todesloses herrühren!«

Der Verfasser ist 77. Er hat also die rückwärtige Schwelle der ›dritten Generation‹, die hier ins Bewußtsein gehoben werden soll, bereits um zwei Jahre überschritten. Dennoch fühlt er sich ihr, seiner ganzen Befindlichkeit nach, noch voll zugehörig, und er ist überzeugt, daß er das tägliche Eintrittsbillett in die gesellschaftliche Gegenseitigkeit noch allemal erbringt – wenn auch dann und wann zu Seniorenpreisen. Er steht nicht an, diese Rüstigkeit den verbesserten Verhältnissen des Jahrhunderts zuzuschreiben (wenn auch nur zu einem Teil; einen größeren schuldet er wohl dem Erbgut, das einen Großvater aufweist, der 88, und einen Vater, der 91 Jahre alt geworden ist). Grund zur Zufriedenheit und Dankbarkeit hat er jedenfalls, und seine ›späte Freiheit‹, die Aktionsfähigkeit in der achten Dekade, weiß er zu schätzen – gerade weil er sich noch gut an die statistischen Aussichten erinnern kann, die noch in den 20er und 30er Jahren üblich waren. Voller Mitleid, aber auch voller Respekt erinnert er sich an die Todesanzeigen in den Zeitungen jener Zeit, in denen der Verstorbene »im gesegneten Alter von 65 Jahren« hinwegging.

Natürlich, ganz ohne Tribut an die Natur geht's nie, geht's auch heute nicht ab, und für diese und jene Störrigkeit der Physis bedarf er medizinischer Begleitung. Die hat wohl die dürftigen Versicherungsbeiträge, die er in einer geldknappen Jugend und einem nicht minder knappen zweiten Generationsabschnitt in die Krankenkassen einbezahlt hat, bereits aufgezehrt, wenn nicht überholt; dies vor allem deshalb, weil es sich jetzt nicht mehr um jähe Attacken handelt wie eine Grippe oder einen gebrochenen Knöchel, die man plötzlich erleidet, aber auch bald wieder los ist – sondern um chronisch mit Check-ups und chemischen Prothesen zu korrigierende Dauermalaisen; nicht einmal richtige Krankheiten, sondern das, was man im technischen Bereich »TÜV-Mängel« nennt.

Ganz ohne Risiken und Nebenwirkungen ist also die goldene Abendröte, das kostbare Geschenk des Jahrhunderts, auch für den Rüstigen nicht zu haben. Und diese paar persönlichen Unpäßlichkeiten sind nicht die einzigen Schatten, die sich über die Glorie legen. Sie sind lediglich ein individuelles Problem in einem gesellschaftlichen Zusammenhang, der uns bei unserm Thema äußerst intensiv beschäftigen muß oder doch beschäftigen sollte – und genau um den wird's im folgenden gehen.

Alle, und nicht nur die, welche auf ständige leichte Medikation angewiesen sind, kennen den Ritualspruch, den der Gesetzgeber von jeder Pharma-Reklame verlangt: den (meist sorgfältig hingeleierten) Spruch von den *Risiken und Nebenwirkungen*. Der Leser betrachte also diesen Aufsatz als intellektuell stilisierten Beipackzettel, als notwendige Sicherung, die notwendiger Argwohn gegen allzuviel leichtfertigen Optimismus nach allen Seiten errichten muß.

Sehen wir das Auftauchen der ›dritten Generation‹ als einen Etappensieg in einem uralten Ringen der Menschheit, nämlich im Ringen um die eventuell doch erreichbare Unsterblichkeit auf Erden, dann sollte man einen klassischen Kritiker dieser Sehnsucht zu Wort kommen lassen, nämlich den alten Jonathan Swift, den größten und bitterbösesten Satiriker aller Zeiten. In den Reisen seines Lemuel Gulliver, die in der Regel und törichterweise nur als Jugendlektüre verbreitet werden, erzählt er von einem Inselkönigreich Luggnagg, in dem er fast zufällig auf die Spur von Unsterblichen stößt. Sie sind nur ein paar Menschen, eine sehr seltene Mutation, die von Geburt an durch ein Muttermal an der Stirn gekennzeichnet ist. Außer sich vor Begeisterung, bricht Gulliver in den Lobpreis aus, den wir diesem Aufsatz vorangestellt haben, und macht sich natürlich auch sofort Gedanken darüber, was er, falls er ein solcher Unsterblicher wäre, mit seinem Leben anstellen würde:

»Es würde mir Vergnügen bereiten, den Geist von jungen Menschen zu formen und auszurichten, die zu Hoffnungen berechtigen. [...] Aber meine ständigen Gefährten wären vorzugsweise eine Gesellschaft aus meiner eigenen Bruderschaft der Unsterblichen.«

Nun, wer seinen Swift kennt, weiß natürlich, daß da was schieflaufen wird, was Gullivers Begeisterung ziemlich albern aussehen läßt. Man erkennt das schon an dem Namen, den die Unsterblichen in der Gesellschaft von Luggnagg tragen: *Struldbruggs* – zwei dumpfe Silben ohne Hoffnungsecho. Diese Struldbruggs machen alle natürlichen Phasen des Lebens durch, gelangen ins hohe Alter mit seinen TÜV-Mängeln, die zu Swifts Zeiten noch recht beschwerlich sind – und können dann nicht sterben, ein Los, um das sie die Mehrheit, also alle Sterblichen, unter denen sie leben, glühend beneiden.

Die Luggnagger finden das normal. Gewiß, sie haben einige Außenbeziehungen, sogar nach Japan, und sie haben bemerkt, daß es dort genau umgekehrt zu sein scheint – daß man dort vor nichts mehr Angst hat als vor dem Tod; aber wirklich einfühlen können sie sich in ein solches Kulturmuster nicht, es erscheint ihnen zu absurd angesichts des alltäglichen Exempels der Struldbruggs, das solche Todesfurcht gründlich ad absurdum führt.

Worauf Swift hinauswill, ist klar. Der Traum von der Unsterblichkeit, der die Menschheit auf ihrem ganzen Entwicklungsweg begleitet, ist gar kein Traum von der Unsterblichkeit an sich, sondern ein Traum von der ewigen Jugend. Die Qualitäten der gereiften Weisheit, der erfahrungsgestählten Tugend und der körperlichen Spannkraft, die der begeisterte Gulliver bei seinen Struldbruggs vermutet, sind unter ›normalen‹, das heißt unter den gängigen physiologischen Bedingungen des Alterns selbst heute bei keinem Hundert- oder Hundertzehnjährigen zu vermuten, wenn er nicht zufällig Ernst Jünger heißt (und selbst dessen Weisheit war zuletzt doch ziemlich ortlos und unfruchtbar).

Wenn dem so ist, und wenn man nicht von vornherein über den mythischen Jungbrunnen des spanischen Fabulierers Ponce de León verfügt, dann hat irdische Unsterblichkeit letzten Endes wirklich keinen anderen Anblick zu bieten als den der armen Struldbruggs – erloschener Geister, zerschlissener Körper, eingefrorenen Mißtrauens gegen alles noch Lebendige:

»Sie seien nicht nur starrköpfig, launisch, habgierig, mürrisch, eitel und geschwätzig – sie seien unfähig zu irgendeiner Art von Freundschaft und bar jedes natürlichen Gefühls, das über ihre Enkel hinausreichte. Neid und ohnmächtige Gelüste seien ihre vorherrschenden Eigenschaften. Die am wenigsten Unglücklichen unter ihnen schienen die zu sein, die in Senilität abgeglitten und jeder Erinnerung verlustig gegangen seien; ihnen sei man noch am ehesten behilflich, weil sie so viele Alterslaster abgelegt hätten.«

Nun, der Beipackzettel, die Risiken und Nebenwirkungen sollen uns nicht überwältigen; unser Thema ist die Packung selber; sind die eroberten Jahrzehnte, sind die zusätzlich gewonnenen Ernten in relativer Gesundheit und bisher nie oder nie so gewährtem durchschnittlichem Wohlstand; die genußreiche Wanderung, das gewürzte Mahl mit Kindern und Enkeln (so sie einen besuchen oder einladen), die Schönheiten der Fremde und der Nähe und ihre immer dankbarere Aufnahme vor (hoffentlich) gnädigem Abschied, wie sie Gottfried Keller in einem Altersgedicht besingt: »Trinkt, ihr Augen, was die Wimper hält,/ von dem goldnen Überfluß der Welt!«

Aber man muß sich klarmachen, daß wir die Struldbruggs trotzdem nicht loswerden, nicht herauslösen können aus dem Kontext der todesflüchtigen Gesamtgesellschaft. Wir verschieben die Zone ihrer Existenz, das ist alles. Sie sind nach wie vor da, gerade wegen und dank der Fortschritte der Medizin; die Statistiken und Pflegeheime beweisen es. Sie sind da mit höherer Zehnerstelle im Paß der Lebensreise (vielleicht auch schon mit einer dreistelligen Jahreszahl), aber auch sonst mit allem, was dazugehört, mit Alzheimer und Demenz und Inkontinenz, und keineswegs geringer an Zahl, im Gegenteil.

Die Gesellschaft der Luggnagger kannte sie nur als Rarität, als negative Sechser im genetischen Lotto; aber zu Swifts Zeiten war das Bruttosozialprodukt nicht ein Zehntel so protzig wie heute, und so stellten die Struldbruggs mit ihrer Verweigerung sozialverträglichen Hinscheidens trotz dieser Rarität ein vertracktes Problem dar. Luggnaggs politische Antwort war einfach, aber brutal:

»Sobald sie achtzig Jahre alt geworden sind, betrachtet man sie als juristisch tot; die Erben übernehmen sofort ihr Vermögen, lediglich eine kleine Rente wird für ihren Unterhalt abgezweigt, und falls sie arm sind, erhalten sie diese als Sozialhilfe. Man bietet ihnen weder bezahlte Arbeit noch Ehrenämter an, sie können Land weder kaufen noch pachten, und weder in Zivil- noch Strafprozessen können sie als Zeugen auftreten [...].«

Wie gesagt, wir sind reicher als die Luggnagger, und wir haben (noch) ein humanistisches Erbe. Durch einen der wenigen glücklichen Synergie-Effekte, die dieser Republik gelungen sind, nämlich durch ein liberales Wehrpflichtgesetz und seine Folgen, haben wir robuste Kader von Zivildienstleistenden, die auf ihre Weise dem sogenannten Generationenvertrag den Tribut von einigen selbstlosen Monaten zollen. (Ihr Wegfall wäre eine soziale Katastrophe, und das ist vielleicht der wichtigste Grund, die Wehrpflicht nicht aufzugeben.) Aber trotz und jenseits dieser Armee von Hilfsbereiten sind es gerade die Altersgenossen der späten Freiheit, welche die Mehrheit der Fürsorge für die ganz hilflosen Alten stellen: die 70jährige, die ihren Vater versorgt, oder der Rentner, der seine Mutter pflegt, sind längst ein übliches Muster der Solidarität, überkommen aus den Zeiten und Mores der Clan-Familien.

Es ergibt sich also ganz natürlich, daß neue Rüstigkeit auch verpflichtet; und betrachtet man die Graphik des Altersaufbaus, den bekannten Lebensbaum, der früher einer steilen Pyramide glich und heute einer Palme mit breiter Krone ähnelt, ist solche Verpflichtung augenfällig. Der Zugewinn (oder wie immer man das nennen mag) einer handlungsfähigen und aktiven ›dritten Generation‹ (von 55 bis 75) durch die Ausweitung unserer hygienischen und sozialen Optionen verlangt gebieterisch den Einbau dieser Generation in die allgemein notwendige Gesamt-Arbeit. (Peter Drucker, der bekannte Management-Theoretiker, fordert das längst.) Und gerade diese ›dritte Generation‹ wäre auch am besten dazu geeignet, mit dem Hauptproblem unserer Arbeitsverfassung fertigzuwerden: der Tatsache nämlich, daß die Tätigkeiten, die gesellschaftlich am allernotwendigsten sind, von einer renditesüchtigen Wirtschaft nicht honoriert werden. Die erste Manifestation dieses Problems war und ist die Diskussion um die Haus-, und das heißt in der Regel die Hausfrauen-Arbeit. Aber wieviel wird heute schon darüber hinaus an Hilfe in kommunalen oder kirchlichen Einrichtungen, in Betreuung von Kranken und Behinderten, in Stadtteil-Initiativen, in unrentabler Landschaftspflege – kurz, in jeder Art von freiwilliger Arbeit für das gemeine Wohl wirksam! Nur: es könnte fünfmal so viel sein!

Das heißt: es müßte fünfmal so viel sein. Denn eines kann nicht geleugnet werden: Vorläufig bezahlt den Preis nur die Jugend. Sie zahlt ihn am sichtbarsten durch ihr immer geringeres Vorhandensein. Demographisch mag das nützlich sein, für die Atmosphäre einer Kultur, einer Gesellschaft ist es ungeheuer gefährlich. Der Sieg über den Tod am Ende des Lebensspektrums, seine immer weitere und kräftigere Zurückdrängung ist ja, ob wir das sehen wollen oder nicht, der Sieg über eine Verkehrsform des Lebens, die es allein ermöglicht, daß stetig Jugend nachwächst. Es ist das bekannte Problem der hohen alten Bäume in den Wäldern, in deren Schatten und Ernährungs-Peripherie Neues wenig Chancen hat. Sicher, die Verlängerung des Lebens, seine Verschönerung im Alter, war und ist ein Herzenswunsch der Menschheit, aber wie schon George Bernard Shaw sagte: »Im Leben gibt es zwei Tragödien. Die eine ist die Nichterfüllung eines Herzenswunsches. Die andere ist seine Erfüllung.«

Sollten wir also zu erfolgreich mit unserer kollektiven Lebensverlängerung sein, müßten wir uns bewußt davor hüten, die Gesellschaft insgesamt zu einer Greisengesellschaft werden zu lassen – mit all den unangenehmen Eigenschaften, welche die Luggnagger an ihren Struldbruggs bemerken. Übersehen wir auch nicht, daß viele dieser Eigenschaften mit den Versuchungen des Reichtums eng zusammenhängen, wenn nicht zusammenfallen: mit dem Bedürfnis nach Abschottung gegen Emotionen und Neues, Unbekanntes; mit der irrationalen Furcht vor dem Absturz in Armut (oder allgemein Unvertrautes); mit der Gleichgültigkeit gegenüber dem Schicksal der unterprivilegierten Mitmenschen und Weltregionen, die man einfach als Zumutung fürs Nervensystem empfindet. Es ist doch bezeichnend, daß viele der sogenannten gated communities, also der eingezäunten und professionell bewachten Speckgürtel-Siedlungen in den USA, von arrivierten Alten bewohnt werden; und noch bezeichnender ist es vielleicht, daß in unserer Republik, die ihre öffentlichen Budgets nur mehr mit äußerster Mühe in Ordnung halten kann, demnächst eine kollektive Vermögens-Summe von zwei- bis viertausend Milliarden Mark in den Erbgang gehen wird; eine in der Geschichte einmalige Summe. Was wäre, wenn die Inhaber dieser Vermögen unsterblich wären? Dann wären die Furcht und die rigorose Gesetzgebung der Luggnagger höchst notwendig und höchst aktuell:

»Ich mußte zugeben, daß die Gesetzgebung des Reiches in Sachen Struldbruggs sehr sinnvoll war und daß jedes Land in ähnlicher Lage so oder so ähnlich verfahren müßte. Denn sonst würden, angesichts des notorischen Geizes des Greisenalters, diese Unsterblichen nach und nach zu Eigentümern der ganzen Nation werden und die gesamte gesellschaftliche Macht übernehmen. Da ihnen aber die notwendige Energie zum Regieren fehlt, müßte das Ganze im öffentlichen Ruin enden.«

Das notwendige Fazit ist einfach genug zu ziehen. Sollten die errungenen späten Aussichten, die entstandene goldene ›dritte Generation‹, nicht mit ihren Risiken und Nebenwirkungen unseren Gesellschaftsvertrag völlig durcheinanderbringen, hat sich die ›dritte Generation‹, haben *wir* uns um eine Kultur zu bemühen, wie sie bisher gesellschaftlich unnötig und daher unbekannt war – eine Kultur von 55 bis 75, eine Kultur von fähigen und rüstigen Menschen, die einsatzwillig, großzügig und phantasievoll eine Art von Jugendleistung erbringen. Eine Kultur, in der generöse Schenkungen und Stiftungen, klug und warmherzig plaziert, die Nachrückenden vom drückenden Gefühl der Abhängigkeit befreien; eine Kultur, in der die Ansprüche der Lebenswelt als Ganzes, in der Geburt und Tod als Verkehrsformen des Lebens ihren Platz haben, ohne ängstliches Horten der eigenen Verlängerungs-Chancen, unter bewußter Bekämpfung der Struldbrugg-Komplexe, furchtlos anerkannt werden. Das klingt nach Utopie. Aber sind wir sicher, daß die Realität der ›dritten Generation‹, die wir schließlich einer sehr einseitigen Art von Fortschritt verdanken, nicht ihrerseits aus einer recht schlechten Art von Utopie stammen könnte – einer Utopie, die keinen einzigen Gedanken an die Risiken und Nebenwirkungen verschwendete und verschwendet, sondern im Stil von Safeknackern auf ihre begehrte Beute, ein paar gewonnene Jahrzehnte, losging und losgeht?

Dies ist, ehrlich gesagt, meine Art von Zukunftsangst. Ihretwegen, um sie zu vermindern, wurde dieser Beipackzettel geschrieben. Bitte leiern Sie ihn nicht in der Art ab, wie ihn die Werbespots im Fernsehen ableiern – das Sprüchlein von den Risiken und Nebenwirkungen, nach denen Sie Arzt und Apotheker fragen sollen (wobei die Veranstalter solcher Werbung fest damit rechnen, daß es niemand tut). Dieser Beipackzettel ist ernst, sehr ernst gemeint. Wobei es dem Verfasser, wie er zugibt, auch um die Rechtfertigung seiner Goldenen Jahre zwischen 55 und 77 geht.

Ursula Eymold und Raimund Beck

Dem Alter ein Bild geben

Eine Ausstellung braucht Bilder und prägt wiederum Bilder. Bei der Suche nach Bildern für unsere Ausstellung erlebten wir große Schrecken. Wir fanden Fotos, die alte Menschen in ihrem Alltag ablichteten. Wir fanden Fotos in der Presse und der Werbung, die sich dokumentarisch geben. Ihre Botschaft ist die Verheißung eines Glücks im Alltag. Wir zweifeln an diesem Glücksversprechen, vielleicht weil wir ihm grundsätzlich nicht trauen, vielleicht weil wir uns nicht in diese Rolle(n) hineinversetzen können. Parkbank, Sofa und Mallorca sind für uns keine Orte des Glücks. Sie sind allenfalls Orte der Sehnsucht, weil uns die Zeit fehlt, sie aufzusuchen.

Die veröffentlichten Bilder von den Alten erzählen von einer unbestimmten Langeweile, die mit Aktivitäten ausgetrieben werden soll. Doch diese Aktivitäten strahlen keine Spannung aus, sondern sind stillgestellte Ikonen einer erzwungenen Freizeit. Die Bilder erzählen von einem Schrecken, den die Alten leben müssen: der Alltag als permanente Freizeit, ein Leben ohne Arbeit, die wie ein Tabu von den Bildern ferngehalten wird.

Wir sehen den Gesichtern eingeschrieben ein Leben, das von lebenslangem Leid erzählt, von mißlungenen Lebensentwürfen kündet und von einer Generation zeugt, die sich den Zwängen zum Aufbau ihres Wohlstandes, seinem Erhalt und der Bewahrung einer gesellschaftlichen Harmonie unterworfen hat. Auf diesen Bildern werden die Alten als Repräsentanten der Korrektheit und Wohlanständigkeit vorgeführt. Sie bewegen sich in den von der Gesellschaft vorgegebenen Grenzen in strenger Pflichterfüllung, beseelt vom Glauben an das Gute, Wahre und Schöne. Sie müssen damit als Vorbilder gelten für ein Denken und Handeln, das der Wirklichkeit einer globalisierten Gesellschaft an der Jahrtausendwende ferner denn je steht. Die Bilder der lachenden und vergnügten Alten können die Verlogenheit dieses Glücks nicht verheimlichen; sie versetzen jeden aufmerksamen Betrachter in Angst und Schrecken.

Bei der Suche nach dem Bild von den Alten in der Öffentlichkeit irritiert uns auch der Belegcharakter der Motive. Es scheint die zwingende Notwendigkeit zu bestehen, die Alten als noch funktionierend, noch fähig, noch integrierbar in die Gesellschaft darstellen zu müssen. Zwar werden sie jetzt nicht mehr als bloße Opfer, Wartende oder Empfangende gezeigt wie noch vor 50 Jahren, sondern ihr Lachen wird als Beleg für ein scheinbar überraschendes Glück herangezogen. Dabei wird immer wieder der Versuch angestellt, sie wie eine Art ›Aliens‹ in unseren gesellschaftlichen Alltag zu integrieren. Ihre Kompetenzen und ihr neu erworbenes Können werden geradezu zwanghaft in Bildern festgehalten.

Wie bei einem Objekt, das – in die Jahre gekommen – nicht mehr so recht zuverlässig funktionieren will, unternimmt man große Anstrengungen, dieses ›Funktionieren‹ auch bei älteren Menschen weiterhin unter Beweis zu stellen.

Die Fotografie einer telefonierenden alten Frau wird zum Beleg ihrer Fähigkeit stilisiert, mit alltäglichen Kommunikationsmitteln umzugehen. Auf diese Weise wird subtil der Eindruck erweckt, es müsse dies im Bild festgehalten werden, da es sich um einen außergewöhnlichen Vorgang handelt. Dabei entstehen ganz nebenbei Diskriminierungen in einem Augenblick, wo jede gesellschaftliche Ausgrenzung eigentlich dementiert werden soll.

Die Älteren werden gerne präsentiert als Lernende, die den Anschluß an die Gegenwart suchen müssen, nicht als jene, die selbst auch Gegenwart sind. Sie werden nicht gezeigt in den Tätigkeiten, die sie können und wir Jungen nicht mehr oder noch nicht: Strümpfe stopfen, Kräuter sammeln, Fahrräder reparieren, Spielzeuge basteln, Zeit haben oder zuhören. Diese Fähigkeiten, die aus einer Zeit der materiellen Knappheit herrühren, haben für heutige Bildproduzenten keine Bedeutung. Die Wirklichkeit, die sie erzeugen wollen, ist eine des Überflusses und des Verfügbaren, die jeden Mangel augenblicklich zu tilgen vermag.

Für Anthropologen ist das Alter ein Wunder. Unter den Lebewesen überlebt nur der Mensch sein Reproduktionsalter. Ihm ist dafür eine klare Aufgabe gestellt: die Vermittlung von Kulturleistungen an die Jüngeren. Glauben die Jüngeren heute wirklich, daß sie dieses Wissens nicht mehr bedürfen? So wie sie die Alten nur noch zu Empfängern aktueller Errungenschaften machen, verbauen sie sich die Teilhabe an einem anderen Wissen, das bislang auch mit den Begriff ›Weisheit‹ umschrieben war.

Die offenkundige Vielfalt heutiger gesellschaftlicher Formen hat ein über Jahrhunderte weitgehend verbindliches Bild vom Alter ganz nebenher getilgt und aufgelöst: das Bild vom Alten mit dem weißen Rauschebart und jenes der alten Frau, die gebeugt von der Last lebenslangen Arbeitens mit stummer Demut ihre letzten Tage verbringt.

Stellen wir fest: Ein neues gesellschaftliches Phänomen, die große Gruppe der 55- bis 75jährigen, hat noch keine ihm gemäße Bildsprache gefunden. Liegt es an einer rückwärtsgewandten Ästhetik der beschriebenen Bildinszenierungen? Mißtrauen wir grundsätzlich jeder Art von Idyllen? Gelingt es vielleicht nicht, diese Gruppe genauer zu bestimmen, weil sie zwischen ›Normalität‹ und Hinfälligkeit keinen Ort hat? Weil sie selbst keine Vorstellungen von sich akzeptieren und sich gerne als nicht zu den Alten gehörig verstehen? Die Generation der heute 70jährigen kann sich oft selbst nicht am Anblick der Alten erfreuen und hat sie bislang ins Unsichtbare verdrängt. Unsere Großväter beklagten sich nicht selten über die ihnen unangenehme Anwesenheit von »alten Weibern«.

Die Möglichkeit, ein sinnvolles Leben im Alter selbst zu gestalten – jenseits oder abseits verführerischer Identifikationsangebote –, war nie größer. Sich selbst ein Bild zu verleihen, dessen Konturen nicht im Rauschen einer Medienwelt untergehen, ein Leben zu führen, das Ansprüche und Erwartungen anderer sabotiert und den eigenen Hoffnungen nachdrücklich Ausdruck verleiht, könnte Anlaß genug sein, sich dem Wagnis Alter zu stellen und ihm ein neues Bild zu verleihen. Eine andere Chance haben wir nicht.

Röntgenaufnahme einer altersbedingten Deformation der Wirbelsäule, 1936, Deutsches Röntgen-Museum, Remscheid (Kat. 1.2.02)

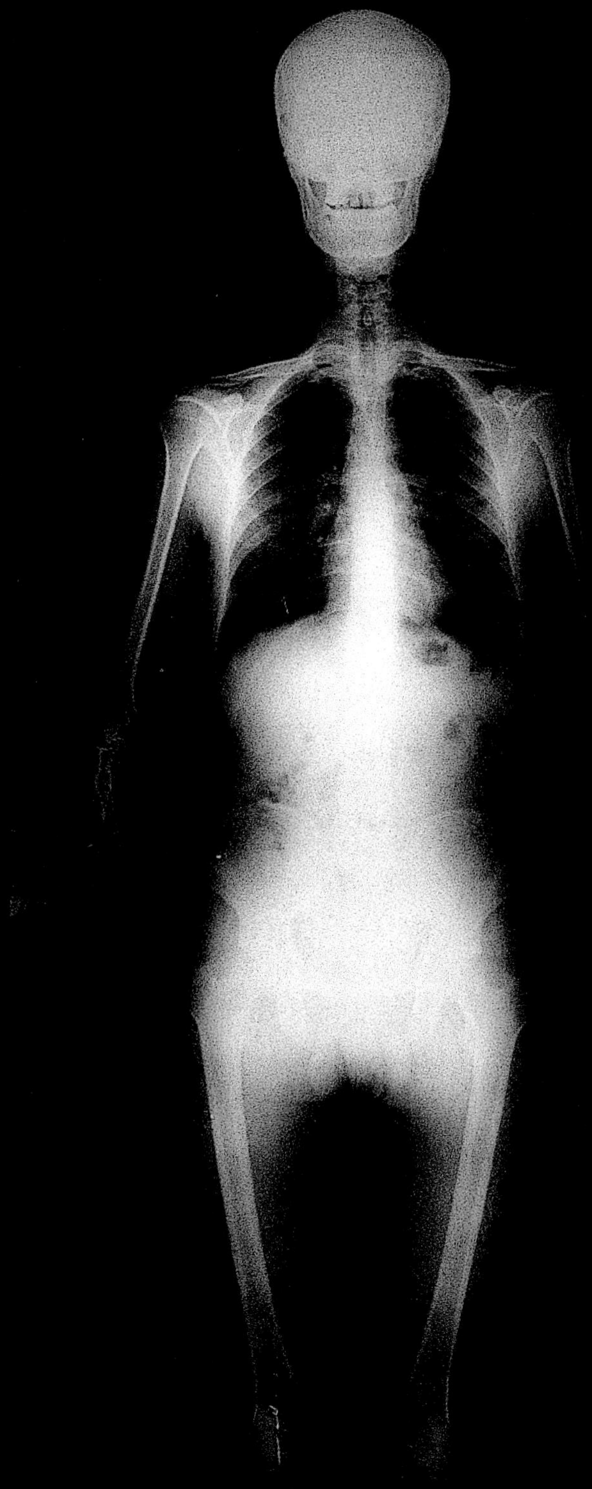

Eine Kunst des Körpers

Richard Ungewitter: *Die Nacktheit*, 1907, Bayerische Staatsbibliothek, München (Kat. 1.1.03)

Moulage einer Parkinsonkranken, Paul Richer, 1895, École nationale supérieure des beaux-arts, Paris (Kat. 1.1.02)

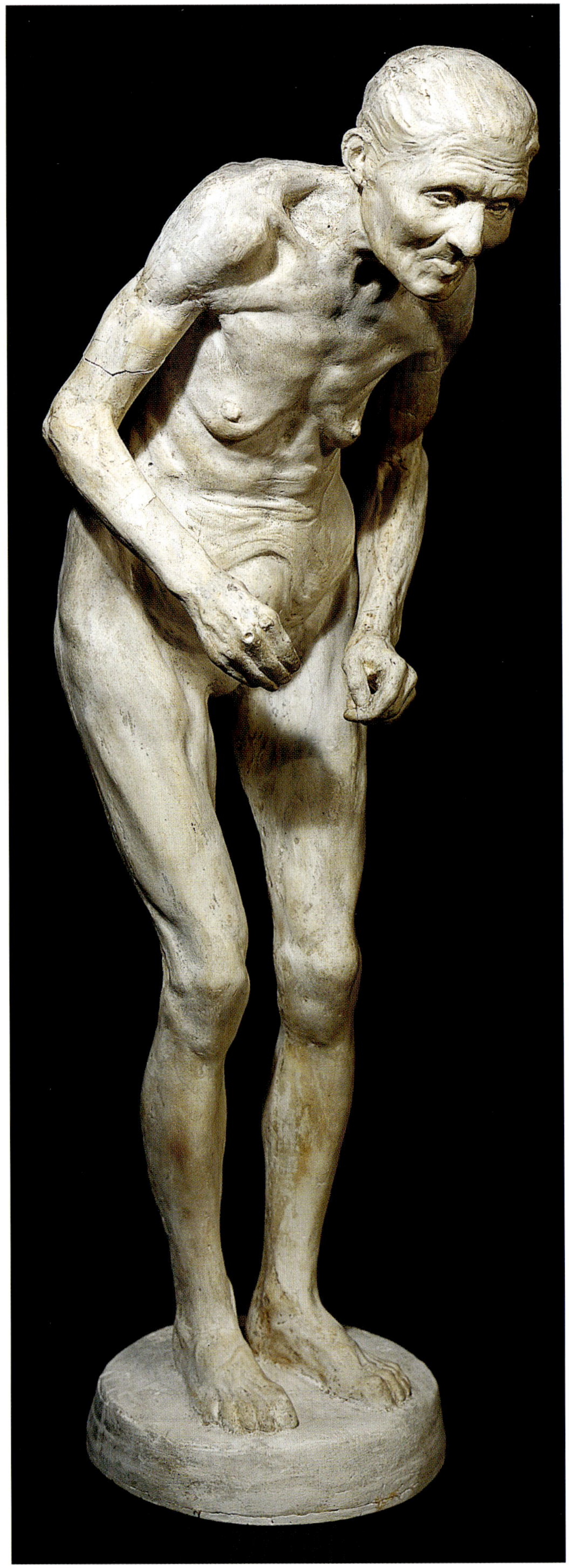

Wachsmoulage zur Demonstration von Altershaut, E. Stoiber, 1963, Moulagensammlung Universitätsspital Zürich (Kat. 1.2.06)

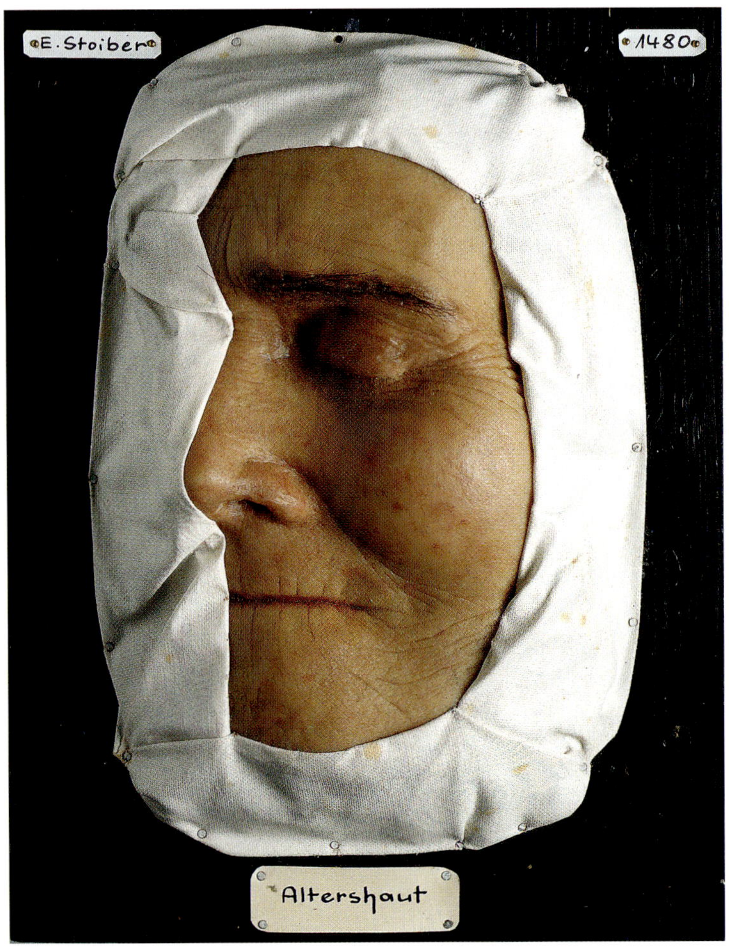

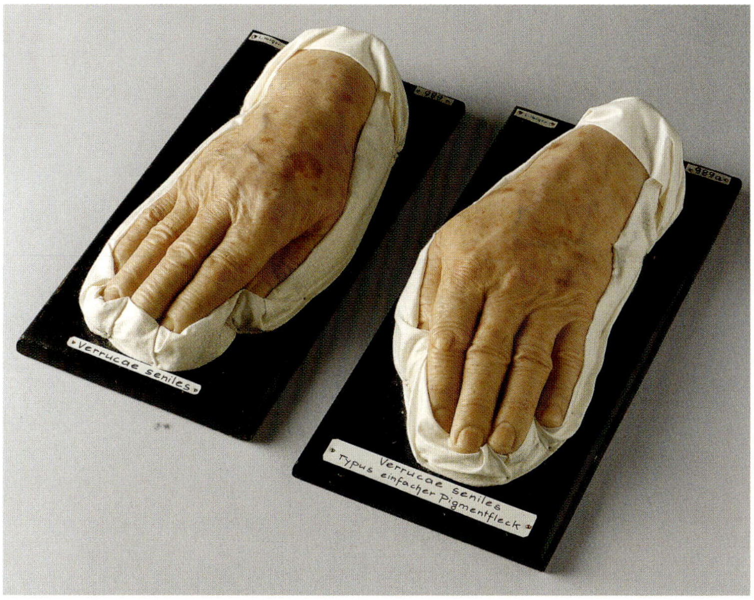

Wachsmoulagen von Händen mit Altersflecken, L. Volger, 1942, Moulagensammlung Universitätsspital Zürich (Kat. 1.2.25)

Gipsabformung des Gesichts einer alten Frau, die an Hauttuberkulose erkrankt ist, 1950, Sammlung des Deutschen Hygiene-Museums, Dresden (Kat. 1.2.05)

Folgende Doppelseite: »*When I'm eighty-four*«: Modefotografien von Senior-Models, 1997, Matthias Ziegler, München (Kat. 1.1.06)

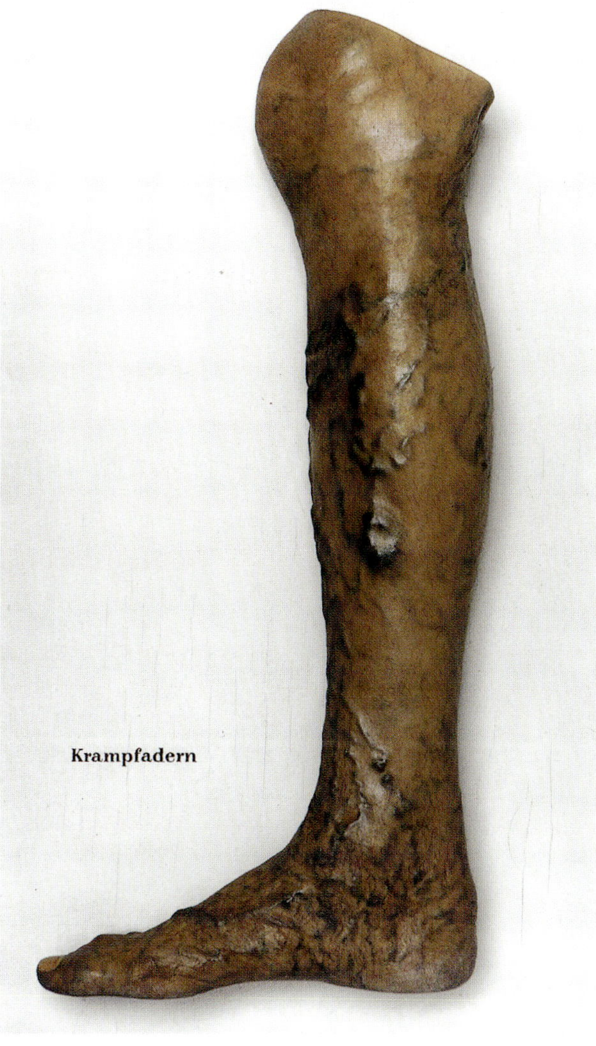

Wachsmoulage eines Beines einer 60jährigen Frau mit Krampfadern, Sammlung des Deutschen Hygiene-Museums, Dresden (Kat. 1.2.27)

Wachsmoulagen von einer verkalkten und einer normalen Arterie, 1930, Sammlung des Deutschen Hygiene-Museums, Dresden (Kat. 1.2.12)

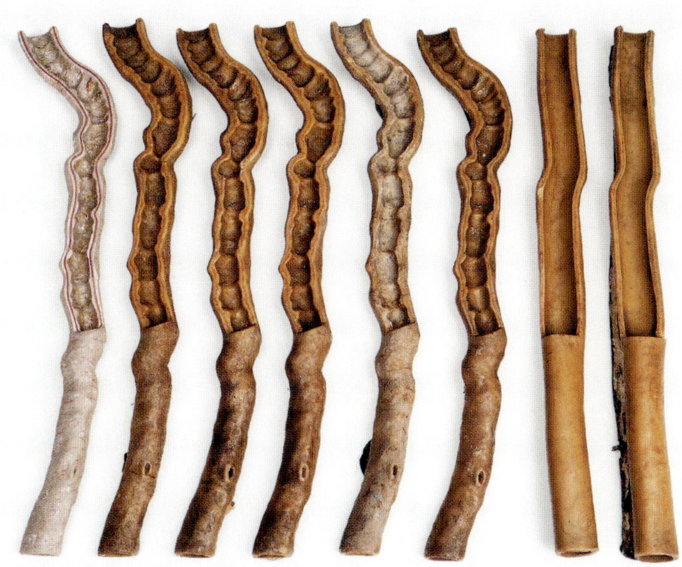

Paulus Fürst: »*Ach Mensch kehr dich zu Gott / Es zielet schon der Todt [...]*«, um 1750, Bayerisches Nationalmuseum, München (Kat. 1.3.02)

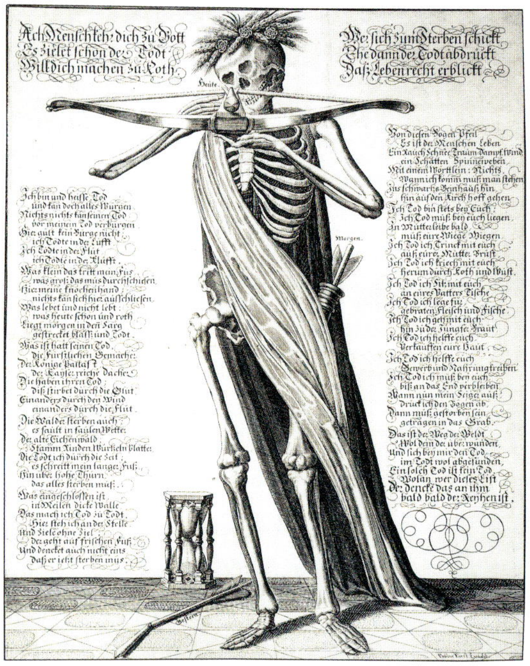

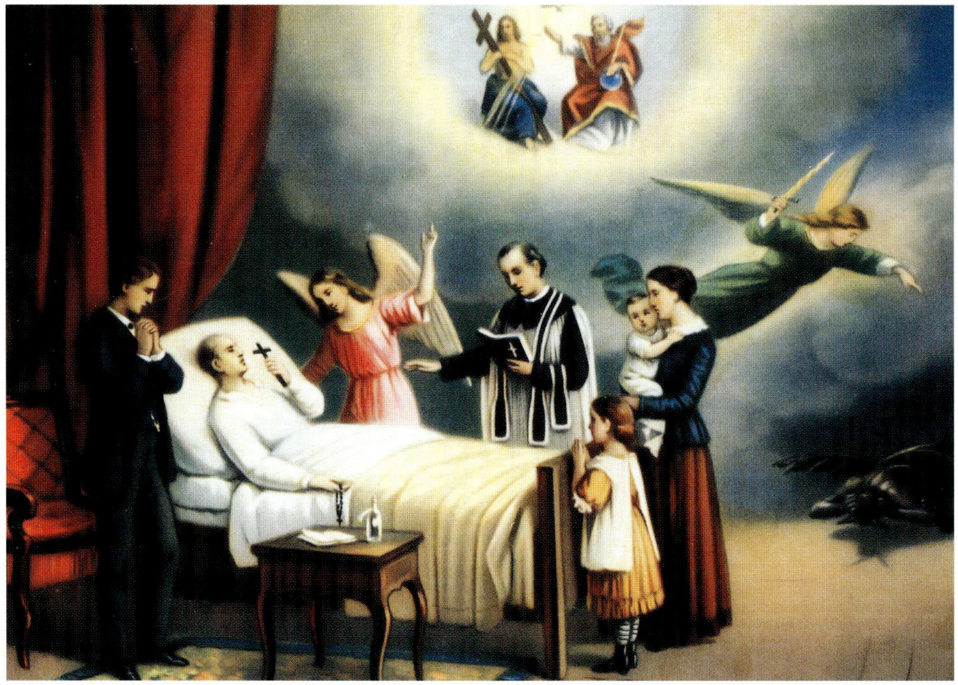

Der Tod des Gerechten, 2. H. 19. Jh., Bayerisches Nationalmuseum, München (Kat. 1.3.07a)

Der Tod des Sünders, 2. H. 19. Jh., Bayerisches Nationalmuseum, München (Kat. 1.3.07b)

Joseph Reinhart: *Barbara Jungo (geb. 1698) und Jacob Manuel (geb. 1686) aus dem Sensebezirk FR*, 1791, Schweizerisches Landesmuseum Zürich (Kat. 1.1.05)

Sue Fox: *Untitled* – Einäschern einer Leiche, 1996, Sue Fox, Manchester (Kat. 1.3.17/18)

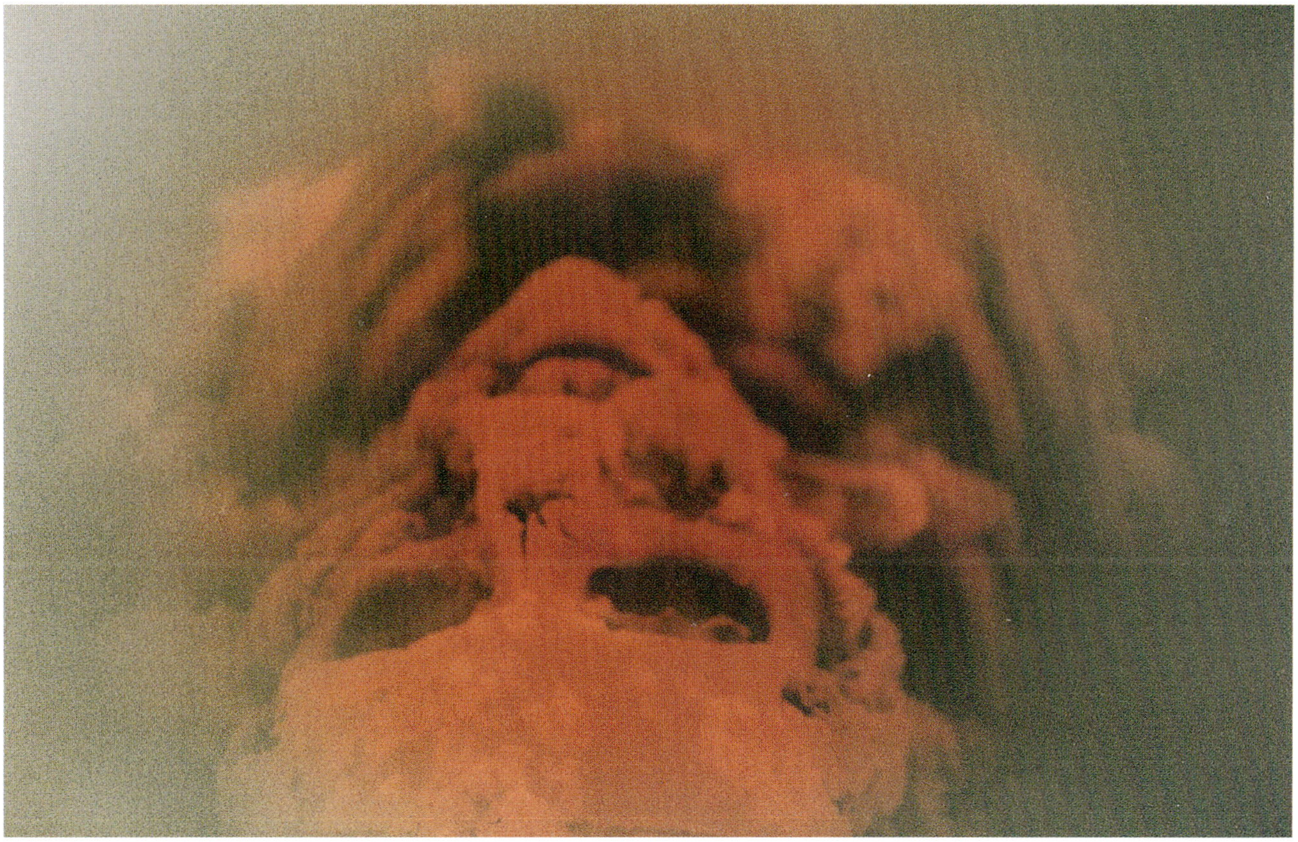

Sterben im Spital: Maria Mohler (1777–1852)

Das Skelett von Maria Mohler aus dem Gräberfeld St. Johann dokumentiert eine Biographie aus dem frühindustriellen Basel. Maria Mohlers Skelett wurde auf demjenigen Friedhof gefunden, der zum 1844 gegründeten Bürgerspital von Basel gehörte. Der damals dort tätige Professor und Arzt Carl Gustav Jung trug über sämtliche Todesfälle am Spital ausführliche Aufzeichnungen in ein Sterberegister ein (Bestattungen 1845–1868). Dies ermöglichte, daß das in den Jahren 1988/89 untersuchte Gräberfeld im Nachhinein sehr präzise erschlossen werden konnte. Die Funde wurden von Anthropologen identifiziert und mit den aufgezeichneten Krankengeschichten in Beziehung gebracht. Im weiteren konnten einzelne Biographien relativ präzise nachgezeichnet werden. Maria Mohlers ist eine davon und repräsentiert eine Arbeiterin, die an einer typischen Alterskrankheit gestorben ist.

Frau Maria Mohlers Biographie läßt sich anhand weniger Quellen sowie aufgrund der anthropologischen Individualdiagnose des Knochenfundes aus Grab 287 knapp nachzeichnen. Das ganze Skelett zeigt an den Gelenken arthritische Knochenveränderungen, die oberen Brustwirbel zudem strukturelle Veränderungen an den Wirbelkörpern. Solche Veränderungen entstehen durch extreme Belastungen, z.B. beim Heben von schweren Gewichten. Es muß angenommen werden, daß die Frau im Alter mit Schmerzen im Schultergürtelbereich leben mußte. Außerdem war ihre Beweglichkeit im Oberkörper und Halsbereich eingeschränkt und damit wohl auch ihre Atmung. Ursache mag die ausgeführte Arbeit in der Seilerei gewesen sein. Ihre spätere Arbeit als Fabrikarbeiterin konnte sie wohl nur unter Schmerzen verrichten. Sie starb nach 18tägigem Aufenthalt im Spital im Alter von 74 Jahren an Erschöpfung.

Tabellarischer Lebenslauf von Maria Mohler

Geboren im Dezember 1777 in Riehen bei Basel

Heiratsdatum und Kinder unbekannt

Beruf: Fabrikarbeiterin

Spital St. Johann

Eintritt:	4. August 1852
Austritt (Todestag):	23. August 1852

Sterberegister/Gräberverzeichnis

Beerdigung:	25. August 1852
Sterbealter:	74 Jahre 8 Monate
Sterbeursache:	Marasmus (Altersschwäche)
Gräberverzeichnis:	Nr. 552
Stand:	Seilerswitwe
Religion:	protestantisch
Sterberegister:	Nr. (1045) 69, Jahr 1852

Grabung St. Johann, Basel 1988/89

Grab Nr. 287, vollständig gehoben

Gutes Aussehen bis ins Alter: Marianne A. (geboren 1935)

Es begann in der Sauna, als eine Freundin Marianne A. vorschlug, in der Textilbranche zu arbeiten. »Du bist doch so kreativ und modisch« – damit begründete sie die Erfolgsaussichten, nachdem das Familienunternehmen von Frau A. im Möbelbereich eingegangen war. Von da an gab es keine Freizeit mehr. Endlich aber konnte sich Frau A. beruflich damit befassen, was sie interessierte. Ihre Umgebung arbeitete ebenfalls in der Textilbranche, das Florieren des Unternehmens wurde auch mit der eigenen Kleidung dokumentiert.

Das Ausscheiden aus dem Berufsleben war unerwartet früh, fiel aber mit einer großen Krise der Branche zusammen und erscheint deshalb im Rückblick als Glücksfall. Ihr Modebewußtsein geht soweit, daß sie noch heute Kleidergrößen über 38 ablehnt. Ihre Kontakte ermöglichen ihr, bis zu den Dessous das Neueste ab Werk einzukaufen. Nach eigenen Erfahrungen mit Allergien vertraut sie nun auf Naturheilmittel und verfolgt in den Frauenzeitschriften die neuesten Erkenntnisse zu Ernährungsfragen.

Sie hat jetzt – nachdem auch ihre Eltern verstorben sind – endlich Zeit zu reisen. Kreuzfahrten nach Spitzbergen oder rund um das Mittelmeer, Fernreisen nach Afrika oder Bali, Flußfahrten mit einem gemieteten Hausboot oder Tagesausflüge mit dem Cabriolet waren früher unvorstellbar. Heute muß sie nicht einmal mehr die Klagen ihrer Mutter über die Abwesenheit ertragen.

Tabellarischer Lebenslauf von Marianne A.

Geboren 1935 in Balingen, Vater Fuhrunternehmer, Mutter Hausfrau, zwei Schwestern

Heirat 1956, zwei Söhne, geboren 1957 und 1961

Ausbildung

1942–1950	Volksschule
1950–1953	Kaufmännische Berufsschule Ebingen
1956–1957	Private Kochschule Stuttgart
1960	Arbeitsschule Balingen

Beruf

1953–1955	Verkäuferin in Stuttgart
1956–1975	Mitarbeit in Schreinereibedarfsgroßhandlung des Ehemannes
1976–1990	Unternehmerin einer Maschinenstickerei
1990–1992	Angestellte in der Maschinenstickerei
1992–1993	Krankengeld
1993–1995	Arbeitslosengeld
12/1995	Erwerbsunfähigkeit
1995–1996	Ehrenamtliche Pflegerin der Mutter, Arbeitslosenhilfe
seit 1.7.1996	Frühruhestand ›Rente für Frauen mit 60‹

Körper

seit 1980	Brille bei der Arbeit
seit 1993	Brille ständig
seit 1990	Schilddrüsenüberfunktion
1993	OP Schnappfinger
1995	Verschleißerscheinungen im Hals- und Lendenwirbelbereich, Wurzelreizsymptom im Bereich der rechten Halswirbelsäule, Untergewichtigkeit, Harnwegsinfekt
1996	Bewegungseinschränkung im rechten Arm nach Blitzschlag

Ursula Eymold

Leben ohne Leiden

Die Ausstellung

Das Alter endet im Grab. Unsere Ausstellung beginnt damit. Die Knochen einer 74jährigen Frau, die Mitte des 19. Jahrhunderts nach langem Leiden an Altersschwäche gestorben ist, dokumentieren gleich zu Beginn die Dramatik des Alters. Indem die Ausstellung die Knochen zusammen mit dem schrillen Top und den Shorts einer heute 63jährigen Frau präsentiert, entsteht eine Szene, die die Neuheit der Generation der ›jungen Alten‹ auf den Punkt bringt und gleichzeitig wie Jedermann dazu ermahnt, zu jeder Zeit bereit zu sein – nicht nur für Fun, auch für den Tod.

Haut

»Plötzlich sah ich Falten an meinem Mund, die sich nicht mehr mit Creme wegmassieren ließen. Ich sah nur noch diese Falten, schaute oft in den Spiegel, und wenn ich nicht nachschaute, dachte ich daran, wie die anderen auf meinen Mund schauen und sich denken, wie alt ich wohl bin. Dabei machte ich dann die Erfahrung, daß ich nicht mehr angesehen werde. Bislang konnte ich meine Problemzonen mit Kleidern verdecken. Ich trage keine ärmellosen Sachen mehr, da sieht man nicht die Erschlaffungen am Oberarm, und meinen Bauch sieht ja auch niemand, daß der dick und weich und trotzdem mit Falten ist. Anfangs dachte ich, ich könnte gar nicht mehr schwimmen gehen, weil ich mich so nicht unter die Leute wagen könnte, aber dann war mir der Spaß doch wichtiger, und jetzt denke ich nicht mehr ständig daran.«

(Erfahrungen einer 60jährigen Frau)

Der Körper alter Frauen ist nicht ihr Zuhause, sondern ihr Feind. Sie hören nicht auf, jugendlichen Schönheitsidealen zu folgen, und schämen sich deshalb für jeden Makel. Frühere Generationen mußten mit ihrem Körper keine Normen erfüllen, er mußte eben durchhalten. Heute ist unser Selbstbild stark von Schönheitsidealen geprägt. Das Alter wird nicht mehr als natürlich erlebt – Jungbleiben ist angesagt. Die Akzeptanz des eigenen Körpers, die Bereitschaft, ihn wirklich kennenzulernen, statt ihn nur als Werkzeug zu benutzen, kann ein Schritt sein zu mehr Würde im Alter.

Schönheit

Mit dem Körper drücken wir unsere unverwechselbare Identität aus, er ist unser Medium zur Welt. Deshalb sind Aussehen und Schönheit uns so wichtig. Er ist aber auch ein Spiegel unserer Lebensweise und unseres Befindens. Die Lebensjahrzehnte haben sich in die Körper der Alten gegraben und ihnen die Spannkraft genommen. Erscheinen uns deshalb diese Körper als häßlich und Alte als krank?

Die Fotografin Melanie Manchot führt den Körper einer alten Frau vor, der nicht aus der Perspektive

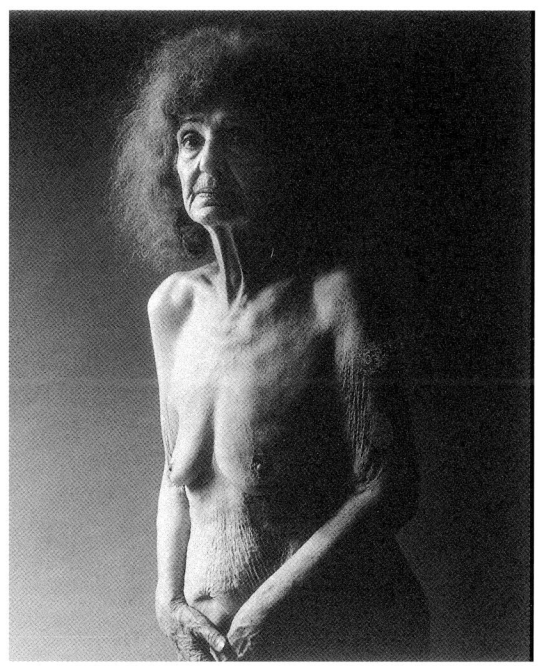

Rechts:
Herlinde Koelbl zeigt in ihrem Fotozyklus *Starke Frauen* von 1996 die Lebenskraft und Schönheit selten gesehener Körper von dicken und alten Frauen, hier Nina, deren Alter nicht bekannt ist, Herlinde Koelbl, Neuried

des begehrenden Mannes gestaltet ist. Sie tastet mit der Kamera den Leib ihrer Mutter von vorne, von hinten, seitlich und von unten ab und zeigt so eine dramatische Landschaft aus Mulden, Hügeln, Polstern und Falten. »Ich war mir doch sehr fremd, als ich mich auf den Bildern der ersten Ausstellung sah«, sagt die 66jährige Mutter dazu. Im Verlauf der vierjährigen Arbeit über ihren Körper lernte Mutter Manchot ihre Schönheit erst kennen. Mit der Zeit wagte sie nicht mehr nur ihren Leib, sondern dazu auch ihr Gesicht zu enthüllen. Es ist die erkennbare Zustimmung zu den eigenen Formen, die auch den Betrachter von deren ›Richtigkeit‹ überzeugt. Diese Einheit von Körper und Geist wird als Schönheit wahrgenommen – und nicht die verkrampften Versuche einer Körpergestaltung.

In der Öffentlichkeit sind Körper von Alten kaum zu sehen. Sie erscheinen nicht in der Mode, nicht in der Werbung, nicht in der Presse. In der Kunst gibt es eine weit zurückreichende Bildtradition mit der nackten alten Frau als dem Symbol für das Häßliche. Die ausgezehrten, zerfurchten Körper versuchten aber nicht, Realität abzubilden, sie wollten Emotionen erzeugen. Erstmals im Rahmen der Freikörperkulturbewegung seit den 1920er Jahren hielten Fotografen nackte Körper beiderlei Geschlechts im Bild fest. Diese Fotos bestätigen den Erfolg der Licht- und Luftkur, sie zeigen drahtige und bewegliche Alte. Unsere inneren Bilder vom Alter sind jedoch gespeist von historischen Beschreibungen 60jähriger Greise mit Krückstock. Das von defizitärer Körperlichkeit geprägte Aussehen alter Menschen früherer Jahrhunderte, die unter Rheuma, Osteoporose, Zahnausfall und schmerzenden Hüften litten, war aber sicherlich mit dem Erscheinungsbild heutiger gesund alternder Körper nicht vergleichbar.

Wohlbefinden

»Mein Körper gehört mir nicht mehr ganz. Er schmerzt an Stellen, die ich bisher nicht einmal kannte. Er ist schwer, morgens, bis er in Schwung kommt. Ich kann aber noch Ski fahren, das verlerne ich auch nicht. Dabei spüre ich auch die Arthrose in meinen Kniegelenken nicht, erst, wenn ich dann wieder stehe, und abends natürlich, da kann ich mir bei meinen Rückenschmerzen nicht vorstellen, noch einmal auf die Berge zu fahren, aber es geht doch immer wieder. In solchen Tagen der Bewegung habe ich auch weniger andere Schmerzen wie im Kopf oder im Bauch oder an der operierten Hand. Ich bin auch nicht erkältet, wie so oft, wenn ich im Alltag zu Hause stecke. Und diese Infekte dauern jetzt immer so lange und erschöpfen mich sehr. Dabei bin ich sehr glücklich, daß ich nicht wirklich eine Krankheit habe. Mein Herz ist wohl schwächer als früher, vielleicht kommt auch daher manchmal Wasser in meinen Beinen und Händen. Meine Augen haben keine Flüssigkeit mehr, die muß ich jetzt immer hineintröpfeln. Natürlich trage ich eine Brille, und ich höre schlecht, möchte aber noch kein Hörgerät tragen. Wenn

Melanie Manchot: *Mrs. Manchot with hands on hips*, 1997, Melanie Manchot, London (Kat. 1.1.10)

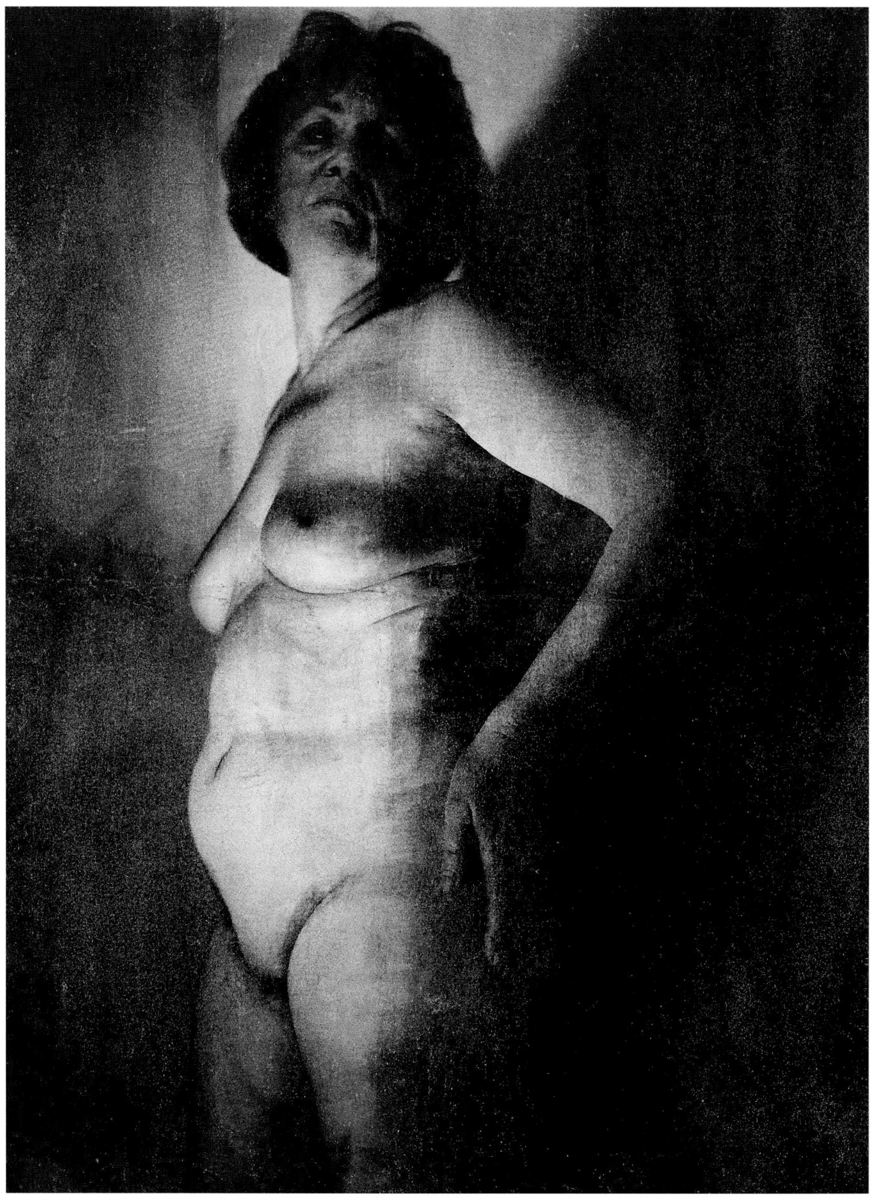

Immobilität, die noch vor 50 Jahren unausweichliche Folge eines Hüftgelenksschadens war. Nachweislich wird durch Bewegung nicht nur die Lebensqualität gesteigert, sondern auch die Lebenszeit verlängert.

Gesundheit

Der körperliche Status ist ausschlaggebend für das Erleben des Alters. Der Körper – für den Regisseur und Künstler Peter Greenaway ist er durch Säfte und Gerüche definiert. Das erscheint vor allem für das Alter plausibel. Wir erleben diese Aspekte besonders deutlich an den Alten – dann, wenn die Entgleisungen des Körpers überhandnehmen.

Das biologische Alter ist abhängig von der persönlichen Konstitution, von den Belastungen des Körpers während des ganzen Lebens, von der Ernährung, von der Körperpflege und Hygiene und vom Geschlecht. Das Altern selbst ist keine Krankheit. An Herz, Lunge, Magen, Darm, Leber, Nieren, Bewegungsapparat, Augen, Ohren und Haut treten jedoch Veränderungen auf, die verstärkt zu Krankheiten führen. Solche Alterserscheinungen stellen sich schleichend und heimlich ein, wenn nicht eine Krankheit zu einem plötzlichen Einbruch körperlicher Fähigkeiten führt. Der alternde Körper braucht auch länger, um sich von Krankheiten zu erholen.

Francisco de Goya y Lucientes: *Linda maestra! (Schöne Meisterin!)*, 1799 (*Los Caprichos* Nr. 68). Der sichtbare nackte Körper einer alten Frau ist der einer Hexe!

wieder eine neue Stelle im Körper schmerzt, kommt schon jedesmal die Befürchtung auf, es könnte jetzt etwas Gravierendes sein. Man sitzt ja auf einem Pulverfaß, denn irgendwann kommt die unheilbare Krankheit, die einen dann zum Tode führt.«

(Gedanken einer 70jährigen Frau)

Medizinische Eingriffe am Körper befreien das Alter heute von Schmerzen. Technische Hilfsmittel und medizinische Versorgung befähigen wieder zu gewohnten Aktivitäten. Diese Aktivitäten wiederum halten den Körper fit und damit länger gesund. So beheben beispielsweise Hüftgelenksprothesen nicht nur große Schmerzen, sie ermöglichen den Patienten auch weiterhin Bewegung und verhindern die totale körperliche

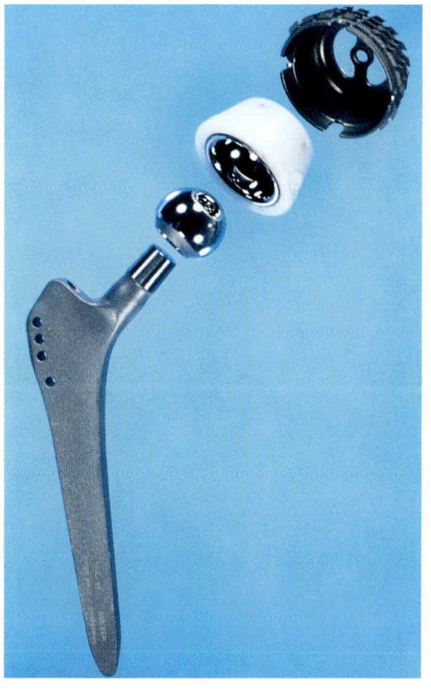

Rechts:
Ein komplettes künstliches Hüftsystem: ›Alloclassic‹, Sulzer Medica AG, Winterthur (Kat. 1.2.19)

Der Altersabbau wurde lange überschätzt: Die ›jungen Alten‹ von heute verfügen über ein hohes Niveau an beruflicher, kognitiver, physischer und sozialer Kompetenz. Solange nicht in das Genom eingegriffen wird, ist ein gewisser Grad an Altersabbau unumgänglich. Kultur und Gesellschaft sind jedoch Freundinnen des Alters, so auch der medizinische Fortschritt. Biologie und Kultur entwickeln sich heute zunehmend auseinander. Die Zukunft des Alters wird wesentlich davon bestimmt sein, wie es gelingt, mittels kultureller und gesellschaftlicher Errungenschaften die biologische Schwächung des Körpers zu kompensieren.

Wie aber sehen die Jahre aus, die hinzugewonnen sind und noch hinzugewonnen werden? Verglichen mit früheren 70jährigen sind heutige 70jährige im Durchschnitt gesünder. Ein genauer Vergleich zwischen unserem und dem letzten Jahrhundert ist nicht möglich, da die Alten, medizinisch gesehen, erst in den 1970er Jahren ›erfunden‹ wurden. Jedoch zeigt eine Untersuchung aus den USA, daß in den letzten Jahren ab dem 70. Lebensjahr für jeweils zwei gewonnene gesunde Jahre etwa ein krankes Jahr hinzugekommen ist. Studien zeigen auch, daß Frauen mehr Jahre bis zum Tod mit Funktionseinschränkungen und Behinderungen verbringen als Männer.[1] Offen bleibt dabei allerdings, ob die Jahre der Krankheit auch subjektiv als Jahre der Verzweiflung erlebt werden. Entscheidend ist also, nicht das Leben um jeden Preis zu verlängern, sondern die behinderungsfreien Jahre im Alter zu erhöhen.

Alterung

»Ich verbringe noch heute jeden Tag zwei Stunden im Kraftraum. Gott hat uns kein Alterslimit gesetzt, nach dem wir nicht mehr hart an unserem Körper trainieren sollen. [...] Das Leben ist doch ganz einfach: Alte Leute fühlen sich alt, sobald man ihnen sagt, daß sie es sind. Die Menschen sterben nicht wegen ihres hohen Alters, sie sterben aufgrund von Disziplinlosigkeit. [...] Wer länger leben will, muß leiden können.«

(Interview mit Jack LaLanne, dem Paten der Fitneßbewegung, 83 Jahre)[2]

Jack LaLanne, der Begründer des Bodybuilding, im Alter von 83 Jahren, 1998, Daniel Josefsohn, Hamburg (Kat. 1.1.11)

Der komplexe Alterungsprozeß resultiert wahrscheinlich aus einer Mischung von genetischer Programmierung und Schädigungen der Zelle. Ein langes gesundes Leben ist kein Ziel der biologischen Evolution, sondern unserer kulturellen Entwicklung. Es scheint einen Zusammenhang zu geben zwischen der wachsenden menschlichen Kulturleistung, deren Vermittlung die Verlängerung der Pflegeperiode des Nachwuchses erfordert, und der zunehmenden Langlebigkeit. Unter Bedingungen des Lebens in der Natur, wie bei den Neandertalern vor 130000 Jahren, starben die Individuen unserer Spezies durchschnittlich bereits mit 40 Jahren. Ein Vergleich von historischen Überlebenskurven noch der letzten 2000 Jahre zeigt, daß die Lebenserwartung des Menschen stark von selbstgestalteten Umwelteinflüssen (Soziales, Technik, Kultur) abhängt. Die biologisch maximal mögliche Lebensdauer des Menschen liegt bei etwa 120 Jahren.[3]

1 Paul B. Baltes: *Über die Zukunft des Alterns.* In: Margret Baltes / Leo Montada (Hg.): *Produktives Leben im Alter.* Frankfurt / M., New York 1996, S. 51ff.

2 In: *Süddeutsche Zeitung Magazin* vom 13. März 1998: Interview mit Tom Kummer, o. S.

3 Vgl. J. Smith, Friedrich W. Schwartz und Ulla Waller: *Physiologische Potentiale der Langlebigkeit und Gesundheit im evolutionsbiologischen und kulturellen Kontext.* In: Baltes / Montada (wie Anm. 1), S. 72.

Immer älter

Entwicklung der Lebenserwartung bei Geburt

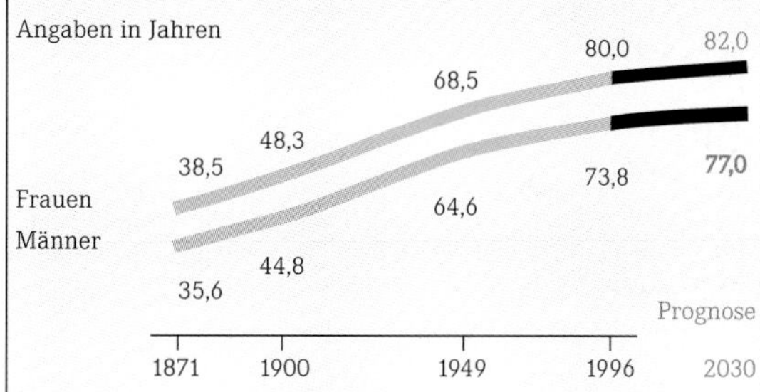

Eigene Zusammenstellung nach Basisdaten des Statistischen Bundesamtes

aus: Horst W. Opaschowski: *Leben zwischen Muß und Muße: die ältere Generation. Gestern – Heute – Morgen.* Hamburg 1998, S. 14.

Todesursachen

Die meisten Menschen sterben heute an einer Herz-Kreislauf-Erkrankung, z.B. durch einen Schlaganfall oder durch Hypertonie, meistens aber an der ischämischen Herzkrankheit. Die zweithäufigste Todesursache ist Krebs. Seit 1950 haben Krebserkrankungen bei Männern um 30 bis 50 Prozent zugenommen, bei Frauen um 10 Prozent abgenommen. Die Lokalisationen haben sich verschoben: Die Bedeutung von Magenkrebs als Todesursache hat seit 1930 abgenommen, die von Lungenkrebs zugenommen, die Brustkrebsrate ist seit dem Zweiten Weltkrieg unverändert. Es folgen neurologische (Alzheimer) und respiratorische Krankheiten (Lungenentzündung).[4]

Lebensweise

Langzeitstudien haben gezeigt, daß unsere Lebenszeit durch Lebensweise, Gewohnheiten und Ernährung deutlich zu beeinflussen ist. Wer täglich raucht, Alkohol trinkt und Fleisch ißt, aber kein grüngelbes Gemüse wie Karotten, Spinat, grünen Paprika und ähnliches, stirbt tendenziell früher als andere. Rauchen bewirkt ein Voraltern um fünf Jahre, regelmäßiger Gemüseverzehr eine Verlangsamung des Alterungsprozesses um zehn bis fünfzehn Jahre. Bei einer Lebensweise ohne Rauchen und Alkoholgenuß, mit wenig Fleisch und viel Gemüse wird die Mortalität um 34 Prozent verringert, das Risiko des vorzeitigen Krebstodes sogar um 60 Prozent, und als zusätzliche Annehmlichkeit im Alltag von alten Menschen sinkt auch die Schlaflosigkeit um 52 Prozent.[5]

Gedächtnis

»In den letzten zehn Jahren ihres Lebens verlor meine Mutter nach und nach ihr Gedächtnis. [...] Es kam soweit, daß sie ihre Kinder nicht mehr erkannte, nicht mehr wußte, wer wir waren und wer sie war. Ich ging zu ihr, umarmte sie, blieb eine Weile bei ihr – körperlich war sie ganz gesund, sie war sogar sehr beweglich für ihr Alter –, dann verließ ich das Zimmer und kam gleich wieder herein; sie empfing mich mit dem gleichen Lächeln und ließ mich Platz nehmen, als sähe sie mich gerade zum ersten Mal, auch meinen Namen hatte sie vergessen.«[6] *(Luis Buñuel)*

Erst im hohem Alter werden auch einige Krankheiten weiter verbreitet: Altersdemenz und Alzheimer. Würde die Lebenserwartung in Zukunft von heute ca. 75 Jahren auf 90 Jahre ansteigen, würde es immer mehr alte Menschen geben, deren Lebenszustand ans Menschenunwürdige grenzt. Ist also die Verlängerung des Lebens überhaupt erstrebenswert?

Sie wäre es nicht, gäbe es keine medizinischen Fortschritte. Eine positive Perspektive könnte als Ziel der Medizin formulieren, Wege zu finden, das Fortschreiten von Alterskrankheiten wie Demenz und Alzheimer durch Prävention und Therapie zu verlangsamen, so wie dies im 20. Jahrhundert bereits für Arthritis, Herz-Kreislauf-Beschwerden und Krebs möglich geworden ist.

Körperlichkeit

Ich weiß nicht, ob die Alten der 1990er Jahre, diese erste ›dritte Generation‹, ob sie ihre Körper je kennengelernt haben. Als Kinder haben sie den Krieg noch erlebt und die unglaubliche Gewalt und Verachtung, die damals so vielen Körpern angetan wurden. Ein bewußter Umgang mit dem Körper war bisher von dieser Generation kaum zu erwarten.

Nun aber hat diese erste ›dritte Generation‹ die Chance, etwas für ihr Leben und ihre Generation Neues zu *er*-leben. Biographisch sind die Alten heute nicht mehr in der Pflicht und gesellschaftlichen Verantwortung, die sie nach dem Krieg mit so viel Ernst übernommen hatten. Gleichzeitig

4 Ebd., S. 94ff.

5 Ebd., S. 99ff.

6 Luis Buñuel: *Mein letzter Seufzer.* Königstein/Ts. 1983, S. [1].

Spezies	mittlere Lebens-erwartung (Jahre)	Spezies	mittlere Lebens-erwartung (Jahre)	Spezies	mittlere Lebens-erwartung (Jahre)
Fliege	0,077	Frosch	10-15	Pferd	20-30
Maus	3-3,5	Schaf	10-15	Schwein	20-30
Ratte	3-3,5	Ziege	12-15	Kamel	40-50
Kaninchen	5-7	Wolf	12-15	Krokodil	50
Meerschweinchen	8	Hering	16	Karpfen	50-60
Katze	9-10	Hahn	20	Falke	60-70
Fuchs	10	Tiger	20	Rabe	60-70
Eichhörnchen	10-12	Löwe	20-25	Mensch	70-74
Hund	10-12	Rind	20-25	Galapagos Schildkröte	100-150
Ameise	10-15	Menschenaffen	20-30	Elefant	150-200

aus: Bazon Brock / Jeannot Simmen (Hg.): *Die Macht des Alters. Strategien der Meisterschaft.* Köln 1998, S. 189.

hat sich ein Geist der individuellen Befreiung von Tabus und Zwängen allgemein durchgesetzt. Ein von gesellschaftlichen Einschränkungen befreites Verhalten, das manch einem alten Menschen heute revolutionär erscheint und auch von jungen Menschen so empfunden wird, ist eigentlich nur ein Gleichziehen mit gesamtgesellschaftlichen Tendenzen. Wenn erst die 68er-Generation in die Jahre gekommen sein wird, die ja schon in der Jugend den ›Muff‹ bekämpft hat, den die heutigen Alten nun abzulegen imstande sind, wird vieles als biographische Kontinuität erkennbar werden, was heute noch wie ein Aufbruch der Älteren zu ›späten Freiheiten‹ erscheint.

Die Bilder in der Ausstellung zeugen davon, daß die Älteren jetzt ihre Körper kennenlernen, sie schmerzvoll erfahren, an ihnen arbeiten, sie jung halten oder ihnen das Altern überlassen, ihre Sexualität spüren und ihre Formen ertasten – und daß sie das Sterben nicht länger in die Hände der Mediziner legen. Solche Körperlichkeit weckt einen freien Geist. Die Alten sind damit Vorbild für alle Generationen.

Tod

Es kann kein Leben ohne den Tod gedacht werden. Weise ist, wer des Todes schon im Leben, nicht erst im Sterben gedenkt.

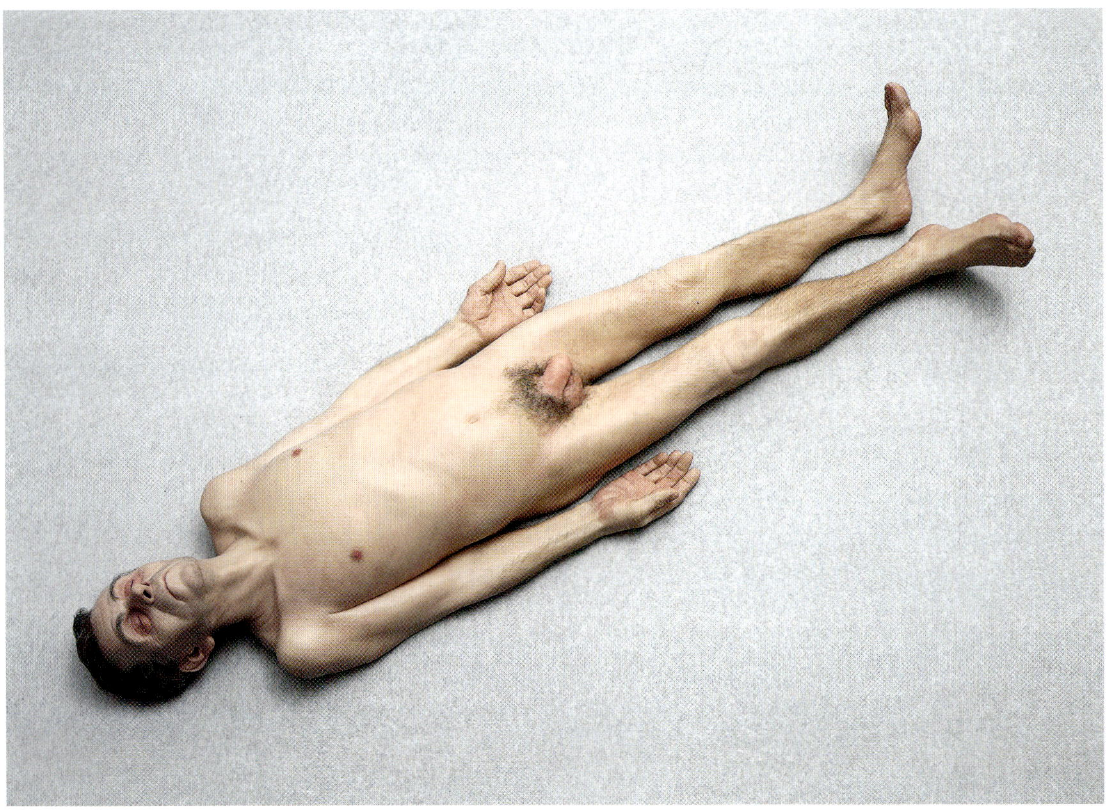

Ron Mueck: *Dead Dad*, 1996/97,
The Saatchi Gallery, London,
Foto: Stephen White

Utz Jeggle

Sexualität im Alter

Vorspiel

Unter der Rubrik »Forschung« und der Überschrift »Jugendlich durch Sex« berichtete kürzlich dpa aus London:

> *»Mehr Sex macht jünger. Paare, die mindestens dreimal in der Woche Sex haben, sehen mehr als zehn Jahre jünger aus als Durchschnitts-Erwachsene, die nur zweimal in der Woche sexuelle Freude und Entspannung genießen können. Dies will der britische Neuropsychologe David Weeks vom Royal Edinburgh Hospital herausgefunden haben. »Freude durch Sex ist ein entscheidender Faktor für die Bewahrung der Jugend«, sagte er der Zeitung The Daily Telegraph. »Das macht glücklich und produziert Stoffe, die uns das auch mitteilen.« Weeks stützt sich bei seinen Feststellungen auf Gespräche in den vergangenen zehn Jahren mit mehr als 3500 Menschen im Alter zwischen achtzehn und 102 Jahren in Großbritannien, auf dem europäischen Festland und in den USA.«*[1]

Ein Mediziner ist es, der hier mit entspanntem Gesicht direkt unter die Bettdecke seiner Gesprächspartner zu blicken vermag: Treiben sie es nur zweimal wöchentlich – wie Luther dies an bekannter Stelle zugibt –, dann sehen sie gleich zehn Jahre älter aus. Wie mißmutig wird erst der Vater von Tristram Shandy mit seinem Wochenprogramm dreingeblickt haben, der seine häuslichen Freuden – oder sollte man in diesem Fall doch besser von Pflichten sprechen? – in einem Rundgang mit dem Aufziehen der Standuhr am Samstagnachmittag erledigte! – Jedenfalls geht es um Häufigkeiten, die neurologisch zu Buche schlagen und als Jungbrunnen zu nutzen sind; wie wirksam der sprudeln kann, das zeigt der dezente Verweis auf einen 102jährigen Gesprächspartner, der vermutlich auch noch jugendfrisch als ›young old‹ seine Falten mittels kontinuierlicher Befriedigung seiner Triebkräfte entspannt. Der Sexualwissenschaftler Magnus Hirschfeld machte da einst folgende Erfahrung:

> *In seiner Eheberatungsstelle erscheint ein altes vergilbtes Mütterlein, das mit großer Scham berichtet, der Gatte vollziehe den Geschlechtsverkehr ein bis zweimal täglich – mehr jedenfalls, als sie aushalte. Hirschfeld bestellt den Nimmersatt und macht ihm Vorhaltungen wegen seiner Rücksichtslosigkeit gegenüber seiner Frau. Der Intervention ist nur mäßiger Erfolg beschieden: »Er wollte in Zukunft immer einen Tag überschlagen, meinte er; wenn man aber noch mehr Entsagung von ihm fordere, so hätte sein an und für sich ziemlich inhaltloses Leben überhaupt keinen Wert mehr für ihn.«*[2]

Diese Art einseitiger Befriedigung macht deutlich, daß es *die* Sexualität, *den* Sex nicht gibt. Wie die verschiedenen Lebensalter, so unterscheidet auch die Geschlechter häufig die Art, wie sie die Sexualität erleben: Hier etwa korrespondiert die Befriedigung des alten Herrn nicht automatisch mit der Zufriedenheit seiner Gemahlin.[3] Diese Geschichte von Hirschfeld ist sicher auch zeitspezifisch für die Weimarer Republik: daß eine Frau nach jahrzehntelanger Pflichterfüllung die ›Nase‹ so voll hat, daß sie sich sogar einem Arzt anvertraut. Gut, daß es nicht unser Doktor Weeks aus Edinburgh war, der von der Häufigkeit des Verkehrs auf frohen Mut schließt – was hätte er aufgrund seiner Studien geschlossen? Dieses Paar hätte seiner These nach platzen müssen vor Wohlbefinden!

Einen zeitlichen Wandel, der bewirkt hat, daß heute mehr Lust möglich und zugleich gefordert

1 *Jugendlich durch Sex.* In: *Südwestpresse,* 10. März 1999.

2 Ingelore Ebberfeld: *»Es wäre schon schön, nicht so allein zu sein«. Sexualität von Frauen im Alter.* Frankfurt/M., New York 1992, S. 26.

3 Den Aspekt der Geschlechtsspezifik verfolge ich im folgenden nur punktuell, nicht systematisch. Das hat das Buch von Ingelore Ebberfeld *»Es wäre schon schön, nicht so allein zu sein«* bereits glänzend geleistet.

ist, zeigt das letzte meiner einführenden Beispiele: Unter der Überschrift »Sex-Festival für Ältere« berichtet wiederum dpa aus dem hohen Norden:

»Das finnische Dorf Kutemajärvi bereitet sich auf eine Invasion älterer Menschen mit Lust an Sex vor. Wie Gemeindedirektor Vesa Häkkinen in Helsinki berichtete, werde man in dem Ort am gleichnamigen See von Interessenten aus aller Welt bestürmt, seit Pläne für ein ›Sex-Festival für ältere Menschen‹ im August bekannt geworden sind. Das Festival war eigentlich als lokale Veranstaltung am Ufer des Kutemajärvi-Sees geplant, wurde aber nach Medienberichten in Australien, Japan und Großbritannien zu einer international stark beachteten Angelegenheit. Kern des Festivals sollen Naturerlebnisse und Möglichkeiten für entspannte Sex-Erlebnisse sein.«[4]

Die Freude am Sex sehen wir hier, medienvermittelt, in den allgemeinen Globalisierungsprozeß eingebunden. Die Erlebnisgesellschaft hält es für gesund und natürlich, möglichst häufig miteinander zu verkehren – in jedem Alter.

Das Elend der alten Leute

Wie es damit noch vor knapp 30 Jahren aussah, das zeigt das Meisterwerk von Simone de Beauvoir über das Alter ›La Vieillesse‹, das 1970 in Paris erschien und die französische und bald auch die europäische Gesellschaft offensiv mit dem Elend der alten Leute konfrontierte, indem es den gesellschaftlichen Umgang mit Alterssexualität zum öffentlichen Thema machte und Verbote und Einschränkungen, Normen und Zwänge benannte. Eine Defizit-Hypothese wird entwickelt, die großen Einfluß auf die Entwicklung der Gerontologie hatte. Exemplarisch für diese Sichtweise steht Dostojewskis Roman ›Der Jüngling‹:

Als »der alte Fürst Ssokolskij mit dem Gedanken spielt, noch einmal zu heiraten, empört sich seine Familie, einmal aus materiellen Gründen, aber auch, weil die Vorstellung sie entsetzt. Sie drohen, ihn in ein Irrenhaus zu stecken; schließlich sperrt man ihn ein: das führt zu seinem Tod.«[5] *Die Kinder fürchten den Verlust der Erbschaft, mehr noch aber die soziale Beschädigung dadurch, daß ein naher Verwandter als alter Mensch noch an Liebe denkt und diese zudem legitimieren will.*

Der Wiener Historiker Michael Mitterauer zeigt in seiner Sozialgeschichte des Alters, wie zeitspezifisch Alterskonzepte sind. Er beschreibt, wie nach dem Wegzug der Kinder das eheliche Zusammenleben in eine neue Phase eintritt, die er die »nachelterliche Gefährtenschaft« nennt.[6] Ob dieser Einschnitt in der familiengeschichtlichen Entwicklung mit der Menopause der Frau in Zusammenhang steht, ist fraglich. Zwar gibt es Zeugnisse, die belegen, daß ehelicher Verkehr nach dem Ende der Empfängnisfähigkeit der Frau als eher peinlich betrachtet wurde. Wie Mitterauer belegt, scheint jedoch die Witwenschaft eine sehr viel tiefer gehende Kerbe im Lebenslauf gewesen zu sein. Es gab zwar auch Witwen, die sich wieder verheirateten, eine gewisse Toleranz war also durchaus gegeben; aber eine ›lustige Witwe‹ ist bis heute eine negative Figur im sozialen Drama des Alterns. Freilich sind manche Quellen sehr verschwiegen, und es stellt sich die Frage, ob das Reden über Sexualität nicht ganz anders aussah als das Handeln.

Humanistische Verachtungsgeschichten

Die Frauen waren jedenfalls benachteiligt, und in viele Verachtungsgeschichten gegenüber den Alten mischt sich ein frauenfeindlicher Zug.
Die Entstehung der Figur der ›häßlichen Alten‹ reicht weit in die Renaissance zurück. Erasmus von Rotterdam – der ›Humanist‹, wie Simone de Beauvoir nicht ohne Süffisanz bemerkt – lästert: »Diese verfallenen Frauen, diese wandelnden Leichname, diese stinkenden Gerippe, die überall einen Grabesgeruch verbreiten und dabei alle Augenblicke ausrufen: Nichts ist so schön wie das Leben ...«[7] Besonders übel nahm man es alten Frauen, wenn sie noch sexuell aktiv waren, das Leben noch schön fanden. Gegen solche Grenzüberschreitungen wurden Barrieren aufgerichtet. Die alte Frau wurde diskreditiert, ausgegrenzt, als Hexe bekämpft oder in die Imagologie des Todes aufgenommen und damit für tot erklärt. Der italienische Humanist Sigonio (geb. um 1520) höhnt:

4 *Sexfestival für Ältere.* In: *Südwestpresse*, 5. März 1999.

5 Simone de Beauvoir: *Das Alter* [*La Vieillesse*]. Essay. Reinbek 1972, S. 186.

6 Michael Mitterauer: *Problemfelder einer Sozialgeschichte des Alters.* In: Helmut Konrad (Hg.): *Der alte Mensch in der Geschichte.* Wien 1982, S. 29.

7 Beauvoir (wie Anm. 5), S. 126.

8 Ebd., S. 128.

Lucas Cranach: *Der Jungbrunnen*, 1546, Staatliche Museen zu Berlin – Preußischer Kulturbesitz, Gemäldegalerie

»Noch atmende Mumie,
Deren Anatomie man erkennt
Unter durchsichtig-lederner Haut.
Lebendes Bild des Todes, totes Bild des Lebens.«[8]

Angst vor dem Alter

Vermutlich war es nicht nur das Schönheitsideal, das alte Frauen ausrangierte, sondern in vielen Fällen auch die Art des Umgangs mit der Sterblichkeit des Menschen. War man im bäuerlichen Milieu durch seinen Glaubenshalt versichert, daß der Tod nur ein transzendierender Akt sein konnte und daher das Alter nicht nur Ende, sondern auch Anfang bedeutete, wie man es ja auch alljährlich am Werden, Vergehen und Wiedererstehen der Naturphänomene ablesen konnte, so mußten aufgeklärte Entwürfe eines radikal diesseitigen Lebens mit der Endlichkeit menschlicher Existenz ganz anders rechnen. Die Allgegenwart des Todes, die die Alten bewegte, ließ die eigene Angst in Aggression gegen die anderen Alten umschlagen.

Angst ist also sicherlich ein wesentlicher Punkt für die negative Besetzung des Alters, denn die einzige Alternative, die wir haben, heißt: vorzeitig sterben oder altern. Beide Wege sind nicht sonderlich attraktiv. Seit der Renaissance bis in unser Jahrhundert hinein erscheinen die Alten als das Andere, als Objekt, über das man ungehemmt lachen darf. Es drückt sich darin auch eine tiefe Angst aus. Das Alter ist, wie gesagt, unausweichlich, es ist kein rückgängig zu machender Zwischenfall wie etwa eine Krankheit. Es ist ebenso absolut und ausweglos wie der Tod, den jeder in sich trägt wie die Frucht ihren Kern (Rilke).

Im Alter wird der Körper zum Hindernis, ein Produkt immer neuer Siege und überwundener Niederlagen. Die Vorstellung vom ›schönen Alter‹ ist häufig reine Illusion, Schönfärberei der unerträglichen Wirklichkeit. Bei einer Altenheimumfrage wurden die Insassen gefragt, ob sie sich jung oder alt fühlten. Die Mehrheit äußerte Ansichten wie: »Ich fühle mich gar nicht alt.« – »Ich denke nie ans Alter.« – »Mir ist, als wäre ich erst zwanzig.«[9] Das Alter begleitet eine zunehmende psychische Blindheit. In den Altenstädten in Florida sind keine Kinder zugelassen, und Verstorbene werden nachts abgeholt, gerade, als seien sie ein gefährliches Gut. Ein Jugendkult, den es in allen Zeiten immer wieder gab, stellt die Alten in die Ecke, und die Alten selbst übernehmen den Blickwinkel der jugendfrischen Gesellschaft. Michelangelo wütete einst gegen sich selbst: »Ich bin gebrochen, ausgehöhlt und gliederlahm von meinen langen Arbeiten [...] In einem meiner Ohren läuft eine Spinne, im anderen singt eine Grille die ganze Nacht hindurch.«[10] Die Klagen über das Alter sind die Regel, nur selten gibt es Menschen, die sich des Alters erfreuen.

Eine dieser bemerkenswerten Ausnahmen war Tolstoi. Seine Vitalität ist unglaublich: Mit 67 Jahren lernte er Radfahren und machte in den folgenden Jahren weite Ausflüge, nicht nur mit dem Rad, auch mit dem Pferd oder per pedes. Außerdem spielte er Tennis, badete im eiskalten Fluß. Auch als ihm das Alter zu schaffen machte, hörte er nicht auf, die Vorteile zu sehen: »Der moralische Fortschritt der Menschheit ist den Alten zu verdanken. Als alter Mensch wird man besser und weiser.«[11] Das ist der hoffnungsvolle, zum Teil illusionistische Aspekt. Daneben gibt es auch einen pessimistischen, aber in vielem realistischen Anteil, der den verfallenden Körper hervorhebt. Die Läuterung, die die Moralisten behaupten, hat ihnen zufolge ihren Ursprung in einem Rückgang, ja einem Erlöschen des sexuellen Verlangens: »Je mehr der Leib sich seinem Verfall zuneigt, desto näher schwingt sich die Seele hinan.«[12] Das ist die Folie der Erwartungen: daß das Alter sich zurückhält; wer es nicht tut, ist ein Lustgreis, der lüsterne Alte, der Susanna im Bade beobachtet.

›Sex-Avantgarde‹

Aber es gibt auch schon auf dem Weg zur Gegenwart Ausnahmen, die das vorwegnehmen, was heute Allgemeingut wird: die Normalisierung der lebenslangen Sexualität. Goethes Marienbader Altersliebe zu Ulrike Levetzow[13] ist in ihrer Radikalität wegweisend. Er liebte allerdings die 17jährige wirklich – zumindest ›olympischer‹ als die höchst irdische Gesellschaft von französischen Lebemännern jener Zeit agierte, deren Ausschweifungen Simone de Beauvoir aufzählt. Diese nahmen sich schon damals all die Freiheiten heraus, die in einem langsamen Demokratisierungsprozeß erst nach und nach Allgemeingut werden sollten.

Der Sohn Richelieus etwa »führte mit 62 Jahren ein Lasterleben. Er verführte im Alter zahlreiche junge Frauen. Geschminkt, mit Perücke und sehr schlank, wirkte er mit 78 Jahren, so wird berichtet, wie eine Schildkröte, die den Kopf unter dem Panzer hervorstreckt; das hinderte ihn nicht, Liaisons mit Schauspielerinnen der Comédie Française zu haben. [...] Mit 84 Jahren heiratete er und nahm Aphrodisiaka; er schwängerte seine Frau und betrog sie überdies. Er behielt seine sexuellen Fähigkeiten bis zu seinem Tod im Alter von 92 Jahren.«[14]

Anthonis van Dyck: *Susanna im Bade*, um 1620, Bayerische Staatsgemäldesammlungen, München/Fotothek

9 Ebd., S. 249.
10 Ebd., S. 254.
11 Ebd., S. 269.
12 Ebd., S. 269 (Zitat eines Ausspruchs von Marcel Jouhandeau).
13 Vgl. ebd., S. 281f.
14 Ebd., S. 282.
15 Ebberfeld (wie Anm. 2), S. 19.
16 Ebd., S. 17.
17 Hannelore Tümmers: *Sexualität im Alter.* Köln 1976, o. S.
18 Ebd. S. 10.
19 Vgl. Ebberfeld (wie Anm. 2), S. 84 Anm. 1.

Das Tableau dieser Wüstlinge ist zwielichtig, bei aller abschreckenden Sexualmechanik sind diese Herren Prototypen einer Art perverser Avantgarde. Immerhin waren in Gestalt solcher Lebemänner oder Dirnen spätere Vorstellungen eines lebenslangen Sex-Vermögens bereits vorgeprägt.

Doch der Wandel alter Denkmuster dauert seine Zeit. Zunächst sah es eher so aus, als befördere der Prozeß der Zivilisation sexuelle Tabus. Erasmus, der ja einer der Kronzeugen von Elias ist, wettert gegen die körperliche Verwüstung der Frauen, die sich gefälligst jeder sexuellen Regung enthalten sollten. Die sexuelle Enthaltsamkeit charakterisiert zunächst den zivilisierten Menschen. Ob hier auch eine grundlegende Norm der katholischen Kirche zu situieren ist, das Zölibat, das die Bedeutung der Sexualität gerade durch deren Negation herausstellt? Warum sonst müßte man so lange und heftig gegen die Sexualität ankämpfen?

Wahre Liebe

Die sexuellen Lebensläufe von Mann und Frau unterscheiden sich, verlaufen aber auch teilweise parallel, mit einer gewissen zeitlichen Verzögerung. So ist es nicht ganz selten, daß Herren in fortgeschrittenem Alter sich in 17jährige verlieben wie weiland der alte Goethe – »alte Scheunen brennen am hellsten«, weiß dazu der Volksmund –, aber es ist sicher unserem Jahrhundert vorbehalten, daß eine alte Frau sich in einen Jüngling verliebt und mit ihm auch glücklich wird. Die Schriftstellerin Claire Goll schreibt: »Ich habe einige Männer geliebt, und sehr viel mehr haben mich geliebt, aber erst mit 76 Jahren hatte ich meinen ersten Orgasmus. Ungeachtet meiner Abenteuer oder Liebschaften habe ich dieses Alter erreichen müssen, damit ein zwanzigjähriger Junge mich lehrte, daß eine Frau auch auf andere als die unterwürfige Art erleben kann.«[15]

Das Alter wird von Eheleuten häufig als eine Phase tiefer Zuneigung erlebt, Tony Stone Bilderwelten, München

Alterssexualität ist also nicht nur eine Art Echo der bis dahin gelebten Sexualität, wie immer wieder behauptet wird, sondern es steht die Tür auch offen zu ganz neuen Erfahrungen. Diese weisen in zwei Richtungen, einmal in die ›Gefährtenschaft‹ benannte Solidargemeinschaft ähnlich einer Art postsexueller Kameradschaft, zum anderen in zumindest sanfte sexuelle Formen des Zusammenlebens, in denen die Erotik dominiert; der Koitus wird dabei unwichtiger.[16] Hannelore Tümmers zitiert einen Witz, der die Asexualität des Alters, gepaart mit einem Alzheimer-Symptom, zur Pointe hat: »Drei alte Männer sitzen auf der Parkbank, da kommt ein junges Mädchen in heißen Höschen vorbei. Sagt der erste: ›Mit so was Hübschem sollte man noch mal tanzen!‹ Darauf der zweite: ›So was Süßes sollte man noch einmal küssen!‹ Und der dritte guckt und guckt, und schließlich sagt er: ›Da war doch noch etwas!‹«[17]

Sexuelle Lust im Alter wurde noch in den 50er Jahren als gefährlich apostrophiert. Hannelore Tümmers zitiert einen Gerontologen namens Bernard, der 1956 vor einer Überbeanspruchung der Geschlechtsdrüsen warnte, weil der »Körper mit jedem Samenerguß seine wertvollsten chemischen Stoffe verliere«.[18] Gegen solche Panikmache ist die Einsicht, daß Sexualität über alle Altersstufen hinweg vorhanden und möglich ist, ein wichtiger Schritt des gesellschaftlichen Lernens. So umstritten der Wespenforscher Kinsey und seine Sexualuntersuchungen waren,[19] so sehr hat das Eröffnen eines Diskurses über die Geschlechtlichkeit des Menschen, und gerade in der Form statistisch präziser Aussagen, viele alte Menschen aus schweren Bedrängnissen erlöst. Die zuvor nur als Perversionen erlebten und gelebten eigenen Sexualpraktiken wurden plötzlich als von jedem geübte Normalität interpretierbar; das hat Schuldgefühle reduziert und die Freude an kleinen sexuellen ›Schweinigeleien‹ ermöglicht. Es war wie eine Befreiung durch die Zahl – zu wissen, daß nicht nur Charlie Chaplin mit 88 noch ein Kind gezeugt, Picasso noch im hohen Alter Frauen zur Raserei gebracht hat, nein, daß auch ehrenwerte Kleinbürger, unsere so bieder wirkenden Nachbarn, nicht nur in hohem Alter immer noch zusammen kuscheln, sondern sogar noch ›richtig Sex haben‹. Eine Studie von Pietro de Nicola und Marino Peruzza wies 1974 nach, daß von 85 Untersuchungspersonen zwischen 62 und 81 Jahren 80 Prozent der Männer im Alter noch sexuell aktiv waren und 53 Prozent der Frauen. [20] Rosenmayr/Rosenmayr zitieren eine Untersuchung von Eric Pfeiffer, die zeigt, daß »[der] Aktivitätsrückgang in den Sechzigern bei Männern [...] gering [ist]. Mit 68 Jahren zeigen noch 70 Prozent der Männer regelmäßige sexuelle Aktivität, jedoch kann ein markanter Rückgang der Aktivität bis zum 78. Lebensjahr festgestellt werden.« Vordergründig beruhigendes Fazit: »Sexuelle Aktivität als solche wird in allen Altersgruppern bis zu 100 Jahren vorgefunden.«[21]

Die sexuelle Potenz als solche geht also im Alter nicht verloren, es verändern sich lediglich die Reaktionsmuster.[22] Die Entstehung der Erektion des älteren Mannes dauert zum Beispiel länger als in jüngeren Jahren, aber das ist kein Anlaß, Viagra zu konsumieren; vielmehr – so folgern Rosenmayrs – können Mann und Frau »bis ins hohe Alter ungestört sexuell aktiv sein, wenn sie über den physiologischen Alternsprozeß informiert sind, ihn sexualhygienisch berücksichtigen und ihn überlegt interpretieren. Deswegen ist die Rolle der Information bedeutend, die gesellschaftlich vermittelt wird und spezifische ›Sexualaufklärung‹ für Ältere beinhalten sollte.«[23]

Aber auch diese neugewonnene Provinz des zeitlosen Erlebnis-Sex ist geschlechtsspezifisch unterhöhlt. Die vorgegebene Attraktivitätspflicht trifft Frauen sehr viel härter und umfassender als Männer: »Das Männliche ist nicht eine Beute des Alters; von ihm verlangt man nicht Frische, Sanftheit, Anmut, sondern die Stärke und Intelligenz des Eroberers, weiße Haare und Falten stehen nicht im Widerspruch zu diesem männlichen Ideal.«[24] Frauen müssen attraktiv sein, das geht so weit, daß nicht nur Fitneßübungen gegen Doppelkinn, dicken Bauch, dicken Po, schlaffe Beine, Hängebrüste und nachlassende Beckenmuskulatur empfohlen werden, sondern auch dezente und angemessene plastische Chirurgie angeraten wird.[25]

Sportlich und gesund

Auf der anderen Seite ist Alterssexualität im Sinn der Sexualwissenschaft ein Quotengeschäft. »Die sogenannte Koitusrate (X/Tag) oder (X/Jahr) wird zum Indikator, ob eine Person ein reges oder mäßiges Sexualleben praktiziert.«[26] Eine ›Verschlankung‹ der Koitushäufigkeit wird als typisches Merkmal der Alterssexualität genannt. Und in der Tat ist für das Alter ein Rückgang der Koitushäufigkeit statistisch nachzuweisen. – Was tut man gegen solche Leistungsabfälle? Man trainiert, um seine Sache besser zu machen; und man nutzt zum anderen den Sex selbst als Fitneß-Training. Sexuelle Aktivität wird in diesem Falle zu einer Form von Sport. Man hält sich fit für sexuelle Eskapaden, und man nutzt sie gleichzeitig, um gesund zu bleiben:

Andres Serrano: *Budapest – The Lake*, 1994, Paula Cooper Gallery, New York (Kat. 1.1.07)

20 Vgl. Leopold Rosenmayr / Hilde Rosenmayr: *Der alte Mensch in der Gesellschaft.* Reinbek 1978, S. 163.

21 Vgl. ebd., S. 164.

22 Ebd., S. 165.

23 Ebd.

24 Simone de Beauvoir; zitiert nach: Rosenmayr / Rosenmayr (wie Anm. 20), S. 179.

25 Ebberfeld (wie Anm. 2), S. 52.

»Sexuelle Aktivität ist ein Mittel zur sexuellen Gesundheit und damit ein Beitrag zur Gesundheit schlechthin.«[27] Sexualität wird zum Hometrainer-Ersatz; geradesogut könnte man errechnen, wieviel Kalorien ein Akt verbraucht, und so eine Schlankheitskur auf sexueller Basis aufbauen. Jedenfalls dient der regelmäßige Beischlaf dazu, die Jugendlichkeit zu bewahren und Alterserscheinungen abzuwenden, gerade im hohen Alter, wenn andere Körperübungen schon zu anstrengend geworden sind: »Die meisten Menschen können und sollen auch damit rechnen, noch den Sex zu genießen, wenn ihnen längst nicht mehr nach Radfahren zumute ist. Solche Menschen werden dann weniger Beruhigungsmittel und weniger organisierte Betreuung benötigen, und sie werden ein reicheres Leben führen. Es wird dann auch weniger ›verwelkte alte Wackelige‹ unter ihnen geben als bei jenen alten Menschen, die wir, noch bei Kräften, bisher so fleißig bis zur Kastration bearbeitet haben.«[28]

Frequenzen

Der Wandel von der normverordneten Asexualität zur Erfüllung angeblich medizinisch indizierter Koitus-Quoten ist rasch vonstatten gegangen: Beide Vorstellungen haben mit Gesundheit zu tun. Zuerst war es die Häufigkeit, die schadete, jetzt ist es gerade sie, die einem nutzt. Geschlechtsverkehr im Alter wird vorwiegend auf der Ebene von Frequenzen erfaßt, und wie in der Altweibermühle von Tripsdrill werden die Alten abgehobelt. Nicht weil ein differenziertes Liebesleben die reifen Fähigkeiten des Alters entfaltet, sondern weil die meßbare aktive Bilanz angeblich gegen das Altern arbeitet, wird Alterssexualität heute so intensiv gesundheitspolitisch gefördert. Ratgeber normieren die entsprechenden ästhetischen Pflichten, die vom Liftenlassen über die Frischzellenkur bis zum Installieren eines körpergroßen Spiegels neben dem Fenster reichen können – »und achten Sie darauf, daß große Busen in Form bleiben«.[29] Das Alter mit all seinen neuen Freiheiten und Möglichkeiten erscheint hier als eine lediglich etwas in die Jahre gekommene Version der ewigen und sexerfüllten Jugend. Keiner *fühlt* sich alt; die gesellschaftlichen Interpretationsnormen produzieren blinde Flecken, die es den Betroffenen unmöglich machen, wahrzunehmen, was jeder andere sieht – die Runzeln und Falten, die ja auch als Zeugnisse eines in Würde erreichten Alters aufgefaßt werden und Anstoß geben könnten, mit dem Geschenk der Sexualität hauszuhalten. Wie schwer das ist, zeigt der Sexualkundler Bornemann, der in seinem ›Lexikon der Liebe‹ »Koitus« so behandelt: »Je älter der Mensch wird [...] um so schlechter koitiert er. Zum guten Koitus gehören Wendigkeit, Ausdauer und Muskelkraft.«[30] Gut und schlecht – schon die Bewertung zeigt die Prüfungsgesinnung, die hinter dieser Sichtweise steckt.

Auch die Trainingsempfehlungen gehören in dieses Umfeld. Trainieren gilt als enorm wichtig, weil man nach zehn Liegestützen und fünf Kniebeugen auch als alter Herr sich noch über die Missionarsstellung hinauswagen darf. Dieses Denken ist typisch: ein Denken, das von Rekordvorstellungen geprägt ist und Kampfgeist auch noch bei den Altherrenmannschaften anpeilt. Und jeder, der nicht mehr kann, der die gebotene Bestleistung nicht immer weiter vorantreibt, der gar versagt, wird sich in seiner Angst in selbstgewirkte und -geglaubte Ausreden flüchten: »Den alten Spruch ›Ich bin zu alt zum Sex‹ kann man übersetzen in ›Ich mache mir zu große Sorgen über den gegenwärtigen Stand meiner sexuellen Leistung‹, die man mit der funktionalen Leichtigkeit des Zwanzigjährigen vergleicht, statt realistischerweise von der Perspektive eines Sechzigjährigen auszugehen.«[31]

Der Traum von der lebenslangen Potenz hat also eine Kehrseite: Jetzt kann man nicht mehr nur, jetzt muß man auch. »Als man die lebenslange Sexualität entdeckte, begann man nichts mehr zu fürchten, als für asexuell gehalten zu werden. [...] Die Sexualaufklärung [...] unterwarf uns einer weiteren Knechtung: dem Diktat der notwendigen Sexualität. [...] Die heutigen alten Frauen kommen, sobald sie eingestehen, keinen Sex mehr zu haben, in den Verdacht, heimlich zu onanieren.«[32] Irgend etwas *muß* doch laufen, folgert mit unerbittlicher Konsequenz ein Leistungsdenken, das voller Wißbegier ständig fragt: wie oft, wie lange, wie weit, wie groß.

So hat die sexuelle ›Revolution‹ zwei Seiten. Eine befreiende, die Sexualität im Alter zur Normalität

26 Ebd., S. 23.

27 Thomas Walz / Nancee Blum: *Sexual Health in Later Life*. Lexington 1987, S. 20.

28 Alex Comfort: *Die Sexualität im Alter. Fakten, Vorurteile und ein Wechsel auf die Zukunft*. In: *Sexualmedizin*, Bd. 12, S. 854–858, hier S. 857. – Hier zit. nach Ebberfeld (wie Anm. 2), S. 52.

29 Ebberfeld (wie Anm. 2), S. 66.

30 Ernest Bornemann: *Lexikon der Liebe*. Bd. 1: *A–K*. München 1968, S. 551.

31 William H. Masters / Virginia E. Johnson: *Sex and the aging process*. In: *Journal of the American Geriatric Society*, 29 (1981) H. 9, S. 385–390, hier S. 390. – Hier zit. nach Ebberfeld (wie Anm. 2), S. 82.

32 Ebberfeld (wie Anm. 2), S. 57.

macht. Es ist gut zu wissen, daß 80jährige die Freuden der Jugend weiterhin zu pflegen vermögen und daß diese ihnen sogar mehr bedeuten als ein Echo der Jugendzeit, das sich langsam auflöst. Es werden durchaus neue Formen und Möglichkeiten entwickelt; die Reife und die Milde, die Erfahrung und das Verstehenkönnen bieten den großzügigen Raum für eine Erweiterung der Liebesfähigkeit und -lust. Aber zugleich wird durch diese Vorgabe eine neue Norm gesetzt. Im Vergleich mit anderen will sich jeder mindestens im Mittelfeld positionieren: Ich muß doch auch wie der statistische Durchschnitt Frequenzen erreichen, die sich sehen lassen können! Und habe ich Angst, wehre ich dies mit der Verzichterklärung ab, daß ich zu alt zum Sex sei. Der Gewinn aus dem Wissen um die physiologische Möglichkeit, lebenslang Sex zu betreiben, schlägt in das Gegenteil um: Wehe, ich kann diese körperliche Befähigung nicht ausnutzen. Die Chance wird zur Prüfung, bei der jeder Beteiligte durchfallen kann.

Das ist die Problematik der heutigen Entwicklung. Auf der anderen Seite wird heute gerade am Beispiel der Sexualität die unendliche Vielfalt individueller Beziehungsmöglichkeiten deutlich. Der Individualismus übergibt jedem selbst die Verantwortung für die Entfaltung seiner Liebeskunst. Diese wird im Alter sicher anders aussehen als in der Jugend, aber so unterschiedlich, wie die Epochen mit dem Phänomen ›Liebe‹ umgegangen sind, so unterschiedlich tun es auch die einzelnen Menschen. Eine noch so genaue Statistik kann die Spezifität der einzelnen Beziehung nicht nachzeichnen, geschweige denn verstehen. Zum Abschluß zitiere ich Ricoeur: »Sexualität ist nichts endgültig Gegebenes, sie ist für den Menschen eine Aufgabe und ein zu vollbringendes Werk, sie ist nicht einfache Funktion des Bedürfnisses, des Instinkts oder des Triebes, noch auch von spezieller Wissenschaft gesichertes umgrenztes Gebiet«. [33] Sexualität ist auch im Alter eine Erfahrungs-Chance, die nur jeder selbst machen kann, die noch nicht einmal vom Sprechen darüber sich öffnet. Wo das Sexuelle anfängt, endet die Macht des Verbalen und damit auch die Wissenschaft.

33 Ebd., S. 18.

Rolf Winau

Vom Hören, Sehen und Gehen

Technische Hilfsmittel im Alter

Krückstock, Hörrohr und Brille sind über Jahrhunderte Attribute des Alters gewesen. Amputationen von Armen und Beinen gehören seit der Antike zum Alltag des Chirurgen. Lange blieb die Amputation die einzige Möglichkeit zur Rettung von Leben, wenn sich eine Wunde an der Hand oder am Fuß infiziert hatte und eine Sepsis drohte, deren Ende nur der Tod des Patienten sein konnte. In der Zeit der großen Kriege des 15. und 16. Jahrhunderts, vor allen Dingen nach Einführung der Feuerwaffen, waren auch Verletzungen eine Indikation für die Amputation eines Armes oder Beines. Während ein Ersatz für einen amputierten Unterarm höchst selten war, versuchte man die Gehfähigkeit des Patienten durch den Gebrauch von Krücken oder durch einfache Prothesen wiederherzustellen. Die allereinfachste Form dieser Prothesen ist der an den Beinstumpf mittels eines Lederkissens anzuschnallende Stelzfuß.

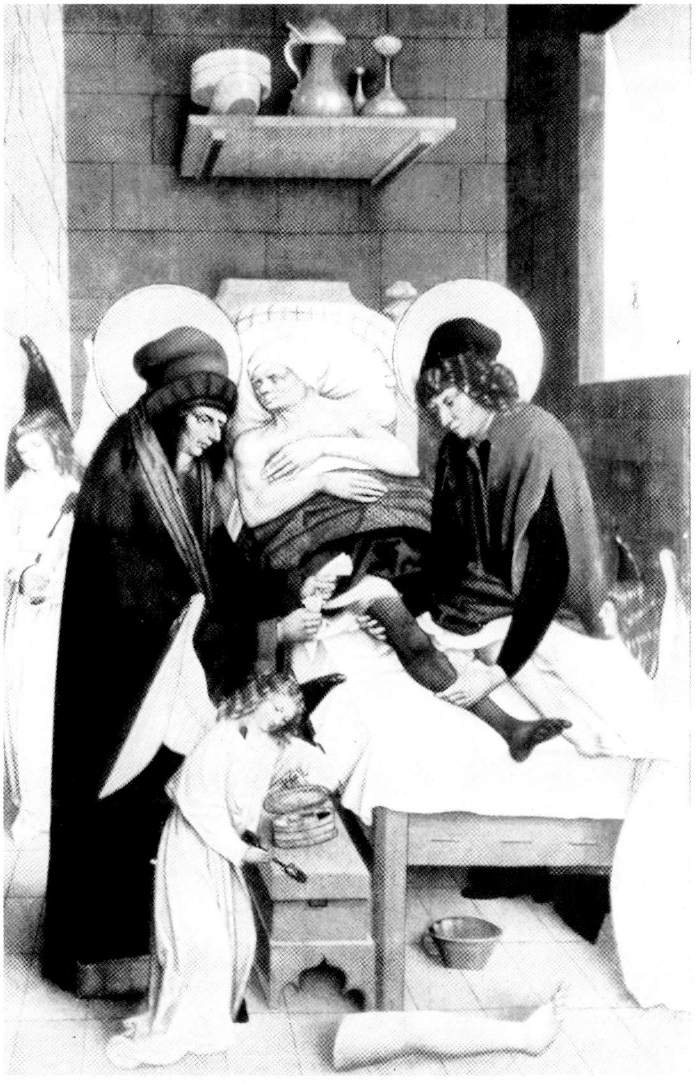

Das verpflanzte Mohrenbein, mittelalterliche Darstellung der Geschichte von Kosmas und Damian, Württembergisches Landesmuseum, Ditzingen

Aber die Idee, ein krankes Bein durch ein gesundes zu ersetzen, gab es auch schon in dieser Zeit. Sie gehört in die Legende der beiden Heiligen Kosmas und Damian und ist von mittelalterlichen Malern mehrfach dargestellt worden: Ein frommer Mann leidet an der Gangrän, am Brand eines Beines. Nachts sieht er im Traum, wie die beiden Heiligen zu ihm herantreten und sein Bein begutachten. In einem gemeinsamen Konsilium beschließen sie, das Bein abzunehmen und durch das eines gerade Verstorbenen zu ersetzen. Damit das Wunder augenfällig wird, handelt es sich dabei um das Bein eines Schwarzen, und die Bilder tragen den Titel ›Das verpflanzte Mohrenbein‹. Als der Mann am nächsten Morgen erwacht, sieht er das transplantierte Mohrenbein, sein eigenes amputiertes Bein aber im Grab des Schwarzen. Auf das hinter dieser Geschichte stehende Konzept einer theurgischen Medizin, wie sie auch der Asklepioskult der Antike kannte und wie sie in unterschiedlicher Weise bis in die Gegenwart praktiziert wird, kann hier nicht eingegangen werden. Wichtig in unserem Zusammenhang ist es, darauf hinzuweisen, daß es Transplantationsideen, wenn auch weitab von aller Realität, bereits im ausgehenden Mittelalter und in der frühen Neuzeit gab.

Ersatz für eine amputierte Hand versuchte man kaum zu leisten, es sei denn, bei dem Patienten handelte es sich um eine hochgestellte Persönlicheit. So ist die Eiserne Hand des Ritters wohl ein Unikat: Götz von Berlichingen hatte bei einem Reitertreffen im Jahre 1504 bei Landshut seine rechte Hand verloren. Ein namenloser deutscher Büchsenmacher hat, wohl in Zusammenarbeit mit Götz selbst und einem Chirurgen, eine passiv bewegliche künstliche Hand konstruiert, die mittels Lederriemen am Armstumpf zu befestigen war. Noch heute erregt der differenzierte und diffizile Mechanismus der Hand, die auf Schloß Jagsthausen aufbewahrt wird, unsere Bewunderung. Die Hand ist sowohl im Handgelenk als auch in allen Fingergelenken passiv beweglich. Sie erlaubte es Götz von Berlichingen, sein Leben lang das Kriegshandwerk auszuüben, also auch schwerere Gegenstände mit dieser Hand festzuhalten.

Eine konsequente, wenn auch zeitlich sehr viel später liegende Weiterentwicklung der passiv beweglichen künstlichen Hand, die es im 19. und frühen 20. Jahrhundert in vielen Variationen gab, war die im Ersten Weltkrieg entwickelte willkürlich bewegliche künstliche Hand. Ferdinand Sauerbruchs (1875–1951) Idee war es, die Muskelkraft der im Armstumpf verbliebenen Muskeln dazu zu nutzen, die Finger einer künstlichen Hand willkürlich zu bewegen. Dazu mußten an der Beuger- und Streckerseite der Muskulatur jeweils Angriffspunkte für die Mechanik der Hand geschaffen werden. Sauerbruch gelang es, die Verbindung zwischen dem Draht und den Muskeln über eine genial einfache Konstruktion zu lösen. Er bildete in der Muskulatur einen quer zur Extremitätenachse liegenden Kanal, in den er die Haut einwachsen ließ. Durch diesen Kanal wurde ein Elfenbeinstäbchen geschoben, über dessen beide Enden ein Zügel gelegt wurde, der die Kraft der Muskulatur auf die Finger übertrug. Mit dieser Methode waren einfache Greifbewegungen der Hand möglich, auch das aktive Öffnen der Hand konnte mit Muskelkraft erfolgen. Diese Form der Prothese hat sich über Jahrzehnte außerordentlich bewährt, da die Träger einer Sauerbruch-Hand auch ohne Augenkontrolle den Öffnungs- bzw. Schließungsgrad ihrer Hand erfühlen konnten. Nicht zu Unrecht hat man der Sauerbruch-Hand deshalb auch das Prädikat einer fühlenden Kunsthand gegeben. Auch als nach dem Krieg künstliche Hände auf den Markt kamen, deren Bewegungen durch kleinste Elektromotoren gesteuert wurden, haben viele Träger einer Sauerbruch-Hand letztendlich auf diese zurückgegriffen, weil sie mit ihr eher das Gefühl einer ›innervierten‹ Hand hatten.

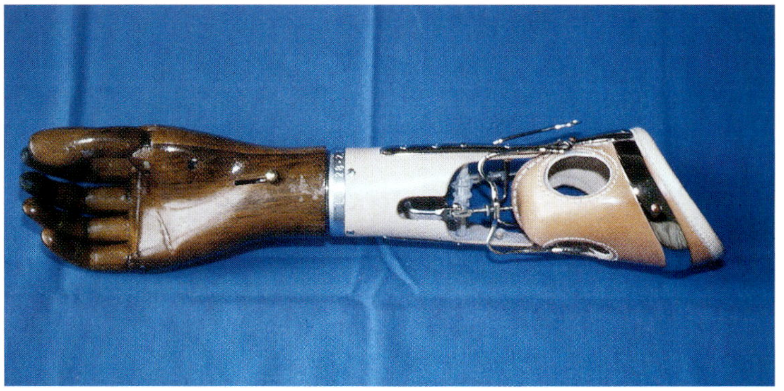

›Sauerbruch-Hand‹, Institut für Geschichte der Medizin der FU Berlin, Bildarchiv Sammlung Vaubel, Berlin

Während die außerhalb des Körpers getragenen Hilfsmittel auf eine lange Geschichte zurückblicken können, ist die Verwendung von Prothesen innerhalb des Körpers erst im 20. Jahrhundert möglich geworden. Zwar gab es in der Chirurgie bereits im 19. Jahrhundert gelegentlich den Versuch, Knochen zu verschrauben bzw. zu verdrahten, jedoch ist es dabei meistens bei Einzelfällen geblieben. So ist von 1858 ein Versuch von Bernhard von Langenbeck (1810–1887) bekannt, bei einem Schenkelhalsbruch eine Verschraubung der beiden Bruchstücke vorzunehmen. Operative Versorgung von Brüchen mit Hilfe von Draht, Schrauben und Platten wurde um

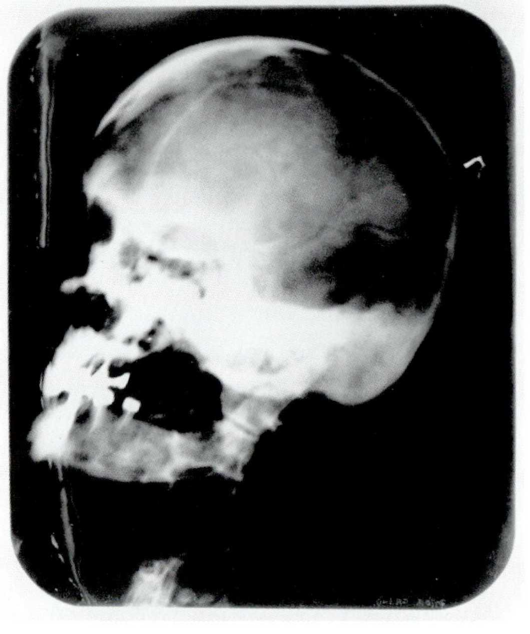

Röntgenaufnahme des Unterkiefers von Sigmund Freud mit Kieferprothese, 1939, Freud Museum, London (Kat. 1.2.08)

Beinprothese ›C-Leg‹, 1992. Seit 1992 ist die erste computergestützte Beinprothese im Einsatz, mit der man nicht nur sicher und bequem gehen, sondern auch tanzen und radfahren kann. Orthopädische Industrie GmbH – Fa. Otto Bock, Duderstadt

die Jahrhundertwende versucht. 1940 führte Gerhard Küntscher (1900–1972) den Marknagel mit V-förmigem Profil in die Chirurgie ein, der eine feste Verbindung zwischen zwei Fragmenten von langen Röhrenknochen nach einem Bruch herstellte, das Eingipsen unnötig machte und den Patienten schnell mobilisieren konnte. Für die schnelle Annahme durch die Chirurgen spricht die Weiterentwicklung des Marknagels, dem noch im selben Jahr ein geschlitztes Modell und zwei Jahre später das Prinzip der Anpassung der Markhöhle großer Röhrenknochen an den Nagel mit Hilfe der Aufbohrung folgte.

Von alters her gab es auch Hilfsmittel, die das Gehör bzw. das Sehen korrigierten. Bis weit in das 20. Jahrhundert hinein war die einzige Möglichkeit, das Gehör zu verbessern, die Benutzung eines Hörrohrs, mit dem die Schallwellen in den äußeren Gehörgang geleitet werden sollten. Erst durch die Entwicklung von Transistoren gelang die Verstärkung der Töne mittels immer kleiner werdender Hörgeräte, die heute als Hinterohr- oder als Inohrmodelle angeboten werden. Der Fortschritt der Mikroelektronik hat auch auf diesem Gebiet völlig neue Entwicklungen hervorgebracht. So ist es heute nicht nur möglich, bei intaktem Innenohr die Töne so sehr zu verstärken, daß sie von Schwerhörigen wahrgenommen werden können, sondern auch bei Innenohrschwerhörigkeit kann durch die Technik eine Taubheit korrigiert werden. Dazu wird in den Knochen hinter dem Ohr ein Mikrophon eingepflanzt, das mit einem Mikroprozessor verbunden ist. Von dort werden die digitalen Impulse mittels einer feinen Leitung durch das Mittelohr direkt in die Schnecke des Innenohrs geführt. Über die erhaltenen Sinneszellen des Innenohrs werden diese Impulse an das Gehirn weitergeleitet.

Die Brille stammt aus der Zeit des Kaisers Nero (37–68 n. Chr.). Plinius der Ältere (23 bzw. 24–79 n. Chr.) teilt in seiner ›Historia Naturalis‹ mit, daß Nero die Gladiatorenkämpfe durch einen Smaragd betrachtet habe. Lange Zeit hat man diese Aussage dahingehend interpretiert, daß Nero kurzsichtig gewesen sei und dies durch einen konkav geschliffenen Smaragd ausgeglichen habe. Aber schon Gotthold Ephraim Lessing (1729–1781) hat in einer umfänglichen Untersuchung nachgewiesen, daß es sich bei dem Smaragd nicht um eine Sehhilfe, sondern aufgrund der Farbe um einen Sonnenschutz gehandelt

Rechts:
Hörrohr, Deutsches Museum, München

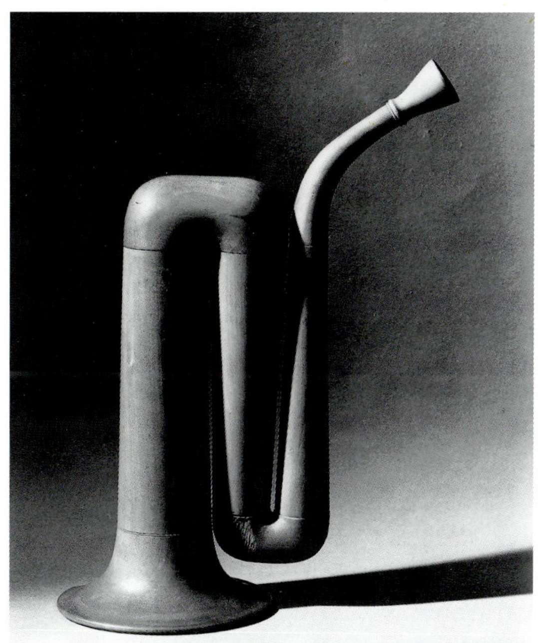

habe. Als erste Sehhilfen sind deshalb die halbkugeligen Plankonvexlinsen anzusehen, die im Mittelalter in den Klöstern zur besseren Lesbarkeit der alten Schriften auf den Text gelegt wurden und die deshalb den Namen Lesesteine erhielten. Diese Lesesteine waren aus Bergkristall oder Beryllium. Ab wann man die Lesesteine flacher schliff und ihnen eine bikonvexe Form gab, ist nicht bekannt. Ebensowenig wissen wir, wann diese Linsen in eine Fassung gebracht wurden, die man als Sehhilfe vor ein Auge hielt. Am Ende des 13. Jahrhunderts ist jedoch die mit zwei Gläsern ausgestattete Brille erfunden worden. Verordnungen aus Venedig lassen erkennen, daß dort bereits Anfang des 14. Jahrhunderts Fälschungen auftauchten, d.h. daß der Kristall durch ordinäres weißes Glas ersetzt wurde. Aber schon bald stellte man fest, daß dieses Glas ebenso gut wie der Kristall die Fehlsichtigkeit ausgleichen konnte. Neben Venedig gab es das Brillenmacherhandwerk vor allem in Flandern, dort ist auch aus dem Beryll die Bezeichnung ›Bril‹ abgeleitet worden, die dann auch im Deutschen benutzt wurde. Die älteste Darstellung einer Brille findet sich in einem Fresko aus dem Jahre 1352 im Kapitelsaal des Dominikanerklosters San Nicolo in Treviso bei Venedig. Die dort dargestellte Brillenform ist die der Nietbrille, die aus zwei Eingläsern bestand, deren Stiele durch eine Niete verbunden waren. Dadurch wurden die Beweglichkeit in diesem Gelenk und die Anpassung auf den Augenabstand des Benutzers möglich. Seit dem 15. Jahrhundert benutzte man neben der Nietbrille die Bügelbrille, bei der die beiden Gläser durch einen Bügel miteinander verbunden waren. Bis ins 15. Jahrhundert hinein wurden nur Brillen zur Korrektur der Alterssichtigkeit verwendet, dann erst stellte man auch Konkavgläser für Kurzsichtige her. Nietbrille und Bügelbrille mußten entweder mit der Hand vor die Augen gehalten oder auf die Nase geklemmt werden. Auf der Suche nach einer besseren Befestigungsmöglichkeit entwickelte man Binde-, Mützen- und Stirnbrillen, ehe im 18. Jahrhundert die Bügelbrille erfunden wurde, bei der jedoch zunächst die Bügel nur bis zur Schläfe reichten. Erst im späten 18. Jahrhundert wurde die heute geläufige Form der Brille üblich, bei der die Bügel bis hinter die Ohren reichen. Seit dem Ende des 15. Jahrhunderts gab es auch getönte Brillengläser, um die Lichteinwirkung zu mindern. Insbesondere wurden grüne Brillengläser verwendet, da man der Überzeugung war, daß die grüne Farbe für das Auge ganz besonders wohltuend sei und eine Verschlechterung der Sehkraft verhindern könne. Durch den Einsatz von Kunststoff und die Weiterentwicklung der Mehrstärkengläser zu Gleitsichtgläsern hat die Brillenentwicklung heute einen beachtlichen Stand erreicht.

Im Jahre 1888 stellte der Züricher Augenarzt Adolf Fick zum ersten Mal eine Kontaktlinse vor, die er selbst noch »Contactbrille« nannte. Zunächst wurde sie entwickelt, um Anomalien der Hornhautoberfläche auszugleichen, schon bald erkannte man die Möglichkeit, auch Brechungsfehler mittels einer auf die Hornhaut aufgelegten Linse zu korrigieren. Kontaktlinsen wurden ab 1910 industriell hergestellt, konnten sich jedoch auf dem Markt erst nach dem Zweiten Weltkrieg durchsetzen, als es gelang, sie aus immer besser verträglichen Materialien herzustellen. Die Kontaktlinsen als Sehhilfe stehen heute gleichberechtigt neben der Brille.

Krückstock, Hörrohr und Brille als Attribute des Alters sind aus der Öffentlichkeit verschwunden, Krücken sieht man allenfalls noch nach Operationen, Hörgeräte sind so weit miniaturisiert, daß sie kaum sichtbar zu tragen sind, und die Brille ist zum modischen Accessoire geworden.

Dies ist die gekürzte und leicht veränderte Fassung des Beitrags *Auf dem Weg zum ›Ersatzteil-Menschen‹*, der erstmals in dem von Rolf Winau herausgegebenen Band *Technik und Medizin* (*Technik und Kultur*, Bd. 4, Düsseldorf 1993) erschien.

Der Hl. Petrus mit Nietbrille aus einem Altarbild von Friedrich Herlin, 1466, Rothenburg o.d.T., Institut für Geschichte der Medizin der FU Berlin, Bildarchiv Sammlung Vaubel, Berlin

Fast eine Großfamilie, um 1920, Württembergisches Landesmuseum Stuttgart – Landesstelle für Volkskunde (Kat. 2.1.08)

Die eigenen vier Wände

Rudolf Hausleithner: *Familienszene*, 1894, Niederösterreichisches Landesmuseum, St. Pölten (Kat. 2.1.01)

Alte Bauersfrau beim Wasserholen, 1906, Stadtarchiv und Landesgeschichtliche Bibliothek, Bielefeld (Kat. 2.1.05a)

»Henni wird 69!« Fotografien aus einem privaten Geburtstagsalbum, Die Sammlung Hansen, Berlin (Kat. 2.3.03)

Lovis Corinth: *Altmännerstube in Kraiburg (Oberbayern)*, 1892, Staatsgalerie Stuttgart (Kat. 2.2.01)

Szenen aus der Fotogeschichte *Frau Hornbruch zieht ins Altenheim*, 1988, Hermine Oberück, Bielefeld (Kat.2.2.18b, f, e)

»Hier überlege ich: Soll ich dies mitnehmen in das kleine Zimmer? Man hat immer gesammelt und gesammelt, einmal muß man alles wieder abgeben.«

»Mein großer Kaktus hat eine Krankheit, er muß hin und wieder besprüht werden. Zwanzig Jahre ist er alt und steht im Zimmer meiner Tochter. Ich hatte viele Blumen und Pflanzen. Aber in einer so kleinen Wohnung, wie ich sie jetzt habe, ist längst nicht für alle Platz.«

»Ja, da kommen alte Erinnerungen. Hier sitze ich am Wohnzimmertisch und schaue alte Fotoalben an. Alte Bilder aus der Heimat; das ist lange, lange her. Diese Bücher will ich auch im Marienstift haben. Die müssen noch in mein Zimmer gebracht werden.«

Projektbüro der ›Hausgemeinschaft Lerchenstraße‹ des Hamburger Vereins ›Graue Panther‹, Günter Westphal, Hamburg

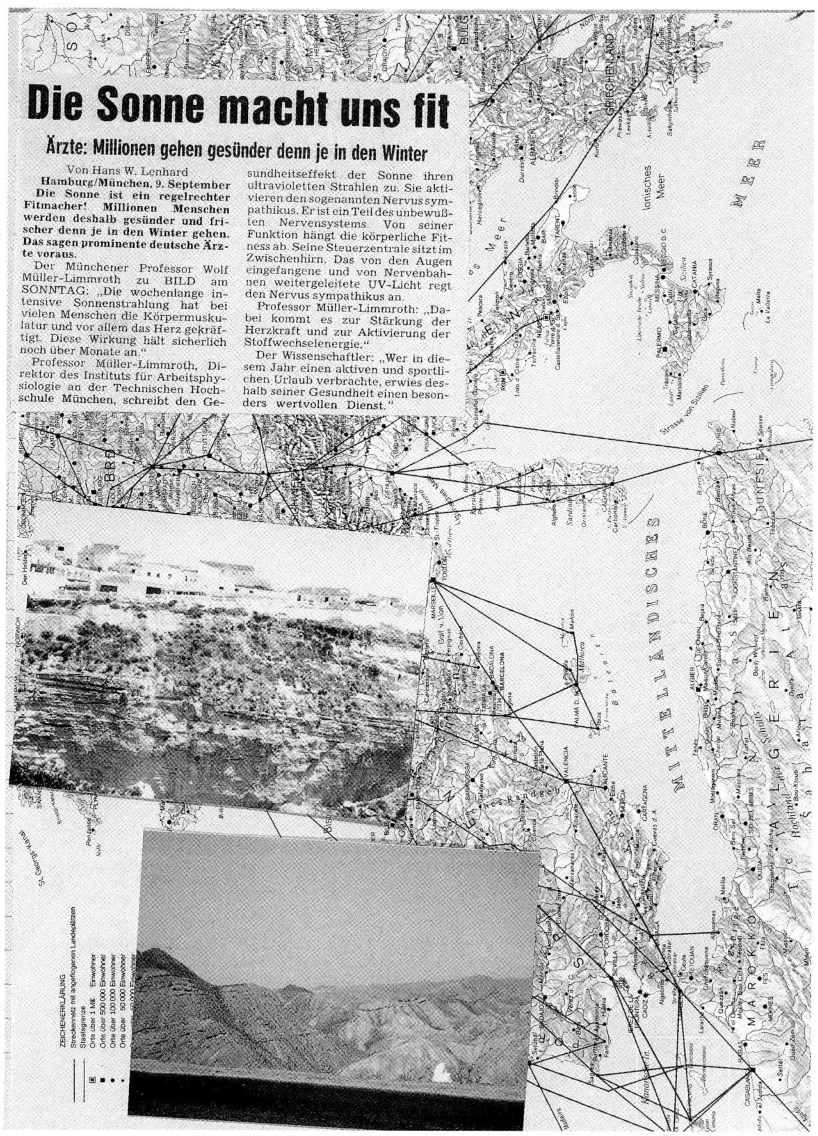

»Die Sonne macht uns fit«: Wohnen in Spanien. Aus einem Album von Elfriede Goretzki, Germanisches Nationalmuseum, Nürnberg (Kat. 2.4.01)

Letzte Zuflucht Armenhaus: Johann Friedrich Wiesing (1761–1834)

Die Biographie von Johann Friedrich Wiesing führt die prekäre Situation alter Menschen vor Augen, deren nachlassende Körperkraft eine Erwerbsarbeit nicht mehr zuließ.

Aus dem Nachtwächterdienst, häufig letzte Station eines Arbeitslebens, wurde Johann Friedrich Wiesing mit 68 Jahren wegen ›Altersschwäche‹ entlassen. Der Verlust der Arbeitsfähigkeit bedeutete für Besitzlose Armut und die Aufgabe einer selbständigen Lebensführung. Das Armenhaus mit fest angeordnetem Tagesablauf war für Johann Friedrich Wiesing und seine Frau letzter Ausweg, da sie auf keine familiäre Unterstützung zurückgreifen konnten.

Ausstattung und Hausordnung im Bremer Armenhaus wirken für heutige Betrachter abschreckend. Im Vergleich zu den selbständig wohnenden, d.h. arbeitenden Alten waren die Verhältnisse im Armenhaus jedoch so wohltuend, daß ihre Bewohner ein deutlich höheres Lebensalter als die stadtbremische Altenbevölkerung erreichten.

Johann Friedrich Wiesing starb nach fünf Jahren, seine Frau nach sechzehn Jahren im Armenhaus.

Tabellarischer Lebenslauf von Johann Friedrich Wiesing

Geboren 1761 in Diepholz

Heirat mit Anna Margarethe auf den Lehn, Kinder unbekannt

Beruf

1775–1806	(unbekannt)
1806–1812	Dienst beim Militär in Bremen
1812–1829	Nachtwächter in der Westlichen Vorstadt Bremens
1829	Wegen ›Altersschwäche‹ in Pension gesetzt

Wohnen

1829	20 Thaler Militär-Pension, nicht ausreichend zur Ernährung. Antrag auf Schenkung des Bürgerrechts, das Voraussetzung zur Aufnahme in das städtische Armenhaus war
1829–1834	Städtisches Armenhaus. Bett zusammen mit anderen in einer ungeheizten Kammer. Tagesablauf durch die Hausordnung festgelegt. Mahlzeiten, Kleidung und Versorgung im Krankheitsfall sind gesichert.
1834	Tod

Leben in der Wohngemeinschaft: Rožà Erb (geboren 1915)

Wohngemeinschaft Heizenholz (WG Höngg), Zürich: Lotti Belz, Emmi (Luzi) Bühler-Nöthiger, Verena Diener, Rožà Erb, Erika Rellstab, Annelies Wyss

Die wachsende Einsamkeit nach dem Eintritt ins Pensionsalter bestärkte Rožà Erb in der Absicht, in eine Alterswohngemeinschaft zu ziehen. Dies ist ein Schritt, den sie im Nachhinein als große Erleichterung und Befreiung erlebte.

Die vorgefundene, privilegierte Wohnsituation erleichterte es ihr und den Mitbewohnerinnen, die im Alter wachsende Anfälligkeit zur Unselbständigkeit und Vereinsamung abzuwenden, wenngleich das großzügig angelegte Wohnhaus am Waldrand die ›natürliche‹ Integration in eine größere Gemeinschaft nicht optimal fördert. Wohnraum für Alterswohngemeinschaften sollte in Neubausiedlungen integriert werden, so daß die älteren Leute Aufgaben für die Siedlungsgemeinschaft übernehmen könnten, sei es, daß man bei Krankheit in Haushalten aushilft, sei es, daß man temporär Kinder beaufsichtigt.

Die wohl größte künftige Aufgabe der öffentlichen Hand liegt nach Ansicht von Rožà Erb in der Schaffung neuer Strukturen. Neben der optimalen Integration der alten Menschen dürfe auf keinen Fall auf deren noch vorhandene Ressourcen verzichtet werden. In der Kraft und Lebenslust, in konkreten Aufgaben, aber auch in dem über die Jahre angesammelten Wissen älterer Leute verberge sich ein großes Potential von volkswirtschaftlichem Interesse.

Tabellarischer Lebenslauf von Rožà Erb

Geboren 1915 in Bern, sechs Geschwister

1944 Heirat mit einem Juristen, drei Kinder

Ausbildung

1936	Diplom an der städtischen Töchterhandelsschule. Es folgen Sprachaufenthalte in Paris und Italien.

Beruf

1940	Infolge der Geschehnisse des Zweiten Weltkriegs unerwartete Rückkehr nach Bern. Arbeitet bei der Fremdenpolizei in Bern.
1969–1977	Einige Jahre nach ihrer Heirat beginnt sie wieder zu arbeiten. Zuletzt arbeitet sie als Hausbeamtin in einem Krankenhaus der Stadt Zürich. Sie lebt in dieser Zeit zusammen mit ihrem jüngsten Sohn im nahegelegenen Wetzikon.
1977	Pensionierung

Wohnen

1977–1985	Auf Anraten ihrer Tochter Umzug in eine 3-Zimmer-Wohnung in St. Margrethen am Bodensee. Fühlt sich nach Wegzug ihrer Tochter sehr einsam.
seit 1985	Auf Vermittlung ihres Sohnes zieht Frau Erb, nunmehr 70jährig, in eine Alterswohngemeinschaft in Zürich, ein Projekt, das initiiert und unterstützt wird von der Stadt Zürich unter der Federführung der damaligen Stadträtin Emilie Lieberherr. Rožà Erb lebt 84jährig zusammen mit fünf Mitbewohnerinnen noch heute dort.

Christine von Blanckenburg und Katharina Schicke

Traut im Heim oder Glück allein

Zum Wandel der Wohnformen alter Menschen

Die Haushalte von über 65jährigen sind heute kleiner und intimer, verglichen mit solchen vor 1900. Etwas mehr als die Hälfte aller Menschen über 65 Jahre führt heute einen Single-Haushalt, 40 Prozent leben zu zweit.[1] Der Wohnraum, den sie individuell einrichten und in dem sie frei über ihren Tagesablauf bestimmen, ist im Verhältnis zur Personenzahl groß. Er wurde für ein Leben mit Kindern ausgewählt und eingerichtet, die inzwischen das elterliche Nest verlassen haben. Die lange Phase der sogenannten nachelterlichen Gefährtenschaft ist ein Ergebnis des veränderten Gebärverhaltens im 20. Jahrhundert. Früher schenkten Frauen bis zum Ende ihrer Fruchtbarkeit Kindern das Leben. Bis zum Beginn des 20. Jahrhunderts war es nicht ungewöhnlich, daß ein 70jähriger Vater jugendliche Kinder in seinem Haushalt hatte.[2]

Heute wird die Wohnung nach dem Berufsende zum Hauptaufenthaltsort auch am Tage. Im Wohnbereich wirkt sich dieser Wandel in der Umnutzung von Kinderzimmern aus. Gäste finden dort Platz, und für das im Ruhestand intensiver betriebene Hobby werden eigene Räumlichkeiten eingerichtet. Während die einen ihre Energie verstärkt in die Gestaltung der entleerten Wohnung stecken, nutzen andere die entfallene Sorge für Kinder dazu, das Ferienhaus im Süden zum festen Wohnsitz zu machen. Fast 60 Prozent der Auslandsimmobilien gehören Ruheständlern oder Paaren am Ende der Familien- und Berufsphase.[3]

Doch nicht nur die verkürzte Gebär- und Erziehungsphase hat zu einer Intimisierung des Wohnens im Alter geführt. Die Durchsetzung des bürgerlichen Familienideals hat die Haushalte auf die Kernfamilie reduziert.[4] Zu einem Landhaushalt gehörten früher häufig auch Knechte und Mägde, zu einem Stadthaushalt Gesellen, Lehrlinge oder Dienstkräfte. Oft nahmen alte Menschen Untermieter auf, um auf diese Weise ihr Auskommen zu sichern. Es stimmt, daß alte Menschen früher nicht allein wohnten, falsch ist jedoch die gängige Vorstellung vom Zusammenleben dreier Generationen unter einem Dach.[5] Alte Ehepaare führten ihren Haushalt gewöhnlich selbständig. Eine Trennung der Generationen war auch damals beiderseits gewünscht. Kinder gründeten mit der Heirat eigene Haushalte, die sich jedoch – anders als heute – meist in nächster Nähe der elterlichen Wohnung befanden. Anders erging es denen, die nicht heirateten. Sie lebten bis ins Alter in Abhängigkeit von ihrer Familie oder ihrem Arbeitgeber. Sie konnten froh sein, wenn ihnen trotz nachlassender Körperkräfte ein Schlafplatz erhalten blieb.

Nur in Ausnahmefällen wohnten drei Generationen zusammen. Schon die geringere Lebenserwartung verhinderte lange Überschneidungen der Generationen. Erst mit der Agrarkonjunktur im 19. Jahrhundert nahm die Zahl von Altenteilerstuben auf dem Land zu. Die Höfe waren nun

Albert Anker: *Der Großvater erzählt eine Geschichte*, 1884, Kunstmuseum Bern

1 Bundesministerium für Familie, Senioren, Frauen und Jugend (Hg.): *Zweiter Altenbericht. Wohnen im Alter.* Bonn 1998, S. 103.

2 Josef Ehmer: *Sozialgeschichte des Alters.* Frankfurt/M. 1990, S. 22.

3 Bundesgeschäftsstelle Landesbausparkassen im Deutschen Sparkassen- und Giroverband (Hg.): *Ein eigenes Zuhause im Ausland. Ergebnisse einer Marktstudie.* Bonn 1998, S. 12.

4 Peter Borscheid: *Zum Wandel des Wohnens älterer Menschen während der letzten drei Jahrhunderte.* In: Zentrum Technik und Gesellschaft TU Berlin (Hg.): *Technik – Freundin des Alters* (i.E.).

5 Josef Ehmer: *Zur Stellung alter Menschen in Haushalt und Familie.* In: Christoph Conrad und Hans-Joachim von Kondratowitz (Hg.): *Gerontologie und Sozialgeschichte.* Berlin 1982, S. 63.

eher in der Lage, auch zwei Familien zu ernähren. Harmonisch war dieses Zusammenleben selten. Bis in den Wohnalltag hineinregierende Übergabeverträge zeugen von Mißtrauen und Konflikten. In den Städten führte der mit der Industrialisierung entstehende Wohnraummangel zum ungewollten Aufschwung des Lebens unter einem Dach.

Die Situation der ledigen und verwitweten Alten sieht heute völlig anders aus. Sie haben einen Zuwachs an Freiheit und Selbständigkeit erfahren. Das Leben als Single in einer eigenen Wohnung ist darüber hinaus zur typischen Wohnform von Menschen über 65 Jahren geworden.

Erleichtert wurde die Singularisierung der Alten-Haushalte durch die fortschreitende Technisierung im Wohnbereich. Die Einführung von Gas, Strom und fließendem Wasser hat das beschwerliche Feuermachen und Wasserholen unnötig gemacht. Heizen, Kochen, Waschen kann heute auch bei eingeschränkten körperlichen Fähigkeiten bewerkstelligt werden. Nimmt die Beweglichkeit ab, können durch Maßnahmen der Wohnraumanpassung Bedingungen geschaffen werden, die es alten Menschen erlauben, in der eigenen Wohnung zu bleiben. Gehobene Wohnstandards und perfekte Haushaltstechnik sorgen im Alter für ein unabhängiges Leben in den eigenen vier Wänden. Sie reduzieren aber auch die Anlässe zu sozialen Kontakten.

Ebenso groß wie der Wunsch nach Selbständigkeit ist aber auch der Wunsch, Kinder und Freunde in der Nähe der Wohnung zu wissen. Im Durchschnitt kann sich fast die Hälfte aller Eltern in einem ›leeren Nest‹ über ein Kind im selben Wohnort freuen. Haben die Kinder studiert, hat nur noch ein Viertel der Paare ein Kind am Ort. Etwa 10 Prozent der über 60jährigen fühlen sich oft einsam. Besonders betroffen sind ältere alleinlebende Frauen.[6] Alternde Singles und getrennt lebende Paare werden in Zukunft die Gruppe der alleinlebenden Alten noch vergrößern.

Mit der für viele Wirklichkeit gewordenen Selbständigkeit im Wohnen bei gleichzeitiger Intimisierung sind die außerhäuslichen sozialen Kontakte wichtiger geworden. Hierbei verlassen sich die neuen Alten nicht mehr auf kirchliche Besuchsdienste und den Sonntagsanruf der Kinder. Sie stellen sich bewußt die Frage: »Wie wollen wir im Alter leben?« Seit Ende der 1970er Jahre existiert eine wachsende Zahl von Gruppen und Vereinen, die versuchen, selbstbestimmtes Wohnen mit dem Wunsch nach Integration in ein soziales Netz zu verbinden. Die selbstverwaltete ›Hausgemeinschaft Lerchenstraße‹ in Hamburg ist eines der ersten Projekte, das ein Zusammenleben von Alt und Jung realisiert und vielen anderen Initiativen Mut gemacht hat. Gemeinschaftsräume bieten dort Zusammenkünften und Festen einen Rahmen, und Einkaufshilfen, Kinderbeaufsichtigung und Lebensberatung ist im nachbarschaftlichen Austausch leicht zu organisieren. Aufwendige Pflegedienste werden von externen ambulanten Diensten erbracht. Der hohe persönliche Aufwand, den die Planung solcher gemeinschaftlicher Lebensformen von der ersten Idee bis zum gemeinsamen Bezug eines Hauses alle Beteiligten kostet, läßt die Zahl solcher Hausgemeinschaften nur langsam wachsen. Das statistische Bundesamt ermittelte 1994 nur ungefähr 1000 Wohn- und Hausgemeinschaften mit Menschen über 65 Jahren in Deutschland.

Der Pförtner läutet die Glocke des Städtischen Armenhauses Bremen, um 1910, Focke-Museum / Bremer Landesmuseum, Bremen (Kat. 2.2.10)

6 Hans Peter Tews: *Alter und Altern in unserer Gesellschaft.* In: Helga Reimann und Horst Reimann (Hg.): *Das Alter – Einführung in die Gerontologie.* Stuttgart 1994, S. 63.

Haustiere sind wichtige Gesellschafter im ›leeren Nest‹, private Fotografie, 1960, Sammlung Susanne Breuss, Wien

Der Bedarf an neuen Formen des Zusammenlebens von Menschen, die nicht in eine Kleinfamilie eingebunden sind, wird inzwischen auch von engagierten Bauträgern gesehen. Unter dem Titel ›integriertes Wohnen‹ schaffen sie ›barrierefreie‹ Wohnungen unterschiedlicher Größe, die für Menschen in verschiedenen Lebensphasen und mit unterschiedlichem Hilfebedarf passend sind. Auch die Architektinnen und Architekten betrachten inzwischen das Bauen für das Alter als eine neue Bauaufgabe. Aktuelle Entwürfe setzen auf flexible Grundrisse. Die Wohnungen sollen sich wandelnden Lebenslagen leicht anpassen können und so einen aufwendigen Umbau der Wohnung oder einen Wegzug aus gewohnter Umgebung unnötig machen. In den letzten beiden Jahrzehnten ist auf diese Weise eine Vielfalt alternativer Wohnformen für das Alter entstanden.[7] Sie ist Ausdruck der Individualisierung der Lebensläufe. Wie er oder sie im Alter wohnt, hängt von der bewußten und rechtzeitigen Entscheidung ab.

Nur verhältnismäßig wenige alte Menschen wählen das Heim als Wohnform. Trotzdem ist die Bedeutung dieser Senioreneinrichtungen nicht zu unterschätzen, steht doch vielfach die bange Frage »Gehe ich ins Heim?« im Mittelpunkt, wenn die sogenannten jungen Alten an die Zukunft denken.

In früheren Zeiten hingegen kam speziellen Wohnhäusern für Greise vermutlich nicht einmal in Gedankenspielen eine besondere Rolle zu. Ein Bedarf nach einer Bleibe für die meist kurze Phase körperlicher Hinfälligkeit bestand vor allem bei den Angehörigen der Arbeiterschaft, denen im Alter oft nur der Weg ins Armenhaus blieb. In diesen Anstalten ging die Versorgung über ein Minimum nicht hinaus, was schmale Kost und meist zweischläfrige Betten in größeren Sälen bedeutete. Die Hausordnungen atmeten den Geist frühneuzeitlicher Sozialdisziplinierung. So galt für jeden die Pflicht, kleinere Arbeiten zu verrichten und an den Andachten teilzunehmen. Der Ausgang war auf wenige Stunden in der Woche begrenzt.[8]

Das Leben in Altersstiften, der anderen historischen Wurzel des modernen Altersheims, bot dagegen einen gewissen Komfort. Gewohnt wurde in kleinen Appartements, die selbst möbliert werden konnten. Dienstleistungen dieser Häuser, in denen ein Gemeinschaftsleben nur in Ansätzen existierte, mußten extra angefordert und gezahlt werden. In solche Stifte, die Ende des 19. Jahrhunderts vermehrt von städtischen Honoratioren gegründet wurden, kauften sich vornehmlich begüterte Witwen ein. Die Freiplätze gingen meist an ehemalige Hauslehrerinnen.[9]

Mit der Zeit wurden die in diesen Versorgungsinstituten des Bürgertums entwickelten Vorstellungen von einem Altern in Würde auch bei der Planung von Heimen durch die großen kommunalen und kirchlichen Träger berücksichtigt. Die Musterbauten der 1920er Jahre waren mit abgeschlossenen Wohneinheiten ausgestattet, zu denen jeweils eine eigene Waschgelegenheit, Abort und Kammer gehörten, sowie mit Zentralheizung, Aufzügen und Großküchen. Auch bei den ärmeren Alten wurde nun Rücksicht genommen auf das Bedürfnis nach Schutz der Intimsphäre und einem gewissen Maß individueller Lebensgestaltung.

Dieser Standard wurde jedoch bis weit in die zweite Hälfte unseres Jahrhunderts nicht durchgängig erreicht. Oft genug bestand die Möglichkeit, der Wohnumgebung eine persönliche Note zu geben, nur darin, die eigene Ecke im Mehrbettzimmer mit einem Kuscheltier oder einer Tagesdecke nach eigenem Gusto zu schmücken.

7 Peter Lorenz: *Planen und Bauen für das Alter. Wohnen im dritten Lebensabschnitt.* Leinfelden Echterdingen 1994, S. 15.

8 Marlene Ellerkamp: *Wege in die Institutionen. Armenhaus und Stift als Alterssicherung in Bremen.* In: Gerd Göckenjahn (Hg.): *Recht auf ein gesichertes Alter? Studien zur Geschichte der Alterssicherung in der Frühzeit der Sozialpolitik.* Bremen 1990.

9 Hans-Joachim von Kondratowitz: *Das Altersstift. Merkmale einer Einrichtung der Alterssicherung im 19. Jahrhundert.* In: Ebd.

Die häufig beklagte Seelenlosigkeit der Großeinrichtungen verstärkte sich noch in den 1970er Jahren, als das Leitbild der Klinik auch die Altenhilfe eroberte. In der keimfreien Atmosphäre peinlich sauber geschrubbter Linoleumböden verkümmerten die Bewohner trotz guter medizinischer Betreuung rasch. Seit den 1980er Jahren setzt man daher bei der Konzeption wieder mehr auf das Wohnen als auf die Pflege. Beispielsweise gelten heute die Mitnahme der eigenen Möbel und eine Ausstattung mit Dusche und kleiner Küche weitgehend als selbstverständlich.[10]

»So schön wie jetzt hatte ich es noch nie in meinem Leben.« Rosa A., 75, Rentnerin, aus der Fotoserie *Das deutsche Wohnzimmer* (1980), Herlinde Koelbl, Neuried (Kat. 2.3.01a)

Die Palette der verschiedenen Altenheimtypen ist so bunt wie nie. Sie reicht von Residenzen, die sich von anderen Mietshäusern nur dadurch unterscheiden, daß die Wohnungen ausschließlich von Seniorinnen und Senioren belegt sind, bis zu Pflegeheimen, die immer noch wie Krankenhäuser aussehen. Manche Häuser bieten als besonderen Pluspunkt ein reiches Angebot an Freizeitaktivitäten, andere locken mit stets verfügbarer medizinischer Notfallhilfe oder der Erlaubnis, ein Haustier mitzunehmen; manche Heime liegen im Zentrum von Großstädten, andere in stiller Waldeseinsamkeit.

Die grobe Auflistung zeigt schon: Nie gab es so attraktive Altersheime wie heute. Trotzdem entscheiden sich gerade einmal 3 Prozent der Menschen zwischen 65 und 80 Jahren für diese Wohnform, und auch in Zukunft werden es nach Prognosen des Bundesfamilienministeriums nicht mehr werden. Allein in der Gruppe der Hochbetagten, zu der viele dauernd Pflegebedürftige gehören, findet man mehr Heimbewohner, nämlich 17 Prozent.[11] Für die Option zugunsten des Privathaushalts sind häufig die Finanzen und die Angst vor dem Pflegeheim ausschlaggebend. Je komfortabler ein Haus ist, desto höher sind die Kosten, und am höchsten sind sie in den Einrichtungen, die einem das gefürchtete Ende im Pflegeheim ersparen. Doch selbst diejenigen, die sich in solche Stifte eingekauft haben, zögern den Eintritt oft immer weiter hinaus. Die Aussicht, nur noch mit alten Menschen zusammenzuleben, löst Beklemmungen aus. Auch fällt die Auswahl der wenigen Einrichtungsgegenstände, die in dem Appartement Platz finden, unendlich schwer, denn an jedem Stück hängen ganze Wolken von Erinnerungen an ein erfülltes Leben, zu dem nun das materielle Band zerschnitten wird. Nicht zuletzt ist es schmerzhaft, die vertraute Umgebung und gewachsene Beziehungen aufzugeben. Kein Wunder, daß der Umzug ins Altersheim oft als vorzeitiger Abschied begriffen wird. Viele verweigern das. Sie investieren lieber in die Anpassung ihrer Wohnung an die veränderten körperlichen Möglichkeiten und stärken ihre familiären und sozialen Netzwerke, um in der Not nicht ohne Hilfe dazustehen.

Links:
Ambulante Dienste wie ›Essen auf Rädern‹ ermöglichen es älteren Menschen, in den eigenen vier Wänden zu bleiben, Werek, Bilderdienst Süddeutscher Verlag, München (Kat. 2.3.03)

10 Hans Peter Tews: *Wohnen und Versorgung im Alter im historischen Wandel.* In: Wüstenrotstiftung deutscher Eigenheimverein e.V. (Hg.): *Selbständigkeit durch betreutes Wohnen im Alter.* Stuttgart / Zürich 1994.

11 Bundesministerium für Familie, Senioren, Frauen und Jugend (Hg.): *Zweiter Altenbericht. Wohnen im Alter.* Bonn 1998, S. 94f.

Horst Pichert

Barrierefreies Wohnen

Haushalttechnik früher und heute

Das Wissenschaftsgebiet Haushalttechnik wurde vor etwa 25 Jahren an deutschen Universitäten eingerichtet. Notwendig wurde dies durch Einführung des Studienganges Haushalts- und Ernährungswissenschaft (Ökotrophologie). Die praktische Haushalttechnik ist jedoch so alt wie die Menschheit selbst. Frühe Beispiele ›angewandter‹ Haushaltstechniken sind Werkzeuge zum Häuten und Zerlegen von Tieren, Feuerstellen oder Verfahren und Einrichtungen zur Vorratshaltung von Nahrungsmitteln.

Arbeitssystem im Haushalt

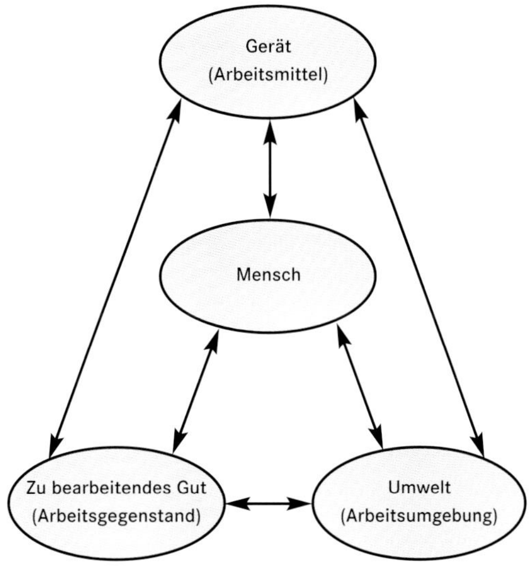

Im Gegensatz zu anderen etablierten wissenschaftlichen Disziplinen steht in der Haushalttechnik immer der Mensch im Mittelpunkt, wie das Schema ›Arbeitssystem im Haushalt‹ veranschaulicht.

Auch in der erwerbswirtschaftlichen Welt ist dies scheinbar so. Am Beispiel der Ergonomie zeigt sich aber, daß dort praktisch nur der Typus des gesunden Durchschnittsmenschen Berücksichtigung findet. Auf die besonderen Bedürfnisse von Kindern oder Senioren wird überhaupt nicht, auf die von Behinderten nur in Ausnahmefällen eingegangen.

Ganz anders in der Haushalttechnik. Hier müssen alle Menschen in die Betrachtung einbezogen werden, mit allen Unterschieden hinsichtlich Alter, Ausbildung, Fähigkeiten und Fertigkeiten einschließlich solchen, die Folge von Behinderungen oder sonstigen Einschränkungen sind. Aufgrund der Heterogenität ihrer Zielgruppe sind im neuen Wissenschaftsgebiet Haushalttechnik größere Probleme zu meistern als in den etablierten Disziplinen.

Sicherheitstechnik im Haushalt

Aufgeschreckt wurden Haushalttechniker von Analysen des Unfallgeschehens im Haushalt. Exaktes Datenmaterial existiert hierzu nicht – dies ist ein Versäumnis –, aber die Zahl schwerer Haushaltsunfälle in Deutschland wird auf zwei bis drei Millionen jährlich geschätzt. Besonders stark betroffen sind dabei die Senioren.

Die Anzahl der tödlichen Unfälle im Hausbereich im Jahr 1996 betrug 6891. Im gleichen Zeitraum wurden im Erwerbsbereich 1125 und im Bereich Verkehr 9136 tödliche Unfälle verzeichnet.[1] Bemerkenswert ist dabei, daß in den letztgenannten Bereichen die Unfallzahlen durch entsprechende Maßnahmen deutlich gesenkt werden konnten. Die rückläufigen Unfallzahlen im Straßenverkehr etwa sind die Folge insbesondere technischer Maßnahmen (wie etwa der Erhöhung der aktiven und passiven Sicherheit). Folgerichtig wäre es demnach, auch im Haushalt durch technische Verbesserungen den Sicherheitsstandard von Werkzeugen, Geräten und Einrichtungen zu erhöhen.

Ein weiterer Grund, die ›Alltagstechnik‹ auf den Prüfstand zu bringen, ist die hohe Anzahl von Behinderten in unserer Gesellschaft. Viele Menschen sind von Geburt an oder auch infolge einer Krankheit oder eines Unfalls vorübergehend oder dauerhaft behindert. Die Entwicklung etwa von Hausgeräten, die auch für Sehbehinderte

1 Bundesanstalt für Arbeitsschutz und Arbeitsmedizin (Hg.): *Amtliche Mitteilungen. Gesundheitsschutz in Zahlen 1996.* Dortmund 1998.

oder Blinde benutzbar sind, sollte eine Normalforderung sein. Ebenso muß es z.B. Rollstuhlfahrern möglich sein, eine speziell für sie konzipierte Küche zu nutzen.

Wissenschaftliche Untersuchungen zu diesem Problemkreis führten zu einer fundamentalen Erkenntnis:[2] Behinderte wünschen meist keine Sonderbehandlung und keine Spezialgeräte, da jedes derartige Angebot als Stigmatisierung empfunden wird. Dies gilt in gleichem Maße für Senioren, die häufig mit Einschränkungen ihrer körperlichen oder auch geistigen Kapazitäten leben müssen. Die Haushalttechnik hat diese Zusammenhänge in jedem Falle zu berücksichtigen.

Selbständiges Wohnen im Alter

Aus dem wachsenden Anteil von Senioren in unserer Bevölkerung ergeben sich große Probleme, die von den Politikern nur zögerlich wahrgenommen werden. Unter Berücksichtigung ökonomischer, ökologischer und sozialer Aspekte lautet eine Grundforderung, daß es Senioren möglich und gestattet sein muß, bis ins hohe Alter in der eigenen Wohnung zu leben.

Daß die Realisierung dieser Forderung schwierig wird, zeigt sich, sobald man den Versuch unternimmt, die Wohnbedingungen von Senioren, etwa die Wohnungssituation, das Wohnungsumfeld, die Infrastruktur, die Verkehrsanbindung und andere Variablen, hinsichtlich ihrer jeweiligen Senioreneignung zu analysieren. Erschwerend wirken in diesen Bereichen die langen Planungs- und Nutzungszeiten der zu verändernden Komponenten.

Ansatzweise leichter ist die obengenannte Forderung zu verwirklichen, indem man sich um die seniorengerechte Gestaltung von Hausgeräten und Kücheneinrichtungen bzw. Küchen bemüht.

›Barrierefreie Gebrauchsgüte‹

Um die schon erwähnte Stigmatisierung zu vermeiden, wird der Begriff ›seniorengerecht‹ extern unter der Bezeichnung ›barrierefrei‹ kommuniziert. Intern – d.h. in Fachkreisen – hingegen läßt sich unter dem Leitbegriff ›seniorengerecht‹ eine ›Ergonomie höherer Art‹ entwickeln. Grundlage ist dabei die Berücksichtigung der im Alter häufig auftretenden Behinderungen (vgl. Tab. 1), ausgelöst durch oder begleitet von einer Reduktion der Organfunktionen (vgl. Tab. 2).

Tabelle 1

Im Alter häufig auftretende Behinderungen

Sinne
- Sehbehinderung
- Schwerhörigkeit
- eingeschränkte Merkfähigkeit

Körper
- Gehbehinderung
- Kraftschwächung im Arm-, Hand- und Fingerbereich
- Tremor (Zittern)
- eingeschränkter Greifraum
- eingeschränkte Drehwinkel

Tabelle 2

Organfunktionen im 75. Lebensjahr (30. Lebensjahr = 100 %, grobe Schätzwerte)	
Herzschlagvolumen in Ruhe	70 %
Anzahl der Nervenfasern	63 %
Nervenleitungsgeschwindigkeit	90 %
Anzahl der Geschmacksknospen	35 %
Maximale O2-Aufnahme im Blut	40 %
Vitalkapazität	56 %
Handmuskelkraft	55 %
Maximale Dauerleistung	70 %
Maximale kurzfristige Spitzenleistung	40 %

Quelle: Rudolf-Maria Schütz (Hg.): Alter und Krankheit. München 1987.

Beim Kommunikationsprozeß zwischen Mensch und Gerät stehen dem gesunden Menschen die Sinne Sehen, Hören, Tasten, ggf. auch Riechen und Schmecken für die Informationsaufnahme zur Verfügung. Für die Informationsausgabe benutzt er Finger, Hände, Arme (z.B. die Ellbogen), Füße, Beine oder Knie, seltener auch den Rumpf (z.B. die Schulter). Über Spracheingabe und nachfolgende Verarbeitung durch Sprech- und Spracherkennungssysteme wird heute auch die menschliche Stimme bereits zur Informationsübermittlung eingesetzt. Mimik oder Gestik – in zwischenmenschlichen Interaktionssituationen wichtige Kommunikationselemente – werden hingegen im Bereich der Mensch-Gerät-Kommunikation noch nicht genutzt, obwohl vereinzelt schon Personenerkennungssysteme Verwendung finden (z.B. bei der Zugangskontrolle zu Hochsicherheitstrakten).

Barrierefreie Gestaltung bedeutet beispielsweise, Geräte so zu konzipieren, daß beim Austausch von Informationen zwischen Gerät und Mensch mehrere – mindestens also zwei – Kommunikationskanäle genutzt werden (z.B. der optische und der akustische). Aber auch Gerätekomponenten, die nur einzelne Sinne ansprechen, wie beispielsweise Bedienelemente oder Anzeigen und Signale, sind barrierefrei auszulegen (vgl. Tab. 3).

Tabelle 3

Bedienelemente (Stellteile, Griffe, Hebel, Pedale)

- unverwechselbar, zielgerichtet auffindbar
- rasch, genau und zuverlässig einstellbar
- gewählte Stellung leicht überprüfbar
- mit angemessener Stellkraft bedienbar
- wirksame und bedienungsfreundliche Sicherheitsvorkehrungen

Anzeigen und Signale

- Art und Anzahl gemäß Informationsbedarf
- Anordnung und Gestaltung zur sicheren und schnellen Orientierung sowie zur eindeutigen Informationswahrnehmung
- Änderung jeweils sinnfällig zu den Meßgrößen
- wichtige Informationen über mehrere Kommunikationskanäle
- automatisch sich einstellende oder wählbare Signalintensität
- sinnfällige Farben und Farbenzuordnung
- physiologisch günstige Tonfrequenzen, möglichst Mehrfachton

Forderungen zur Barrierefreiheit von Anzeigen und Signalen
Quelle: Fachausschuß Haushalttechnik, Forderungskatalog 1994

Tabelle 4

»Haushaltsbereiche« für barrierefreie Gestaltung

- Türen und Fenster
- Bodenbeläge und Wände
- Beleuchtung und Elektroanschlüsse
- Wohn- und Schlafzimmer
- Bad und WC
- Küche und Eßbereich

Die entsprechenden Hinweise zur Gestaltung wurden vom gleichnamigen Arbeitskreis in einem Forderungskatalog ›Barrierefreie Hausgeräte‹ veröffentlicht[3] und bereits im Jahre 1994 allen namhaften Hausgeräteherstellern zugeleitet. Die Stellungnahmen der Befragten reichten von dem Hinweis »Barrierefreie Produkte bieten wir bereits an« bis zu der Aussage »Wir sehen keinen Markt für barrierefreie Produkte«.

Ein analoger Forderungskatalog wurde für ›Barrierefreie Küchen‹ erstellt und veröffentlicht.[4] Diese schließen zwangsläufig Forderungen bezüglich der Gestalt von Küchenmöbeln, Kücheninstallationen sowie baulichen Voraussetzungen mit ein, so daß die gesamte Wohnung tangiert wird (vgl. Tab. 4). Eine barrierefreie Verbindung zum Gebäude kann zumindest bei Neubauten im Sozialen Wohnungsbau verwirklicht

Die barrierefreie Küche: FÜW-Aktionsküche, Horst Pichert, Freising

2 Vgl. Horst Pichert: *Behindertengerechte Gestaltung von Hausgeräten.* Teil 1: *Allgemeine Anforderungen.* In: *Hauswirtschaft und Wissenschaft* 39 (1991) Nr. 5, S. 197–204; Teil 2: *Gerätebeispiele.* In: *Hauswirtschaft und Wissenschaft* 39 (1991) Nr. 6, S. 265–270.

3 Vgl. zu den entsprechenden Forderungen: Horst Pichert: *Barrierefreie Hausgeräte – nutzerfreundliche Helfer im Alltag.* In: *AID-Verbraucherdienst* 40 (1995) Nr. 12, S. 280–284.

4 Vgl. Horst Pichert: *Barrierefreie Hausgeräte.* In: *fundus* 3 (1996) Nr. 2, S. 10–12.

Tabelle 5

Einige Grundforderungen an eine ›barrierefreie‹ Küche

- arbeitstechnisch richtige Anordnung
- angepaßte Arbeitshöhen (inkl. Sitzarbeitsplatz)
- schmutzabweisende, pflegeleichte Oberflächen
- selbsterklärende Küchen- und Gerätefronten
- gute Zugänglichkeit der Stauräume
- ausreichend viele Sicherheits- und Haltestangen
- helle, aber blendfreie Beleuchtung

werden, da dort das barrierefreie Bauen zwingend vorgeschrieben ist.[5]

Als Pilotstudie wurde im Jahre 1995 mit Unterstützung eines Energieversorgers (Fränkisches Überlandwerk) eine barrierefreie Küche konzipiert (vgl. Abb. S. 73). Dabei konnten wesentliche Punkte des zitierten Forderungskataloges auch bezüglich der Küchenmöbel realisiert werden (vgl. Tab. 5). Zeitgemäße Einbaugeräte, Beleuchtungstechnik und Sicherheitssysteme (Rauch, Hitze, Feuer und Wasser) sowie ein Personen-Notrufsystem waren in dieser Modellküche ebenso vorhanden wie eine Energie-Sicherheitsabschaltung, die beim Verlassen der Wohnung automatisch aktiviert wurde. Die gesamte Installation des Hauses war mit dem EIB (Europäischen Installations-Bus) ausgestattet.

Haushalttechnik als interdisziplinäres Forschungsfeld

Zunehmend publizieren Fachleute und Laien zum komplexen Thema ›seniorengerecht‹ oder ›barrierefrei‹. Bei näherer Betrachtung und Beurteilung solcher Veröffentlichungen stößt man jedoch oft auf Fehler, die – falls sie nicht erkannt werden – großen Schaden anrichten können. Die Schaffung barrierefreier Produkte z.B. im Bereich von Hausgeräten, Küchen und Wohnungen ist nur mit Hilfe eines interdisziplinären Lösungsansatzes möglich. Im Arbeitskreis ›Barrierefreie Hausgeräte‹ haben sich denn auch junge Fachleute aus den unterschiedlichsten Institutionen zusammengefunden, z.B. Haushaltswissenschaftler, Vertreter der Hausgeräteindustrie wie Hausrats- oder Küchenhersteller, Energieversorger, Angehörige von Beratungs- und Warenprüfungsinstituten sowie Konsumentenvertreter. Die Teammitglieder bringen wichtige Erfahrungen aus ihrem Berufsfeld in die Fachdiskussionen ein und nehmen wiederum Ergebnisse der Teamarbeit in ihre eigentlichen Aufgabenbereiche mit zurück.

Als Modifikation der obengenannten Forderungskataloge wurden von diesem interdisziplinären Forscherkreis kurze, handliche Checklisten zu wichtigen Hausgeräten erstellt,[6] die Lehr- und Beratungskräften, Verkäufern und Konsumenten als Leitfaden dienen sollen. Auf diese Weise können einerseits Hersteller von Hausgeräten und Küchen und anderseits, über Multiplikatoren, auch die Konsumenten selbst mit Informationen versorgt werden.

›Barrierearme‹ Produkte

Im wissenschaftlichen Labor der Haushalttechnik an der Technischen Universität München wurde eine spezielle Abteilung zu barrierefreien Haus-

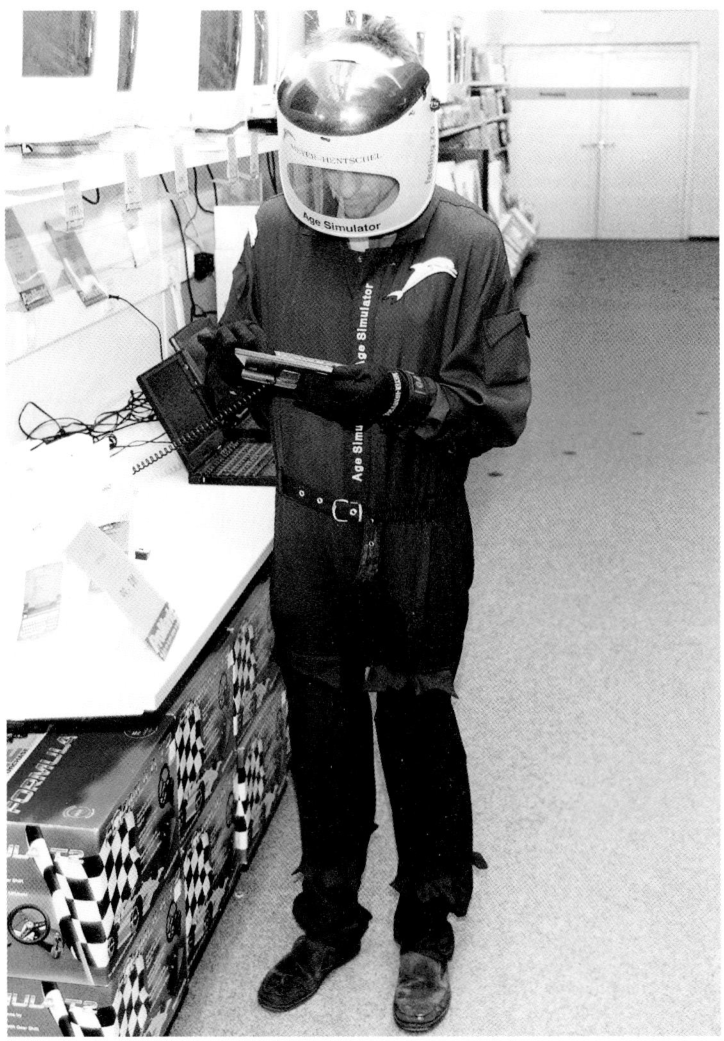

Produkttest mit Hilfe des Age-Simulators: Dieser Spezialanzug ermöglicht es, hautnah zu erleben, mit welchen Einschränkungen ältere Menschen im Alltag zurechtkommen müssen, Meyer-Hentschel Management Consulting, Saarbrücken

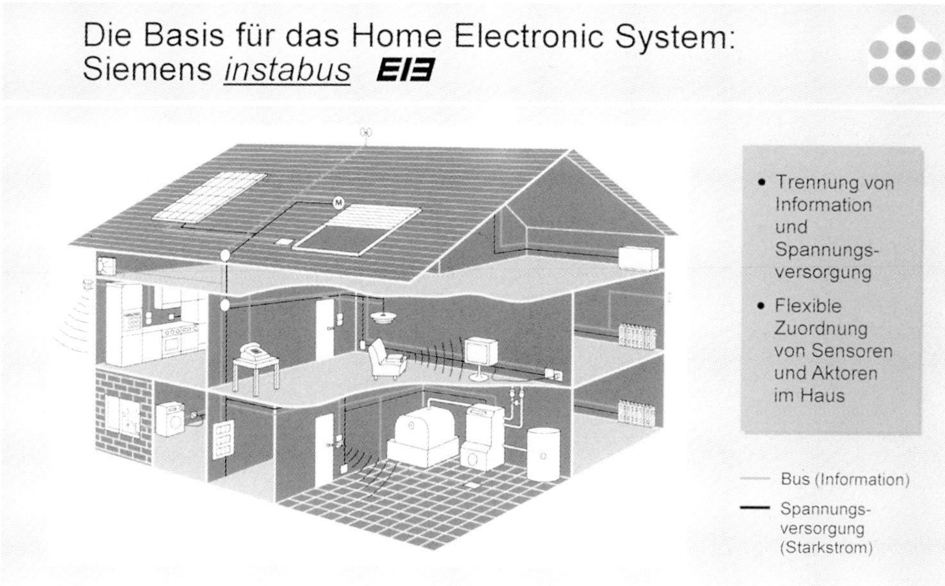

Die Installationstechnik Siemens Instabus EIB ermöglicht die Vernetzung aller Hausgeräte und -systeme, Siemens-Electrogeräte GmbH, München

geräten eingerichtet. An ausgewählten Geräten für essentielle hauswirtschaftliche Aufgaben, z.B. Nahrungsmittelzubereitung und Lebensmittellagerung oder Wäschepflege, läßt sich dort mit Experten und Probanden die ›Barrierefreie Gebrauchsgüte‹ technischer Produkte prüfen. Die Ergebnisse haben gezeigt, daß es derzeit im Handel noch keine wirklich barrierefreien Geräte gibt, wohl aber barrierearme.

Die untersuchten Geräte besitzen durchweg eine Reihe von Merkmalen, aufgrund derer man sie als barrierefrei bezeichnen könnte, daneben aber auch nahezu ebensoviele ›Fehler‹. Ein Wäschetrockner, bei dem man wichtige Teile (z.B. das Flusensieb) weglassen und dennoch starten

Tabelle 6

›Barrierearmer‹ Wäschetrockner

☺ standsicheres Gerät
☺ erhöhter Gerätekörper (Einfüllöffnung leichter zugänglich)
☺ abgerundete Gehäusekanten
☺ blendfreie Trommelbeleuchtung (matte Innenseite der Trommel)
☺ akustisches Signal »Programmende«
☺ Trommelöffnung gut zugänglich (leichte Beschickung und Entnahme)
☺ Pultblende mit Klarschrift
☹ Flusensieb
schlecht herausnehmbar
Fehlbedienung durch »Weglassen« möglich
☹ Kondensator
schlecht erreichbar
falsch einsetzbar
☹ Verschlußdeckel ist überflüssig
☹ Schriftgröße auf der Pultblende zu klein

kann, ist nicht barrierefrei. Die Vergeßlichkeit der Menschen – nicht nur die der Senioren – wurde bei der Konzeption dieses Geräts schlicht vergessen (vgl. Tab. 6).

Die Domotechnica 1999 – die größte Hausgerätemesse der Welt – zeigte allerdings deutlich, daß der Trend zu barrierefreier Gestaltung von Geräten inzwischen von vielen Hausgeräteherstellern erkannt und umgesetzt wird. Werbeaussagen wie »benutzerfreundlich«, »leicht bedienbar«, »haushaltsgerecht« oder »pflegeleicht« zeigen dies. Wichtig wäre jetzt, daß Konsumenten – nicht nur Senioren, sondern auch die Jungen oder, noch besser, Angehörige aller Generationen – bei Kaufentscheidungen diejenigen Hersteller bevorzugten bzw. ›belohnten‹, die barrierefreie und damit seniorengerechte Produkte anbieten. Ohne daß der Gesetzgeber eingreifen müßte – erfahrungsgemäß käme diese Form der Unterstützung ohnedies zu spät –, könnte sich auf diese Weise der Markt selbst regulieren. So würden verstärkt barrierefreie Hausgeräte, Küchen und andere Produkte produziert und nachgefragt. Der Trend ›barrierefrei‹ könnte auf diese Weise vielleicht nach und nach auch Wohnung, Wohnungsumfeld und die weitere Infrastruktur erfassen.

Die heute lebenden Senioren hätten als Angehörige der Kriegsgeneration einen barrierefreien Lebensabend verdient. In einem barrierefreien Umfeld könnten sie ihre ›späten Freiheiten‹ unbeschwert genießen.

5 Vgl. hierzu die von der Bayerischen Architektenkammer herausgegebenen *Arbeitsblätter Bauen und Wohnen für Behinderte* Nr. 2: *Barrierefreie Wohnungen*, München 1992, und Nr. 6: *Barrierefreies Bauen* -Teil 2, München 1997; außerdem die Norm DIN 18024 Teil 2 / November 1996: *Barrierefreies Bauen: Öffentlich zugängliche Gebäude und Arbeitsstätten, Planungsgrundlagen*, Norm DIN 18025 Teil 1 / Dezember 1992: *Barrierefreie Wohnungen: Wohnungen für Rollstuhlbenutzer, Planungsgrundlagen*, und Norm DIN 18025 Teil 2 / Dezember 1992: *Barrierefreie Wohnungen, Planungsgrundlagen.*

6 Vgl. Horst Pichert: *Familien- und seniorengerechte Technik im Haushalt. Gesellschaft im Wandel.* In: Deutsche Gesellschaft für Hauswirtschaft e.V. (Hg.): *Familien- und seniorengerechter Haushalt. Neue Konzepte für Haushalttechnik und Wohnen.* Tagungsreader zur 46. Jahrestagung. Ansbach 1996, S. 4–16.

Sabina Brändli

Gekündigte Heimat und drohende Abschiebung

Kinobilder für ein wohnliches Alter

Die Suche nach dem Motiv ›Alter im Film‹ verläuft zunächst enttäuschend: In der amerikanischen Filmindustrie ist die Lebenswelt alter Menschen seit den 60er Jahren kaum ein Thema. Seither produziert die Traumfabrik fast ausschließlich für junge Leute, die noch ins Kino gehen, und dieses Publikum will Identifikationsfiguren. Schon für Schauspieler ab 50 werden Rollenangebote selten. Die Ausnahme stellen Filme dar, die altgedienten Stars auf den Leib geschrieben sind. Ihr Auftreten – und nicht das Thema – vermag ältere Zuschauer zurück ins Kino zu bringen.

Bei Mark Rydells *On Golden Pond* (*Am goldenen See*, USA 1981) etwa locken nicht der pensionierte Professor und seine rüstige Gattin, sondern die Neugierde zu sehen, wie Henry Fonda und Katharine Hepburn altern. Die Leinwandsenioren machen Ferien wie in jüngeren Jahren, nur etwas länger. Sie ziehen sich für den ganzen Sommer freiwillig in die Idylle ihres Ferienhauses am See zurück. Durch diesen Kunstgriff bleibt der graue Alltag ausgespart. ›Am goldenen See‹ gibt es noch Waldbeeren zu pflücken und Pilze zu suchen. Die zuweilen ins Bösartige kippende Brummigkeit des Professors richtet keinen Schaden an, und seine zunehmende Vergeßlichkeit rührt die Gattin zu Tränen. Wenn der Sommer vorbei ist und die beiden aufbrechen, um in den Alltag zurückzukehren, ist der Film zu Ende.

Solidarität zwischen Jugend und Alter

Wenden wir den Blick ab vom marktorientierten Filmschaffen, das unser Kino beherrscht. Welche Bilder entwirft der unabhängige Film von alten Menschen? Die ergreifendsten Porträts stammen aus den 70er Jahren. Die jungen Filmemacher, die sich damals einem unabhängigen, persönlichen Autorenfilm verschrieben hatten, waren wesentlich von der 68er Revolution geprägt. Die Jugendrevolte hatte sich nicht gegen die Alten, sondern gegen die mittlere Generation gerichtet, die an den Hebeln der Macht saß. So konnten die Jungen, die noch nichts, und die Alten, die nichts mehr zu sagen hatten, zueinander finden. Nicht die grauen Eminenzen und die stillen Duckmäuser, sondern das schrullige Unikum und die störrische Außenseiterin faszinierten: Personen wie die ›unwürdige Greisin‹, die in Bertold Brechts gleichnamiger Kurzgeschichte nach dem Tod ihres Ehemannes ihren Lebensstil ändert und fortan zum Entsetzen ihrer Verwandten ein vergnügliches Leben führt. Schon kurz vor der Zeitenwende von 1968 hatte der Franzose René Allio diese Geschichte unter dem Titel *La vieille Dame indigne* (Frankreich 1965) verfilmt.

In den 70er Jahren gesellten die Filmemacher ihren jungen Protagonisten manchmal ein Pendant aus der Generation der Alten bei. Der pubertierende Harold und die 80jährige Maude sind das bekannteste dieser ungleichen Paare. In Hal Ashbys vom verträumten Charme der Hippies

Katharine Hepburn und Henry Fonda in *Am goldenen See* (*On Golden Pond*), 1981, Bundesarchiv-Filmarchiv Berlin

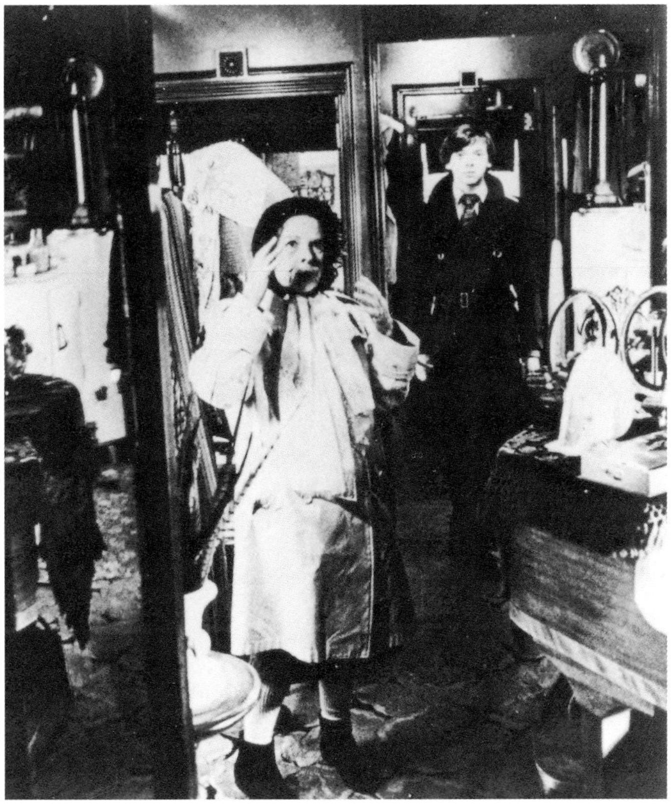

Harold and Maude, 1971, Bundesarchiv-Filmarchiv Berlin

geprägten *Harold and Maude* (USA 1971) spielen beide – und nicht etwa nur Harold – die Paraderolle. Der Film *Die plötzliche Einsamkeit des Konrad Steiner* (Schweiz 1975) hingegen stellt den alten, verwitweten Schuhmacher Steiner, dem Werkstatt und Wohnung gekündigt werden, ins Zentrum. Auch der Filmautor Kurt Gloor bringt eine junge Figur in Gestalt einer Sozialarbeiterin ins Spiel, die mit ihrem Engagement das buchhalterische Fürsorgekonzept ihrer Vorgesetzten unterläuft. Zumindest eine Zeitlang kämpfen die beiden gemeinsam für eine Welt, in der auch alte Menschen in Würde leben können. Der eigensinnige Schuhmacher gibt nicht klein bei: Zum Schluß hebt er sein gesamtes Sparguthaben ab und macht als ›unwürdiger Greis‹ zum ersten Mal verschwenderisch Ferien am Meer.

Verlust der Schlüsselgewalt

Die steile Treppe, die in *Die plötzliche Einsamkeit des Konrad Steiner* zur Altstadtwohnung des Schuhmachers führt, und der mangelnde Komfort stellen kein Problem dar: Das Telefon auf dem Flur fördert die nachbarschaftliche Kommunikation genauso wie die fehlende Zentralheizung. Steiner schleppt für die weniger rüstige Nachbarin Holz und interessiert sich für deren Wohlbefinden. Daß kaum Sonnenlicht in seine Wohnung dringt, hat ihn noch nie gestört. Rüschenvorhänge dämpfen das natürliche Licht noch zusätzlich. Als er dann die Kündigung für Werkstatt und Wohnung erhält, droht Steiner die Entwurzelung. Der Film identifiziert die alten Häuser vollständig mit dem alten Protagonisten. Besonders drastisch wirkt dies dann, wenn Steiner wortlos zusieht, wie ein Haus abgerissen wird. Durch die Montage der Bilder trifft die Wucht der Abbruchkugel gleichsam das ›alte Haus‹ Steiner. Die Vorurteile der Vermieter machen den Umzug in eine andere Altstadtliegenschaft unmöglich. »Das ist nichts für Sie!«, wird ihm entgegengehalten. Alte Leute sollen sich umsorgen lassen.

Helle Zimmer, eine schöne Aussicht ins Grüne, vom Putzpersonal garantierte Hygiene und moderner Komfort können den alten Steiner nicht locken. Weil wir die Welt durch seine Brille wahrnehmen, erscheinen die Argumente, die für das Altenheim sprechen könnten, wie blanker Hohn. Der gebotene Komfort macht den Alltag fade. Nicht mehr selber kochen, heißt hier, aus portionierten Ein-Personen-Boxen zu essen, die jedes Gericht zum Einheitsbrei machen. Das Problem verortet der Filmemacher Kurt Gloor im fehlenden Selbstbestimmungsrecht der Betroffenen.

Yves Yersins *Les petites fugues* (*Kleine Fluchten*, Schweiz/Frankreich 1979) spielt auf einem Bauernhof. Auch noch im Alter, nach seinem formalen Ausscheiden aus dem Arbeitsleben, bleibt der Knecht Pipe ein Knecht. Von der ersten Rente kauft er ein Moped und fährt in die Welt hinaus, sonntags und – zum Ärger des Bauern – zuweilen auch werktags. Auf dem traditionell patriarchalisch geführten Hof hatte sich der Knecht schon immer nach den Vorstellungen der anderen zu richten. Nur in seinem kleinen Zimmer in einem Nebengebäude kann er machen, was er will. Und doch gehört es ihm nicht ganz. Als sich Pipe wieder einmal an einem Werktag aus dem Staub macht, findet er bei der Heimkehr die Türe verschlossen. Der Bauer demonstriert durch die Schlüsselgewalt, wer Herr und Meister ist.

In Bernhard Sinkels *Lina Braake oder Die Interessen der Bank können nicht die Interessen sein, die Lina Braake hat* (BRD 1974) ist die Ausgangslage dieselbe wie in Gloors *Die plötzliche Einsamkeit des Konrad Steiner*. Spekulanten drängen Lina Braake aus ihrer Wohnung. Ihr Weg führt zwingend ins Altersheim. Hier handelt es sich nicht um einen modernen Neubau, sondern um ein repräsentatives Bauwerk aus der Jahrhundertwende. Einzelzimmer sind die Ausnahme. In der grünen Idylle sind die Bewohner in jeder Hinsicht versorgt und abgeschnitten vom Rest der Welt, sofern sie nicht, wie die Heldin, selbständig per Fahrrad die kleine Freiheit suchen. Das Personal bevormundet die Bewohner. Auf Kosten der Alten wird gespart. Profitjäger aller Art sind auf der Pirsch. Dennoch läßt sich das Altersheim in eine revolutionäre Zelle umwandeln. Lina Braake trifft auf einen entmündigten Hochstapler, der für sie die Rache an der Bank einfädelt, die für die damalige Wohnungskündigung verantwortlich ist.

Michel Robin als Pipe in *Kleine Fluchten* (*Les petites fugues*), 1979, Bundesarchiv-Filmarchiv Berlin

Nostalgie

Machen wir einen Sprung in die 90er Jahre. Der Tonfall hat sich verändert, und dennoch bringen Filmemacher der mittleren und jüngeren Generation noch immer Nostalgie zum Klingen, wenn sie alte Menschen in alten Häusern zeigen. Die Alten bleiben freiwillig da, wo sie immer gewohnt haben, auch wenn die Jugend längst weggezogen ist. Otar Iosselianis *La chasse aux papillons* (*Jagd auf Schmetterlinge*, Frankreich 1992) spielt in der französischen Provinz. Die ganze Region ist überaltert. Zwei liebenswürdig eigensinnige Damen leben mit einer Hausangestellten in einem Schloß im Renaissance-Stil. Die Zeit scheint stillzustehen. Die Bewohner der Region besteigen das Fahrrad, um zur Kirche zu kommen. Einkäufe werden ausschließlich auf dem Markt getätigt. Keine Autos, Supermärkte, Computer. Man kennt sich. Der Alltag ist überschaubar geblieben. Nur eine Gruppe indisch gewandeter Krishna-Anhänger, die aufs Land geflüchtet ist, und die zuweilen in Horden auftauchenden japanischen Touristen drücken den Altersdurchschnitt. Für letztere sind die Dörfer und Schlösser der Region ein einziges Museum.

Links:
Pipe in seiner Kammer, Bundesarchiv-Filmarchiv Berlin

Der gebürtige Georgier Iosseliani beschwört in *La chasse aux papillons* durch Inszenierung, Kameraführung und Schnitt den gemächlichen Rhythmus der Provinz, der jenem des Lebensabends entspricht. Hier existiert nicht einmal eine Ahnung von Hektik. Die alteingesessenen Bewohner haben Muße. Alte Gemälde, Möbel, Silber und andere Kostbarkeiten umgeben sie. Periodisch tauchen Antiquitätenhändler auf. Durch raffinierte Doppelbelichtungen macht der Filmemacher Figuren der Vergangenheit zu Mitbewohnern. Das Lebensgefühl der alten Menschen, das durch die Gleichzeitigkeit von Vergangenheit und Gegenwart geprägt ist, wird durch diesen Kunstgriff erfahrbar. Bedrohlich erscheint lediglich die Zukunft. Wenn japanische Spekulanten den alten Damen das Schlößchen um jeden Preis abkaufen wollen und auf den baldigen Tod der Besitzerin anspielen, wird das ruhige Fließen des Films empfindlich gestört. Als die Besitzerin dann tatsächlich stirbt, bringt der Filmemacher eine auf den ersten Blick ganz andere Lebenswelt ins Spiel. Die ebenso bejahrte Schwester der Verstorbenen lebt in einer Stadt der ehemaligen Sowjetunion. In der vom Staat zugewiesenen Wohnung hausen dicht gedrängt die unterschiedlichsten Menschen. Alt und Jung, Alleinstehende und Familien teilen sich Telefon und Küche. Das durch einen Vorhang abgegrenzte Zimmerabteil der alten Frau erkennen wir sogleich. Die Ausstattung macht das Lebensgefühl deutlich: Erinnerungen aller Art umfangen Wände und Möbel. Es braucht kein Schloß, um die Zeit anzuhalten.

Familien am Rande des Nervenzusammenbruchs

Auch *Tatie Danielle* (*Tante Daniele*, Frankreich 1990) lebt am Anfang des Films in der französischen Provinz. Auch hier ist die Villa repräsentativ. Der Garten will gehegt und gepflegt sein. Die alte Angestellte ist überfordert, die Besitzerin ebenso eigensinnig wie Iosselianis alte Damen, doch der Charme geht ihr ab. Keine Gelegenheit läßt sie aus, ihren Mitmenschen das Leben schwerzumachen. In ihrer Gemeinheit entwickelt sie einen kindischen Einfallsreichtum. Ständig bezichtigt sie die Magd irgendeiner Untat, jedesmal bewußt zu Unrecht. Zudem schützt sie Gebrechen vor, um Rücksichtnahme auf ihr hohes Alter einzufordern. Der französische Filmemacher Etienne Chatiliez läßt offen, warum seine Hauptperson ein solches Verhalten an den Tag legt. Er übertreibt das Klischee der meckernden Alten zur Parodie. Nicht die Ursache der zur Fratze gesteigerten Eigensinnigkeit interessiert ihn, sondern die Unfähigkeit der Mitmenschen, in geeigneter Weise zu reagieren. Auch Chatiliez' alte Tante lebt gleichzeitig in Vergangenheit und Gegenwart. Die Erinnerung an ihren längst verstorbenen Mann hält als Schutzschild die Gegenwart auf Distanz. Seinem Porträt klagt die Witwe ihr vermeintliches Leid, ihm will sie mit allerlei Notlügen gefallen.

Nach dem Tod der alten Magd gibt Tante Daniele ihr Leben in der Provinz freiwillig auf. Sie verkauft das Anwesen, vererbt das Geld und erkauft sich damit das Recht, von den Nachkommen umsorgt zu werden. Bald schon zieht sie in die Pariser Wohnung ihres Neffen ein. Alle sind freundlich, nur die Tante nicht. Sie macht der Familie das Leben schwer. Der Vorsatz der Familie, ohne sie Ferien zu machen, vermag ihre Bösartigkeit nochmals zu steigern. Die Tante zeigt, was es heißen kann, einen gebrechlichen Menschen zu pflegen: Sie entläßt ihren Körper gezielt aus ihrer Kontrolle. Mitten in der Nacht trommelt sie die Mitbewohner aus dem Bett, nachdem sie sich übergeben hat. In Anwesenheit geladener Gäste entleert sie mit treuherzigem Blick ihren Darm in den Polstersessel. Mit einem gezielt ausgeleerten Wasserglas täuscht sie Bettnässen vor. Sie treibt die Familie an den Rand des Wahnsinns.

Erst die professionelle Altenpflegerin, die Tante Daniele vorübergehend betreut, läßt die Gemeinheiten an sich abprallen. Diese Stärke wird einerseits als individuelle Charaktereigenschaft gezeichnet, als spiegelbildliche Eigensinnigkeit. Andererseits ist ihre Fähigkeit, der Alten zu trotzen, Zeichen der Professionalität. Die junge Frau kennt die Mätzchen alter Menschen und hat Strategien entwickelt, die sich in der Praxis bewähren. Sie reagiert auf die Bedürfnisse, die hinter den Macken aufscheinen. Und sie nimmt die eigenen Bedürfnisse ernst. Dadurch wird eine direkte Kommunikation möglich. Das Personal im Altersheim, in dem Daniele landet, pflegt

Lina Braake, 1974, Bundesarchiv-Filmarchiv Berlin

denselben burschikosen Umgang mit den Bewohnern. Sie nehmen die alten Menschen ernst, indem sie statt auf die Marotten auf die dahinter versteckten Bedürfnisse eingehen. Das Altersheim wird dank des professionellen Umgangstons zum Hort unverblümter Kommunikation – und des Humors. Trotz dieser geradezu provokativen positiven Wertung der professionellen – und damit käuflichen – Altersbetreuung mag auch dieser Filmemacher seine Antiheldin nicht im Altenheim sitzenlassen: In einem eher unwahrscheinlichen Happy-End entführt die resolute Pflegerin die ›unwürdige Greisin‹ und ermöglicht ihr den Aufbruch zur späten Freiheit in den Bergen. Was nach den Ferien kommt, erfahren wir nicht. Auch dieser Film ist zu Ende, bevor sich die Frage stellt.

Das gesellschaftliche Problem, alten Menschen ein würdiges Dasein zu bieten, ist nach wie vor ungelöst. Die Filmemacher setzen auf Betroffene, die ihrer mißlichen Lage eigensinnig trotzen. Die Utopie einer Solidarität von Jung und Alt berücksichtigt ausschließlich ›unwürdige Greise‹.

Birgit Riedel

Wege aus der Pflegefalle

Modelle für mehr Autonomie im Alter[1]

Neue Generationen, neue Ansprüche

Der Sektor der Altenhilfe blieb von den Demokratisierungstendenzen, die andere Bereiche der Gesellschaft und des Wohlfahrtsstaates seit den 60er Jahren erfaßten, lange Zeit weitgehend unberührt. Für die Formulierung von Wünschen nach Autonomie und Mitgestaltung gab es in dem Maße wenig Raum, in dem Dienste und Einrichtungen im Rahmen der Sozialhilfe operierten, der Bereich mit wenig Rechten und Garantien ausgestattet war und politische Zuständigkeiten sich erst etablieren mußten. Hier fand sich zudem eine fatale Übereinstimmung mit dem geringen Anspruchsbewußtsein und der enormen Anpassungsbereitschaft früherer Altengenerationen bis hin zu den hochbetagten Menschen unserer Tage, die in ihrem Leben wenig Erfahrungen mit demokratischen Rechten sammeln konnten.

Um so tiefgreifender sind jedoch die Veränderungen, die sich gegenwärtig abzeichnen und die Altenhilfe vor neue Herausforderungen stellen:

So gibt es erstmals in der Geschichte eine Generation von Älteren, deren Erwerbskarriere nicht durch Kriege unterbrochen wurde, sondern von einem steten Ausbau der sozialen Sicherung begleitet war. Diese heute 60- oder 70jährigen haben sich als Bürger an wohlfahrtsstaatliche Garantien und als ›aktive Konsumenten‹[2] an die Annehmlichkeiten einer Dienstleistungsgesellschaft gewöhnt; nicht zuletzt haben sich viele ein beträchtliches Maß an privatem Wohlstand geschaffen. Mit Rücksicht auf diese Gruppe werden sich soziale Dienste und Einrichtungen verstärkt darauf vorbereiten müssen, ihren Service, ihre Orientierung an Nutzerwünschen, ihre Flexibilität und ihre Offenheit an jenen Standards messen zu lassen, die in verwandten Bereichen längst gang und gäbe sind.

Darüber hinaus kommt mit den Alt-68ern eine Generation in die Jahre, die schlechthin für Unangepaßtheit und Veränderungswillen steht. So könnte es sein, daß für diese Älteren, wenn sie hilfe- und pflegebedürftig werden, das Eintreten für demokratische Werte – etwa in der Ablehnung von Gängelung und Bevormundung –, aber auch alternative Formen der Selbstorganisation nochmals eine ganz praktische Bedeutung erhalten. Mit ziemlicher Sicherheit jedoch werden Dienste und Einrichtungen mit Forderungen konfrontiert werden, die vor allem auf mehr persönliche Autonomie, eine größere Toleranz gegenüber individuellen Lebensstilen und Mitgestaltungsmöglichkeiten zielen.

Demokratie in Bewegung

Europaweit hat sich – zum Teil als Reaktion auf diese neuen Forderungen, zum Teil als deren Vorwegnahme – eine äußerst bunte und heterogene Landschaft an Initiativen, Projekten und Modellexperimenten entwickelt, in denen zwei unterschiedliche Ausprägungen von Demokratie zutage treten. Geht es im einen Fall vornehmlich um Selbstverwirklichung und individuelle Schutz- und Freiheitsrechte, so stehen im anderen Fall stärker politisch gefärbte Konzepte kollektiver Selbstorganisation und Mitbestimmung im Vordergrund. Daß dabei der Trend in den letzten Jahren ganz eindeutig in Richtung einer Ausweitung individueller Freiräume und Selbstverantwortung gegangen ist, dürfte verschiedene Gründe haben. Es mag zum einen damit zu tun haben, daß sich eine gewisse Ernüchterung über die Erfolge und Möglichkeiten von Beiräten und Mitbestimmungsgremien eingestellt hat, zum anderen aber auch damit, daß heute Selbstbestimmung ganz allgemein mehr Klang zu besitzen scheint als Mitbestimmung. Nicht zuletzt gibt es hier – in einem Bereich, in dem so lange mehr oder weniger sanfte Formen bürokratischer und professioneller Bevormundung zu beobachten

1 Dieser Beitrag beruht auf: Adalbert Evers / Kai Leichsenring / Birgit Pruckner: *Alt genug, um selbst zu entscheiden. Internationale Modelle für mehr Demokratie in Altenhilfe und Altenpolitik.* Hrsg. vom Europäischen Zentrum für Wohlfahrtspolitik und Sozialforschung. Freiburg / Br. 1993.

2 Alan Gartner / Frank Riessmann: *Der aktive Konsument in der Dienstleistungsgesellschaft.* Frankfurt / M. 1978.

waren – auch einen besonderen Nachholbedarf in Sachen Autonomie und Freiheitsrechte.

Modelle I: Alten- und Pflegeheime

Vor besonderen Herausforderungen steht dabei der Bereich der Alten- und Pflegeheime. Für den einzelnen ist das Heim immer noch mit einem drastischen Verlust an Rechten und Freiheiten verbunden. Jedes Reformengagement hat hier zudem gegen einen Überhang an Traditionen anzukämpfen, die auf hochgradig verregelte Anstalten und ›totale Institutionen‹ zurückverweisen.

Nicht zufällig lassen sich viele der Reformen und Modelle, die in diesem Bereich anzutreffen sind, vom Begriff der Normalisierung leiten (ein Begriff, der übrigens auch in der Sozialgesetzgebung der skandinavischen Länder verankert ist). Darin drückt sich ganz allgemein die Absicht aus, Dienste und Einrichtungen so zu gestalten, daß der Unterschied zu den alltäglichen Lebensbedingungen anderer Bürger so gering wie möglich wird. Übertragen auf den Bereich von Alten- und Pflegeheimen hieße das, die Heimorganisation so zu verändern, daß die Differenz zwischen *drinnen* und *draußen* von den Bewohnern weniger einschneidend erfahren wird.

Eine wichtige Rolle hierfür spielt die Öffnung der Heime für ihr jeweiliges soziales Umfeld, z.B. in dem Sinne, daß Dienste von außen ins Heim kommen und umgekehrt das Heim Dienstleistungsfunktionen für andere Interessenten in der Gemeinde und Nachbarschaft übernimmt, daß autonome Bereiche für die Bewohner entstehen und die Angehörigen, die Nachbarschaft usw. stärker in die Alltagskultur einbezogen werden.

Zentral sind aber auch Ansätze zur Erweiterung individueller Entscheidungsrechte. In Dänemark geschieht das z.B. in der Form, daß die einzelnen Leistungen und Angebote in einigen Alten- und Pflegeheimen verpreist und damit zum Kauf und zur Wahl gestellt werden. Die Bewohner erhalten ihre Rente ausbezahlt, um den solcherart wieder möglich gewordenen Entscheidungen auch ein ökonomisches Fundament zu geben. Darin findet sich eine ebensolche Abkehr von bisher üblichen Konzepten einer Vollversorgung, wie sie auch in neueren Entwürfen von Heimverträgen, die eine Präzisierung und Quantifizierung der Ansprüche auf Serviceleistungen enthalten, verwirklicht ist. Ein Beispiel dafür vermag das niederländische Altenwohnheim ›Nieuw Doddendaal‹ zu liefern.

Im Altenwohnzentrum Nieuw Doddendaal erinnert nichts an ein herkömmliches Heim. Keine Schwestern in weißen Kitteln, kein reglementierter Tagesablauf, keine Bastelstunden oder gemeinschaftliches Kaffeetrinken. Die vierzig alten Menschen, die hier leben, haben alle unterschiedliche Lebensstile. Das ist auch die Idee von ›Nieuw Doddendaal‹: Es gehe darum, Sicherheit für die Bewohner zu gewährleisten, ohne ihnen die individuelle Lebensführung aus der Hand zu nehmen. Dafür braucht es nur wenig Personal. Neben der Direktorin gibt es eine Rezeptionistin, eine Nachtwache, schließlich eine Kontaktperson, die den Mietern (so werden die Bewohner genannt) jederzeit als Ansprechpartnerin zur Verfügung steht. Alle zusätzlichen Dienste, von Krankenpflege über hauswirtschaftliche Hilfen bis zum Mittagstisch, werden von außen zugekauft. Eine Koordinatorin wählt sie unter den örtlichen Anbietern aus und versucht, möglichst günstige Arrangements auszuhandeln. Jeder Mieter schließt beim Einzug einen individuellen Pflegevertrag ab. Er entscheidet selbst, welche Dienste er konsumiert und was er selbst übernimmt. Keine Frage, daß sich Selbständigkeit auch in barer Münze auszahlt. Jede selbstgekochte Mahlzeit erspart beispielsweise neun Mark.
Das Personal greift nicht in das Zusammenleben der Mieter ein. Organisierte Aktivitäten fehlen zur Gänze. Auch die Räumlichkeiten sind kaum auf ein Gemeinschaftsleben ausgerichtet. Diese Bedürfnisse sollen – nach dem Willen der Betreiber – die im Stadtteil vorhandenen Einrichtungen erfüllen, z.B. das benachbarte Aktivitätszentrum für Ältere, das von Senioren aus der Umgebung besucht wird.

Modelle II: Ambulante Dienste

Im Bereich der ambulanten Dienste treffen Autonomiewünsche Älterer auf deutlich bessere Voraussetzungen. Kundenorientierung ist stärker entwickelt, und die Klienten können in der Regel mehr auf eigene Ressourcen zurückgreifen, nämlich auf eine eigene Wohnung, eigene Ersparnisse, eigene Kompetenzen und helfende Angehörige. Die Chancen zu mehr Selbstbestimmung, die darin liegen könnten, schwinden jedoch in dem Maße, in dem die Inanspruchnahme von Diensten erst zu einem sehr späten Zeitpunkt erfolgt, zu dem die Betroffenen bereits in vieler Hinsicht hilflos sind.

Eine breite Palette von Reformansätzen hat daher zum Ziel, die Legitimität und Attraktivität von Diensten soweit zu erhöhen, daß sie die familiäre Hilfe und Pflege bereits frühzeitig ergänzen und unterstützen. Eine wichtige Rolle wird hierbei Angeboten zur Information und Beratung zugesprochen. Sie sollen Hilfebedürftige in die Lage versetzen, ihr eigenes Hilfearrangement mit einem Maximum an Kenntnissen und eigener Kompetenz zu treffen, sie aber auch, wo nötig, behutsam auf die Nutzung von Diensten hinführen. Angehörige sollen darüber hinaus ermutigt werden, Entlastungsdienste ohne Ängste und Schuldgefühle, ähnlich routiniert wie heute im Bereich der Kindererziehung, in Anspruch zu nehmen.

Generell zeichnen sich viele Ansätze in diesem Bereich durch eine Aufwertung und mehr Sensibilität für die Bedürfnisse und Beiträge von Angehörigen und informellen Netzen aus. Diese werden nicht nur in ihrer Rolle als Miterbringer von Pflegeleistungen stärker anerkannt, sondern auch als Mitentscheidende, Anwälte und Fürsprecher jener hilfebedürftigen Älteren, die ihre eigenen Interessen nur noch eingeschränkt wahrnehmen können.

Die Entwicklung von Modellen zur Aushandlung flexibler und individuell maßgeschneiderter Servicepakete ist ein weiterer zentraler Ansatzpunkt, der z.B. im ›Case management‹ zum Tragen kommt. Wesentlich radikaler erscheinen demgegenüber jedoch Formen der persönlichen Assistenz, wie sie heute (noch) überwiegend von jüngeren körperbehinderten Personen aufgegriffen werden. Das Beispiel der schwedischen ›Stockholm Cooperative for Independent Living‹ veranschaulicht diesen Ansatz. Sehr gut sichtbar wird dabei, daß noch so kompromißlos formulierte Selbstbestimmungsansprüche erhebliche kollektive Garantien finanzieller und rechtlicher Art voraussetzen, nicht zuletzt auch den stärkenden und ermächtigenden Rückhalt in einer Gemeinschaft.

Die ›Stockholm Cooperative for Independent Living‹ (STIL) ist eine Kooperative behinderter Menschen aller Altersgruppen, die nicht länger Objekte staatlicher Fürsorge sein wollten, sondern lieber selbst entscheiden, wie, von wem und wobei sie sich helfen lassen. Die Mitglieder organisieren in Eigenregie ihre persönlichen Helfer (Assistenten), und die Kooperative ist ihnen dabei behilflich.
Sie hat zunächst durchgesetzt, daß die Gemeinde das, was sie sich an Sachleistungen, wie sie jedem Mitglied zustehen würden, erspart, direkt an STIL überweist. Von dem Geld werden, neben einem geringen Anteil für Overheadkosten, die Gehälter und Lohnnebenkosten der persönlichen Assistenten bezahlt (Tariflohn). Arbeitgeber im rechtlichen Sinn ist die Zentrale von STIL. Sie übernimmt die Verwaltung und Lohnabrechnung. Die Position der behinderten Person kann mit der eines Managers verglichen werden: Von ihr werden die persönlichen Assistenten ausgewählt, je nach Bedarf eingesetzt und angeleitet. Ist sie mit den Leistungen eines Assistenten nicht zufrieden, so kann sie ihn entlassen.
Manchen Mitgliedern fällt es zunächst schwer, die volle Tragweite der veränderten Machtverhältnisse zu verstehen und in die Tat umzusetzen. Um in die für viele ungewohnte Rolle hineinzuwachsen, gibt es Unterstützung und Lernangebote seitens der Kooperative. In Form eines ›Peer group counselling‹, vergleichbar etwa mit einer Selbsthilfegruppe, können und sollen die Mitglieder sich austauschen, über Probleme reden und sich gegenseitig Mut machen.

Ausblick

Viele der heute vorzufindenden Beispiele und Tendenzen sind durchaus mehrdeutig. Kehren wir zu ›Nieuw Doddendaal‹ zurück: ein Altenheim, das kaum mehr bietet als eine etwas besser geschützte Form normalen Wohnens. Im

Unterschied zu vielen Modellen in Deutschland, die sich gerade durch ihre Animationsprogramme und vielfachen Angebote als fortschrittlich ausweisen, stellt dieses Experiment den alten Menschen anheim, ob sich hier etwas Gemeinsames entwickelt. Inwieweit ist das angesichts der steigenden Versorgungsaufgaben und knappen Kassen im Altenbereich ein realistisches und auch zukünftig tragfähiges Modell von Normalisierung? Oder inwieweit offenbart sich hier unter dem Etikett der individuellen Freiheit und Selbstbestimmung nur ein höheres Maß an Indifferenz der politisch-administrativ Verantwortlichen und der Gesellschaft? Ein eindeutiger Trennstrich zwischen befreiender Entlassung aus Fürsorge und Bevormundung und einer Strategie der Entsorgung und Aufkündigung von Solidarverpflichtungen ist hier – wie in vielen Fällen – nur schwer zu ziehen.

Bei aller Betonung von Autonomie und Selbstverantwortlichkeit dürfen daher die Bedürfnisse jener Älteren nicht in Vergessenheit geraten, die dem Leitbild des mündigen, sich und seine Interessen selbst definierenden Bürgers nicht entsprechen. Erinnert sei etwa an die rapide wachsende Zahl verwirrter alter Menschen. Jenseits der Förderung von möglichst vielfältigen solidarischen Bezügen und Anwaltschaften wird sich Demokratie hier in vielen Fällen nur in der Sicherung eines Umfeldes offenbaren können, das Zuwendung, Fürsorge sowie die Achtung und Respektierung der Würde der Person garantiert.

Freie Fahrt im Alter: Das Auto eröffnet neue Horizonte, Die Sammlung Hansen, Berlin

Mobil, mobil

Reichskanzler Otto von Bismarck bei der Ankunft in Bad Kissingen, 1892, Stadtarchiv Bad Kissingen, Fotosammlung (Kat. 3.2.01)

Endstation Fundbüro: Herren-Umhängetasche mit Einkaufstüten und Herrenreisetasche für den Tagesausflug zum Münchner Oktoberfest, Städtisches Fundbüro, München (Kat. 3.3.16 und 3.3.21)

›Friedhofstasche‹ und ›Geschenktasche‹ mit Inhalt, Städtisches Fundbüro, München (Kat. 3.3.17 und 3.3.18)

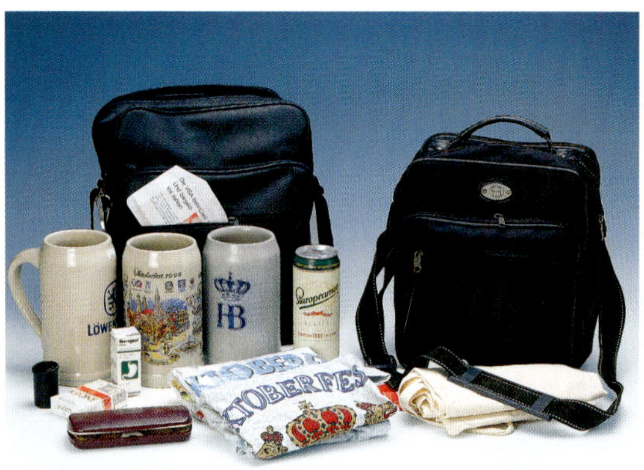

Prominenter Kurgast unterwegs: Otto von Bismarck bei der Promenade in Bad Kissingen, 1892, Stadtarchiv Bad Kissingen, Fotosammlung (Kat. 3.2.02)

Damenhandtaschen für festliche und nichtfestliche Anlässe, Städtisches Fundbüro, München (Kat. 3.3.19 und 3.3.20)

Gesundbleiben unterwegs: Reiseapotheke aus dem großen Reisegepäck des 19. Jahrhunderts, Stiftung Schleswig-Holsteinische Landesmuseen, Schloß Gottorf

Carl Rickelt: *Weihnachten auf dem Friedhof*, 1887, Münchner Stadtmuseum, Graphiksammlung (Kat. 3.3.07)

Auf dem Amt: Gehstock, Hund und Einkaufstasche sind Begleiter im Alltag, Stadtarchiv München (Kat. 3.3.15)

96 Jahre Häuslichkeit: Gudula Rothschild (1753–1849)

Die Frau von Amschel Rothschild, dem Begründer des Bankhauses Rothschild, lebte zeit ihres Lebens im Frankfurter Judenghetto. Ihr Leben stellt ein typisches, ja extremes Beispiel für mangelnde Mobilität von alten Menschen im 19. Jahrhundert dar.

Gudula zog 1787 in das Haus ›Zum grünen Schild‹ in der Judengasse im Frankfurter Ghetto. Sie sollte es nie wieder verlassen. Ihre hochmobilen Söhne zogen fort in die verschiedenen europäischen Hauptstädte und gründeten in London, Wien, Paris und Rom Filialen. Die Hochzeiten in der großen Familie fanden in der Regel in Frankfurt am Main statt, so daß der Familienverbund über die Großmutter stabilisiert wurde. Obgleich Gudula wirtschaftlich unabhängig war, verließ sie nie das enge Ghetto und besuchte auch niemals ihre in ganz Europa verstreut lebende Familie. Statt dessen kamen ihre Nachkommen regelmäßig anläßlich von Familienfeiern im Haus der alten Dame zusammen. In ihren letzten Lebensjahren lebte sie allein mit ihrem Dienstpersonal im ›Grünen Schild‹. Sie erschien auch nicht am Fenster, sondern saß in gebührendem Abstand auf einem Stuhl. Das Geschehen auf der Straße konnte sie jedoch durch einen Spiegel verfolgen, der an einer Schranktür angebracht und auf die Straße hinaus gerichtet war. Als sie im Alter von 95 Jahren krank wurde und der Arzt ihr bedauernd sagte, daß er sie leider nicht jünger machen könne, soll sie geantwortet haben: »Ich habe nicht darum gebeten, jünger gemacht zu werden, alles was ich möchte, ist, noch älter zu werden.«

Von der Berufs- zur Freizeitmobilität im Ruhestand: Herr G. (geboren 1930)

Im Beruf gewohnt, längere Auslandsaufenthalte und eine Vielzahl an Geschäftsreisen zu absolvieren, ist Herr G. auch nach seiner Pensionierung fast immer auf Achse.

Finanziell haben Herr G. und seine Ehefrau keine Probleme. Die Arbeit in einem großen Unternehmen hat ihm neben der Rente auch eine gute Firmenpension beschert.

Ein Technikwechsel hat ihn den Abschied vom Berufsleben innerlich schon vorher vollziehen lassen. Zielstrebig baut er seine Aktivitäten neben dem Beruf aus. Er tritt Vereinen bei und wird Übungsleiter beim Langlauf-Training. Auch beim Reisen stehen sportliche Anlässe im Vordergrund: Vor allem ausgedehnten Fahrrad-Touren allein oder in der Gruppe gilt seine Leidenschaft. Im Winter sind es Langlauf-Touren, die ihn bis nach Lappland führen.

Doch mit den Jahren fordert der Körper seinen Tribut. Das Herz spielt nicht mehr so recht mit, die Touren werden leichter und kürzer, die Erholungspausen länger. Manchmal endet eine Tour für ihn im Krankenhaus. Nun muß er sich darauf beschränken, den Tourenbus als Fahrer zu steuern, und mit seinen Kräften besser haushalten.

Tabellarischer Lebenslauf von Herrn G.

Geboren 1930 in München, Vater Malermeister und Mutter Schneiderin in Heimarbeit, eine Schwester

Heirat 1955, zwei Kinder, geboren 1958 und 1961

Ausbildung

1944–1947	Lehre als Werkzeugmacher bei Siemens
1947–1949	Berufsmittelschule
1949–1952	Polytechnikum München: Elektrotechnik
1952	Abschluß Ing. grad.

Beruf

1947–1952	Werkzeugmachergeselle bei Siemens
1952–1958	Siemens Nachrichtentechnik: Sonderfertigung, Kundendienst Ausland
1958–1968	Siemens Nachrichtentechnik: Entwicklung: Prüfeinrichtungen für Vermittlungsstellen
1962	Patentschriften über Schaltungsanordnungen
1968–1988	Siemens Nachrichtentechnik: Kundendienst Inland (Deutsche Bundespost): Beratung und Reklamation Telefonanlagen
1972	Normalbeteiligter (NB): höheres Ruhegehalt
1978–1984	Grundkurse in Datenverarbeitung, Mikrocomputer 8048, Software
31.12.1988	Kündigung aus betriebsbedingten Gründen (wegen Technikwechsels vom elektromechanischen Vermittlungssystem zum elektronischen Wählsystem)
1989–1991	Arbeitslosigkeit mit betrieblichem Übergangsgeld und Ruhegehalt
seit 1.9.1991	Vorgezogenes Altersruhegeld (= Rente) und betriebliches Ruhegehalt

Mobilität

Besorgungen, Einkauf, Besuche bei Kindern und Freunden, Sport, Besichtigungen

Jahreskilometer PKW 21000 km

Jährliche Fahrten:

Montegrotto/Italien: Kur und Fahrrad
Leutasch/Österreich: Langlauf
Uttendorf/Österreich: Langlauf
Verona/Italien: Besuch bei Freunden
Oberstdorf: Langlauftraining
Mallorca/Spanien: Fahrrad (1991–1995)
Eine Fernreise (z.B. Ägypten, Sahara, Petersburg, Lappland, Wolga)
Eine Gruppenreise Fahrrad (z.B. Südfrankreich, Vogesen, Burgund, Korsika, Marche, Fränkische Schweiz, Emilia Romagna, Flensburg, Weinviertel, Toskana)
Eine Freundesfahrt Fahrrad (z.B. Lombardei, Provence, Friaul-Gardasee, Jura, Piemont)
Eine Langlaufwoche (z.B. Antholz, Seefeld, Lienz, Seiser Alm)

Raimund Beck

Notizen zum Reisen im Alter

Vom Reisen

Wer unterwegs ist, trägt seine Habseligkeiten mit sich. In Taschen, Tüten und Koffern sind die Dinge verstaut, die man am Zielort benötigt. Egal, ob es eine Urlaubsreise oder eine Beerdigung ist, die einen zum Aufbruch nötigt. Diese ›Dinge zum Tragen‹ entstehen mit zunehmender gesellschaftlicher Mobilität. Sie werden laufend verändert, neuen Bedürfnissen und Anlässen angepaßt und sind zugleich ein Hinweis auf die gesellschaftliche Stellung und das Verhalten jener älteren Menschen, die unterwegs sind. Armut oder Wohlstand ihrer Träger, alltägliche wie außergewöhnliche Mobilitätssituationen lassen sich gleichermaßen intuitiv erfassen, richtet man sein Augenmerk auf all die Utensilien, die Menschen auf Reisen begleiten.

Immer mit dabei: die Einkaufstasche, Die Sammlung Hansen, Berlin

Taschen, Tüten und Koffer sind jedoch nur die Behältnisse, in denen Dinge auf Reisen transportiert werden. Sie bergen all jene Sachen, die man mitnimmt ans Ziel seiner Reise, wie auch solche, die man am Ziel seiner Reise erwirbt, um sie nach Hause zu befördern. Der Blick in einen geöffneten Koffer, eine Tasche ist ein Blick in die private Welt seines Eigentümers, kündet von dessen sehr eigener Lebenswelt.

Beobachtungen

München Hauptbahnhof, 7 Uhr morgens an einem beliebigen Werktag im ICE ›Amalienburg‹ nach Hamburg-Altona: Eine Reisegruppe von etwa zwanzig Personen um die 70 sucht ihre reservierten Sitzplätze. Da die Zugwagen ausnahmsweise nicht fortlaufend numeriert sind, bricht plötzlich Panik aus. »Wo sitzen wir?« – »Wo ist die Gruppenleiterin?« – »Wo ist der Zugbegleiter?« Hektische Betriebsamkeit setzt ein. Minuten später sind die Plätze gefunden, irgendwann hat man sie schließlich auch eingenommen und die unzähligen Tüten, Taschen und Koffer verstaut. Dann beginnt der Run auf die Toiletten. Erfahrungsaustausch im Gang: »Wissen Sie, wo die Spülung ist?« – »Darf man im Bahnhof die Toiletten überhaupt benutzen?«

Fuerteventura, 20. Dezember 1998, in einer kleinen Bungalow-Anlage am Meer: Das ältere Ehepaar an der Bar bedankt sich via Mobiltelefon bei Freunden in der Heimat für den leckeren Weihnachtsstollen, den sie heute morgen angeschnitten hätten. Gleichzeitig begeben sich zwei ältere Damen im Bikini mit Luftmatratze unterm Arm an den Strand. In ihrer neonbunten Farbigkeit würden sie sogar in Venice Beach Aufmerksamkeit erregen.

Mobil, mobil!

Gesellschaften wie jene, in der wir Europäer leben, zehren von der Flexibilität ihrer Beteiligten.

Da Arbeit als Mangel verwaltet wird, wird vom Erwerbstätigen Anpassung erwartet: Anpassung im Hinblick auf den Typus der Arbeit, die Vergütung und den Ort. Überwiegend von Kontinuität geprägte Erwerbsbiographien, wie sie für die vergangenen Jahrzehnte typisch waren, wird es deshalb in absehbarer Zeit nicht mehr geben. Die Bindung an ein Unternehmen oder einen Ort als permanenten Lebensmittelpunkt ist schon in Auflösung begriffen. Soziale Strukturen geraten in Bewegung, beileibe nicht nur im Hinblick auf den Teilbereich Arbeit. Alltägliches gerät schnell zum Fremden. Menschen reagieren unterschiedlich auf diesen Anpassungsdruck: mit Offensive oder Rückzug.

In ihren Folgen ist diese Entwicklung nicht auf die Erwerbswelt beschränkt. Mobilität und damit die Bereitschaft, flexibel auf gesellschaftliche Entwicklungen zu reagieren, ist zu einem sozialen Schlüsselfaktor geworden. Nur wer jederzeit willens ist, beweglich zu bleiben, erhält eine Option, aber wahrhaftig noch keine Garantie auf gesellschaftliche Teilhabe.

Mobilität erfordert eine umfassende Infrastruktur. Ist sie einmal vorhanden, kann sie von allen genutzt werden. Hier liegt eine Chance für die ältere Generation. Sie kann – dem Erwerbsleben und damit auch den Zwängen beruflicher Mobilität entwachsen – jene Angebote und Möglichkeiten nutzen, die als Nebenprodukte einer wirtschaftlichen Mobilitätsgesellschaft entstanden sind.

Reisen im Alter

Bei der Beurteilung der Altersmobilität sollte man sich vor Verallgemeinerungen hüten. Eine Reihe von Untersuchungen hat gezeigt, daß das Freizeitverhalten älterer Menschen einer starken biographischen Kontinuität unterliegt.[1] Mit anderen Worten: Wer früher wenig gereist ist, wird es auch im Alter kaum tun. Neue Freizeitinteressen kommen selten hinzu.

Es darf aber die Vermutung angestellt werden, daß für nachfolgende Generationen älterer Menschen der Anteil reisefreudiger und solcherart ›mobiler‹ Senioren noch erheblich ansteigen wird – auch als Folge einer bereits im Berufsleben notwendig eingeübten Praxis der Mobilität. Ein weiterer möglicher Grund für diese Entwicklung ist die räumliche Auflösung von Familienverbänden, die zu einem erhöhten Bedarf an Beweglichkeit führen wird. Statistiken belegen diesen Trend.

Für das Jahr 1997 hat der Deutsche Reisebüro-Verband (DRV) folgende Zahlen veröffentlicht: In der Altersgruppe der 50- bis 60jährigen wurden 11,12 Millionen Buchungen verzeichnet. Kunden im Alter von 60 bis 70 Jahren buchten 8,74 Millionen Urlaubsreisen und die über 70jährigen Reisenden 8,64 Millionen. Damit liegt nur noch die Altersgruppe der 30- bis 40jährigen mit 11,48 Millionen Buchungen vor den Senioren. Rechnet man den Individualtourismus hinzu, so kommt man für das Jahr 1997 auf eine Zahl von etwa 40 Millionen Reisen im Inland und ins Ausland. Die Seniorenreisen erreichen damit einen Marktanteil von 40 Prozent des Gesamttourismus-Geschäfts. Studien-, Bade- und Gesundheitsurlaube stehen im Vordergrund.[2]

Eine Prognose des Münchner Instituts für Freizeitwirtschaft aus dem Jahr 1997 kommt zu dem Schluß, daß bis zum Jahr 2005 die Zahl

Links:
Senior Global Players: Flugreisen sind heute längst kein Privileg mehr,
Die Sammlung Hansen, Berlin

1 Dieter Farny / Peter Lütke-Bornefeld / Gertrud Zellenberg (Hg.): *Lebenssituationen älterer Menschen. Beschreibung und Prognose aus interdisziplinärer Sicht.* Berlin 1996, S. 142.

2 Vgl. Eva-Maria Mayring: *Die Lust der älteren Generation am Reisen.* In: *Süddeutsche Zeitung*, 3. März 1999, S. V2 / 16.

3 *Süddeutsche Zeitung*, 1. August 1997, S. 26.

4 Vgl. *Süddeutsche Zeitung*, 14. August 1997, S. 26.

5 Jenny Kreyssig: *Wichtig ist der gesunde Gästemix. Eine Expertendiskussion zum Thema Seniorenreisen.* In: *Süddeutsche Zeitung*, 16. Januar 1996, S. V1 / 8.

Duty-Free-Einkauf: Wer reist, bringt nicht nur Erinnerungen nach Hause, Die Sammlung Hansen, Berlin

der Seniorenurlauber um bis zu 35 Prozent zunehmen wird. Die Zahl der Reisen wird auf etwa 54 Millionen ansteigen. Das hat selbstverständlich auch demographische Ursachen. Vor allem die über 70jährigen werden auf dem Reisemarkt stärker in Erscheinung treten.[3]

Für durchschnittlich zwei Urlaubsreisen pro Jahr gab ein Rentnerhaushalt im Jahr 1991 noch 931 DM aus; 1996 lag dieser Betrag bei 1200 DM in Westdeutschland und bei 2200 DM in den neuen Bundesländern.[4]

Die Tourismusbranche hat sich seit geraumer Zeit auf die neue, meist kaufkräftige und zahlenmäßig große Klientel eingestellt. Das seit langer Zeit herumgeisternde Bild von den Alten, die an billigen Kaffeefahrten teilnehmen, um sich von gerissenen Veranstaltern überteuerte Rheumadecken und Patentdampfkochtöpfe aufschwatzen zu lassen, kann getrost zu den Akten gelegt werden.

Auto-mobiler Ruhestand: Sonntagsfahrt ins Grüne, Die Sammlung Hansen, Berlin

Heute sind reisende Senioren mindestens genauso anspruchsvoll und individuell in ihren Wünschen und Vorstellungen wie jede andere gesellschaftliche Gruppe. Doch auch hier trifft die Beobachtung zu, daß Senioren sich keinesfalls als eigene Gruppe definiert sehen wollen und dementsprechend oft verhalten auf ausgesprochene Zielgruppenangebote reagieren. Viele Reiseveranstalter machen die Erfahrung, daß die meisten Senioren gar keine speziell auf sie zugeschnittenen Reiseangebote wünschen.

Nach Ansicht von Freizeitforschern lassen sich grob drei ›Alterskohorten‹ unterscheiden: Die ›alten Alten‹, die noch von der Erfahrung des Krieges geprägten über 70jährigen, bedürfen meist eines besonderen Anlasses, um sich auf Reisen zu begeben; das sind dann vor allem Bildungsreisen oder – gesundheitlich bedingt – Kuraufenthalte. Die ›mittlere Generation‹ um die 70 reist regelmäßig, bevorzugt aber Urlaubsorte, die ihr seit vielen Jahren vertraut sind, und verhält sich auf Reisen insgesamt eher konservativ. Am interessantesten für die Freizeitindustrie ist die Generation der Altersgruppe zwischen 50 und 60 Jahren. Als Nachkriegsgeneration im Wohlstand des deutschen Wirtschaftswunders groß geworden, oftmals von den politischen Liberalisierungen der 60er und 70er Jahre beeinflußt und gewohnt, Selbstverwirklichung in vielen Lebensbereichen anzustreben, sind sie eine zahlungskräftige, aber auch verwöhnte und damit schwierige Klientel für Reiseveranstalter. Schließlich sind sie auch in fremder Umgebung sensibel für ökologische Belange und bei aller Reiselust recht tourismuskritisch. Massentourismus ist ihnen oft zuwider, jugendorientierte Eventkultur schreckt sie ab. Da ist Fingerspitzengefühl bei den Veranstaltern gefragt.[5]

Mobil, mobil? Vom Reisen in früheren Zeiten

Heute ist schwer vorstellbar, was bis weit in das 20. Jahrhundert Normalität war: ein Leben – und damit auch ein Alter – ohne Mobilität. Niemand war benachteiligt, nur weil er sich nicht auf Reisen begab. Eher war das Gegenteil der Fall. Menschen, die in Ausübung ihres Berufes unterwegs waren, genossen in vielen Fällen ein zweifelhaftes Ansehen. Als fahrende Händler, Korbflechter oder Tagelöhner standen sie am Rande einer Gesellschaft, in der man auch sozial an seinem Platz blieb.

Armut war aber der Hauptgrund dafür, daß es der Mehrzahl alter Menschen unmöglich war, sich von einem Ort zum anderen zu begeben. Die Verkehrsmittel waren teuer und unbequem, die Straßen zudem schlecht ausgebaut. Eine Zahl mag den geringen Stellenwert von Mobilität im 19. Jahrhundert verdeutlichen: Die durchschnittlich pro Tag und Person zurückgelegte Entfernung betrug um 1850 etwa 100 Meter; heute sind es etwa 30 Kilometer.

Freiwillige Mobilitätsanlässe waren rar. Für begüterte Mitglieder der Gesellschaft war ein solcher ein Kuraufenthalt am Meer oder im Heilbad. Wer dorthin reiste, tat es nicht nur der Gesundheit wegen. Es war geradezu eine gesellschaftliche Verpflichtung, von der das Alter niemanden entband, der es sich leisten konnte. So kurte der deutsche Reichskanzler Otto von Bismarck in den Jahren 1874 bis 1893, also im Alter von 59 bis 78 Jahren, insgesamt fünfzehnmal im fränkischen Kissingen, um dort sein Übergewicht zu reduzieren; offenbar mit Erfolg, denn er soll dort bei seinen Aufenthalten insgesamt 750 Pfund abgenommen haben.[6]

Weniger der leiblichen Gesundheit als vielmehr dem geistigen Wohle dienten Wallfahrten. Sie dürften vor allem wenig begüterten Menschen, egal ob jung oder alt, die einzige Gelegenheit geboten haben, sich auf eine – strapaziöse – Fußwanderung zu begeben und damit für kurze Zeit die heimische Umgebung zu verlassen.

Wir reisen, wir reisen

»Es gibt ja Menschen, die behaupten, Rentner müßten nicht mehr reisen, weil sie ohnehin immer Ferien haben. [...] Wenn mein Mann Kurt und ich in Urlaub fahren, müssen wir das natürlich ganz anders planen als junge Menschen. Die schmeißen einen Rucksack ins Auto und brausen in den Süden. Bei uns geht das nicht so einfach. Wir können zum Beispiel nur so lange wegfahren, wie unser Medikamentenvorrat reicht. [...]
Wir informieren uns auch vorher, wie die Unterkunft aussieht. Wir sind da gar nicht so anspruchsvoll, aber es muß hübsch aussehen, und die Betten dürfen nicht zu weich sein. Ich bin ja keine Trampolinturnerin. Wir wollen immer ein ruhiges Zimmer haben, schließlich stören wir auch niemanden. Außerdem brauche ich ein luxuriöses Bad. Und ich liebe Hotels mit Frühstücksbuffet, das ist so luxuriös, man wird so verwöhnt.
Wir sind immer viel mit Freunden gereist, aber das werden ja nun immer weniger, also fahren wir meistens allein. Die Karten für den Zug kaufe ich 14 Tage vorher, damit wir sitzen können, wo wir wollen. Mit dem Packen beginne ich eine Woche vor der Abreise. Ich lege alles in Stapeln zurecht und schiebe es dann hin und her, weil ich so aufgeregt bin und immer Angst habe, etwas zu vergessen. Das passiert auch jedesmal, ich verstehe gar nicht, wie. Es muß genügend Leibwäsche dabeisein und für jedes Wetter etwas Passendes. Und für Kurt eine Krawatte.
Dann wird probegepackt und wieder ausgeräumt, und dann überlege ich, was zu Hause bleiben muß. Das dauert so sein Weilchen, weil ich auch für Kurt packen muß. Der darf gar nicht dabeisein, sonst macht er mich ganz verrückt. Inzwischen kann ich hervorragend Koffer packen. Das muß man lernen, dafür braucht man Übung.«[7]

Preiswertes Reisen für alle: Unterwegs mit dem Omnibus, 1958, Rotel Tours, Tittling

6 Cornelia Baumann-Oelwein: *Bismarck weilte gerne in Bad Kissingen. Wo der Bismarck-Kult einst blühte.* In: *Charivari* (1998) Nr. 7/8, S. 35–40.

7 Gerda Weiler: *Oma reist.* In: *Süddeutsche Zeitung-Magazin*, 5. September 1997, S. 34–35.

Hans-Liudger Dienel

Explosion des Bewegungsraums

Die räumlichen Freiheiten im Alter

Wenn wir die Veränderungen der ›späten Freiheiten‹, der Möglichkeiten und Chancen alter Menschen in West- und Mitteleuropa von der vorindustriellen Gesellschaft bis in die Gegenwart Revue passieren lassen, so fällt die Mobilität dieser Personengruppe besonders ins Auge. Zwar hat die Mobilität in den letzten 200 Jahren quer durch alle Generationen und Schichten enorm zugenommen, doch bei den Alten war der Anstieg im Verhältnis stärker, nicht zuletzt, weil das Ausgangsniveau noch niedriger lag als bei Personengruppen mittleren Alters und der Jugend. Gerade in den letzten Jahrzehnten haben Senioren die technisch und materiell neu gegebenen Möglichkeiten zu Bewegung und Verkehr in immer stärkerem Maße auch in ihr Leben integriert.

Nicht nur hat infolge der Expansion technischer und ökonomischer Möglichkeiten die äußere Freiheit zu mehr Mobilität zugenommen, sondern darüber hinaus – mit langer Verzögerung – auch die innere Freiheit, diese Möglichkeiten anzunehmen. Deutlich wird dies in der Gegenüberstellung der unterschiedlichen Voraussetzungen für Mobilität in früherer und der heutigen Zeit. Auf der einen Seite steht die agrarische, vorindustrielle Gesellschaft, eine Welt vor Erfindung technischer Fortbewegungsmittel wie der Eisenbahn. Sie prägte Strukturen und Lebensgewohnheiten, die, auch wenn sie in vielfältiger Weise in unsere Gegenwart hineinragen, von einer für die heutige Zeit ganz untypischen Immobilität gekennzeichnet waren. Auf der anderen Seite steht die moderne, hochmobile Gesellschaft mit ihren permanenten Verpflichtungen zu physischer Bewegung. Der Vergleich soll den Blick freilegen für die spektakulären Veränderungen, so daß wir am Ende überlegen können, wie unsere Gesellschaft auf die neue Situation reagieren kann und muß.

Den Mobilitätsbegriff fassen wir hier bewußt breit. Mobilität ist mehr als nur physische Fortbewegung. Die Soziologen und Sozialhistoriker sprechen von vertikaler Mobilität, wenn sie den sozialen Auf- und Abstieg beschreiben, und von horizontaler Mobilität, wenn sie das Umziehen und die Verlagerung des Lebensmittelpunktes an einen anderen Ort meinen.[1] Mobilität ist darüber hinaus aber auch ein geistiger Vorgang. Dazu gehört die Bereitschaft, sich neue räumliche Ziele zu denken und zu wünschen und damit neue Möglichkeitsräume für die eigene Lebensgestaltung zu erschließen. Vielleicht werden Senioren bald die mobilste Altersgruppe der Gesellschaft sein, weil sie das Geld, die Zeit und die Lust haben, mobil zu sein. Senioren bewegen sich heute nicht nur viel mehr als früher, reisen mehr und weiter, sie entdecken auch neue soziale Räume für sich und ziehen häufiger um als früher. Sie sind, mit einem Wort, mobil.[2]

Rechts:
Die Senioren von heute verreisen gerne und häufig, Transglobe Agency, Hamburg

1 Hartmut Kaelble (Hg.): *Geschichte der sozialen Mobilität seit der industriellen Revolution.* Hanstein 1978.

2 Wenda Focke: *Unterwegs zu neuen Räumen. Die Veränderung des Selbstbildes im Alter. Autobiographische und interdisziplinäre Essays.* Düsseldorf 1995; Philip Rees: *The elderly mobility transition. A case study of the United Kingdom.* Leeds 1991.

So beeindruckend die Zunahme der räumlichen Freiheiten war und ist, so ambivalent erscheint dieser Zugewinn im historischen Rückblick. Zum einen ist nämlich die tägliche Mobilität heute für viele Senioren keine freie Entscheidung, sondern schlichte Lebensnotwendigkeit, Voraussetzung für ihre Teilnahme am gesellschaftlichen Leben. Ohne die Fähigkeit und Bereitschaft zur Mobilität ist für viele Senioren kein selbständiges Wohnen möglich. Nicht umsonst fällt die Entscheidung für das betreute Wohnen in der Mehrheit der Fälle aufgrund von Einschränkungen der körperlichen Beweglichkeit. Dagegen war Mobilität in der vorindustriellen Welt für die Alten nicht im selben Maße wichtig und daher auch nicht erstrebenswert. Das Leben war auch ohne Mobilität möglich. Dies hat sich vor allem in den letzten Jahrzehnten grundsätzlich geändert.[3] Mobilität ist heute Möglichkeit und Chance, aber auch tägliche Fron und Notwendigkeit.

Die Immobilität der Älteren in der vorindustriellen Gesellschaft

Die vorindustrielle, alteuropäische Gesellschaft prägt unsere Gegenwart in vielerlei Hinsicht, sei es nun das äußere Erscheinungsbild unserer modernen Städte mit ihren mittelalterlichen Stadtkernen, seien es die vielen historischen Institutionen wie etwa die Universitäten, seien es traditionelle Verhaltensweisen wie alte Bräuche und Riten. Aber vieles hat sich auch grundlegend verändert. Dazu gehört die Mobilität.

Wenn wir die Mobilität der vorindustriellen Gesellschaften verstehen wollen, müssen wir uns zuerst einmal in Erinnerung rufen, daß sie ganz überwiegend agrarisch-dörflich strukturiert waren. Für junge Leute gab es dabei durchaus Möglichkeiten zur Mobilität, willkommene und unwillkommene: den Krieg etwa, die Auswanderung nach Übersee oder nur in die nächste Stadt, zum Teil gegen das Gebot der Landherren. In der vorindustriellen Stadt wiederum war ein relativ großer Teil der Jugend und der Menschen mittleren Alters mobil, im Handwerk wie im Handel oder auch als Soldat. Vor allem junge Männer waren unterwegs als wandernde Gesellen, Flößer, Fuhrleute und Bewachungsmannschaften, im Dienst von Kaufleuten, als Marketender, Söldner,

Im Kutschenzeitalter reisten alte Menschen so wenig wie möglich: Es war zu anstrengend, Emil Rumpf: *Winterliche Szene*, 1879, Historisches Museum Frankfurt am Main

wandernde Scholaren oder stellungslose Geistliche. Dieses Wandern war in der Regel Bewegung aus Not; Ortsfestigkeit dagegen ein Zeichen für wirtschaftliche Stabilität.

Alte Menschen hatten an dieser Mobilität in der Regel jedoch keinen Anteil. Das hatte zum einen körperliche Gründe. Wir können uns heute von den körperlichen Strapazen und Anstrengungen des Reisens und auch der alltäglichen Mobilität kaum noch eine Vorstellung machen. Die Verkehrswissenschaftler sprechen heute vom Raumwiderstand. Er war für alte Menschen so groß, daß ihr Aktionsradius in der Regel auf das Haus und das direkte Umfeld beschränkt blieb. Man kann vermuten, daß die meisten alten Menschen um 1800 über Jahre hinweg einen Radius von 1000 Metern um ihr Haus nicht verließen. Sie hätten alle Strecken über schlechte Wege fast immer zu Fuß gehen müssen, das gesamte Gepäck auf dem Rücken. Doch auch das Reisen in der Kutsche war mit Strapazen verbunden, die alte Menschen häufig nicht auf sich nehmen konnten oder wollten. Wer dennoch im Alter reisen mußte, ging ein hohes Risiko ein. Martin Luther ist ein solcher Fall. Der 63jährige, von Krankheiten geschwächte Reformator brach am 17. Januar 1546 von Wittenberg in das nahe Eisleben auf, um dort Streitigkeiten in der Mansfelder Grafenfamilie zu schlichten. Die Verhandlungen endeten zwar erfolgreich, aber Luther

3 Heidrun Mollenkopf / Pia Flaschenträger: *Mobilität zur sozialen Teilhabe im Alter.* WZB Discussionpaper 96-401. Berlin 1996.

4 Viola Kundrun: *Alte Menschen auf dem Lande. Kultureller Wandel in einer Gemeinde im südlichen Niedersachsen.* Münster 1989; Bernd van Deenen / Anne Graßkemper: *Das Alter auf dem Lande: Ergebnisse einer empirischen Untersuchung 1989/90 in acht ehemals kleinbäuerlichen Dörfern.* Bonn 1993.

hatte nicht mehr die Kraft, nach Wittenberg zurückzukehren, und starb am 18. Februar 1546 in Eisleben.

Doch alte Menschen verzichteten nicht nur auf das Reisen, weil sie körperlich nicht mehr dazu imstande waren, sondern häufig auch deshalb, weil sie nicht zu reisen brauchten: weil die Gesellschaft so organisiert war, daß alte Menschen da bleiben konnten, wo sie lebten. Das galt sowohl für vermögende Alte, die ihr soziales Umfeld materiell beherrschten, als auch für die große Masse der armen Alten. Auch ihnen wurde das Essen nach Hause geliefert, oder man brachte ihnen die Zutaten ins Haus. So wie die Großmutter in dem Märchen vom Rotkäppchen von ihrer Enkelin versorgt wird, so ist es vielen alten Menschen ergangen – auf materiell sehr niedrigem Niveau, ohne die Möglichkeit, selbst über notwendige Anschaffungen zu entscheiden, wurden sie dennoch gepflegt und gestützt von der nächsten Umgebung, in der Regel von ihren Familienangehörigen. Mobilität als Voraussetzung für soziale Teilhabe spielte in den relativ kleinräumigen Dorf- und Stadtgesellschaften kaum eine Rolle. Dies hätte sich infolge der Industrialisierung ändern können, in der viele Familien getrennt wurden, wären nicht Reisen für den größten Teil der Bevölkerung weiterhin unerschwinglich geblieben. So bedeutete der Wegzug oder gar die Auswanderung der Kinder oft eine Trennung fürs Leben, die räumliche Distanz wurde nur notdürftig durch Briefe überbrückt.

In der Straßenbahn trifft sich Alt und Jung, Agentur Look, München

Ein dritter Grund, warum alte Menschen nicht reisten, war das allgemeine Verständnis, daß sich das Herumreisen für alte Menschen nicht gehörte. Hier waren die ersten zwei Gründe zu Normen geronnen, die auch dann noch galten – und abgeschwächt heute noch gelten –, als das Reisen für ältere Menschen bereits möglich geworden war und es auch gute Gründe für alltägliche Bewegung und das Reisen gab. Als anschauliches Beispiel kann hier Gudula Rothschild (1753–1849) genannt werden, die Frau von Amschel Rothschild. Zwar lebten vier ihrer fünf Söhne im Ausland und leiteten gemeinsam mit ihrem ältesten Bruder in Frankfurt das größte europäische Bankenkonsortium, doch sie selbst lebte nach dem Tode ihres Mannes weiter in dem alten Haus in der Frankfurter Judengasse, regelmäßig zu Hochzeiten und Familienfeiern von allen Kindern besucht. Längst fuhren Eisenbahnen, doch sie sah keine Veranlassung zu kleineren oder größeren Reisen, abgesehen von ärztlich verordneten Kuraufenthalten. Bis in die Gegenwart finden wir bei einigen älteren Menschen, wenn auch stark abgeschwächt, diese reiseabstinente Haltung.

Die Mobilität der Senioren heute

Heute ist die persönliche Mobilität eines der wichtigsten Kriterien für die Lebensqualität im Alter, hängen doch Selbständigkeit, Kontakte und Aktivitäten entscheidend vom Vermögen ab, sich frei bewegen zu können. Die Veränderung betrifft sowohl die Städte als auch insbesondere den ländlichen Raum.[4] Hier ist wegen der schlechteren Angebote im öffentlichen Personennahverkehr der Zwang zu eigenständiger Mobilität sogar noch größer. Ältere Menschen sind nicht zuletzt aus diesem Zwang heraus heute so mobil wie nie zuvor – zu Fuß, per Fahrrad, Bus und Bahn und vor allem im Auto: als Fahrer im eigenen Auto oder als Mitfahrer bei Bekannten, Verwandten oder im Taxi.

Im Straßenverkehr sind vor allem ältere Fußgänger und Radfahrer überproportional gefährdet. Das Risiko, als Fußgänger zu verunglücken, ist für diese Altersgruppe fünfmal so groß wie für jüngere Verkehrsteilnehmer. Im Zuge des allgemein steigenden Radverkehrs fahren auch immer mehr ältere Menschen mit dem Fahrrad.

Die Unfallzahlen der älteren Radfahrer geben Anlaß zur Sorge. Die Zahl der durch einen Unfall getöteten älteren Fußgänger ist jedoch seit 1965 fast kontinuierlich zurückgegangen, nicht zuletzt, weil immer mehr ältere Menschen Auto fahren. In wenigen Jahren wird auch die Mehrheit der älteren Frauen einen Führerschein haben. Obwohl die körperlichen und geistigen Kräfte in der zweiten Lebenshälfte abnehmen, sind ältere Fahrer insgesamt nicht überdurchschnittlich häufig ursächlich am Unfallgeschehen beteiligt. Die Unfallstatistik zeigt klare Schwerpunkte bei den jungen Fahrern. Lediglich bei Verkehrsteilnehmern jenseits des 70. Lebensjahres steigt das Risiko, einen Unfall zu verursachen, geringfügig an.

Auch in der Verkehrs- und Altersforschung ist die Mobilität älterer Menschen ein Arbeitsfeld, dessen Bedeutung seit etwa zwanzig Jahren ständig wächst. 1978 fand an der englischen Cambridge University eine erste große Tagung zu diesem Themenbereich statt. Bis heute folgten eine Reihe von Symposien, das jüngste fand 1998 in den Niederlanden statt.[5] Ein Blick zurück zeigt dabei, daß die Verkehrspsychologie ältere Menschen (ebenso wie Kinder) anfangs als ›Problemgruppe‹ im Straßenverkehr stigmatisiert und ausgegrenzt hat. Forscher warnten vor der Gefahr, die ältere Menschen aufgrund ihrer nachlassenden psychophysischen Leistungsfähigkeit (etwa der im Alter abnehmenden Sehleistung) für andere Verkehrsteilnehmer darstellten. Bis heute werden immer wieder Forderungen wie die nach einer regelmäßigen Überprüfung der Fahrtauglichkeit älterer Menschen laut. Doch solche Vorschläge übersehen, daß sich ältere Menschen in der Regel angepaßter und vorsichtiger, also weiser, im Verkehr bewegen als andere Generationen und daß der Verkehr durch die Teilnahme älterer Menschen insgesamt ruhiger wird.[6] Der Vergleich deutscher Unfallzahlen mit denen Italiens legt zudem den Schluß nahe, daß eine nachhaltige Senkung der Unfallzahlen in Deutschland dann eintreten wird, wenn die Verkehrsteilnehmer insgesamt stärker als bisher mit dem Fehlverhalten anderer rechnen.[7]

Diese Erkenntnis muß sich in den Kursen und Lehrgängen für Verkehrsteilnehmer jeden Alters niederschlagen. So ist es zwar zu begrüßen, daß der Deutsche Verkehrssicherheitsrat und die in ihm organisierten Institutionen im Auftrag des Bundesverkehrsministeriums seit 1991 spezielle Schulungsprogramme für ältere Fußgänger, Benutzer von Bus und Bahn und aktive Kraftfahrer durchführen.[8] Insbesondere ist es erfreulich, daß diese Schulungen Ältere inzwischen zur Mobilität ermutigen. Angesichts der großen Anzahl von Senioren im Straßenverkehr ist die stärkere Berücksichtigung dieser Personengruppe im

Die Reisebranche hat die Senioren als neue Zielgruppe für sich entdeckt, Volkssolidarität Bundesverband e.V., Verlag am Turm, Berlin

Links:
Auch in fortgeschrittenem Alter noch gut zu Fuß: Eine Wanderung in den Bergen, Volkssolidarität Bundesverband e.V., Verlag am Turm, Berlin

5 *International Conference on Transport for the Elderly and Handicapped.* Cambridge 1978; *Conference on the Elderly Mobility Transition*, in Estes Park / Colorado 28.9.–1.10.1991; *Euroconference 1998, Keeping the Elderly Mobile. Outdoor Mobility of the Elerly: Problems and Solutions*; *TRANSED '98. 8th International Conference on Mobility and Transport for Elderly and Disabled People*, Perth / Australien, 21.–23.9.1998.

6 H. Maukisch: *Die alternden Autofahrer: Das Problem der Zukunft?* In: W.-R. Nickel (Hg.): *Fahrverhalten und Verkehrsumwelt.* Köln 1990; Bernhard Schlag: *Fahrverhaltensbeobachtungen bei jüngeren und älteren Kraftfahrern.* Meckenheim 1996; U. Steffens / G. Willmes / R. Gawatz: *Ältere Menschen als Fußgänger im Straßenverkehr. Eine Wirksamkeitsstudie zum DVR-Sicherheitsprogramm.* Bergisch Gladbach 1991.

7 Hans Joachim Förster: *Autoführen im Alter. Mobilität im Alter.* Ostfildern 1991.

8 Allgemeiner Deutscher Automobil Club, Auto Club Europa, Deutsche Verkehrswacht, Evangelisch / Katholische Arbeitsgemeinschaft für Verkehrssicherheit, Bruderhilfe-Akademie, Stiftung Verkehrssicherheit, Bundesvereinigung der Fahrlehrerverbände usw.

Viele ältere Menschen ziehen das Reisen in der Gruppe einem selbstorganisierten Individualurlaub vor, Volkssolidarität Bundesverband e.V., Verlag am Turm, Berlin

Rahmen der Führerscheinlehrgänge für die junge Generation jedoch überfällig.

Noch beeindruckender als die Zunahme der Alltagsmobilität alter Menschen ist der Zugewinn an Mobilität im Alterstourismus. Butterfahrten oder Busreisen mit anschließendem Heimatabend prägten den Reiseaufbruch der Senioren in den 60er und 70er Jahren. Das war jedoch nur eine Übergangsperiode. Inzwischen haben Senioren einen immer größeren Teil der Reiseangebote auch für sich entdeckt. Heute gehören Kreuzfahrten und Studienreisen zu den durchaus üblichen Aktivitäten von Menschen im Rentenalter. Mit einem durchschnittlichen Jahresbudget für Urlaubsreisen von 1992 DM in den neuen Bundesländern Mitte der 90er Jahre[9] ist die Reiselust in den ostdeutschen Seniorenhaushalten besonders hoch. Schon zu DDR-Zeiten waren Senioren dort wegen ihrer größeren Reisefreiheit mobiler als andere Generationen. Sie konnten in den Westen reisen, ihre Kinder nicht. Generell zeigt sich, daß die heutigen Senioren nicht mehr so preissensibel sind wie die Seniorengenerationen vor ihnen und daß Senioren häufiger als Angehörige anderer Altersgruppen mehrmals im Jahr in Urlaub fahren. In der Wahl der Zielorte dominieren aber nach wie vor Deutschland, Österreich und Mallorca.

Der Reisemarkt hat auf die Zunahme der Mobilität älterer Menschen schnell reagiert und die Senioren inzwischen als bedeutende Zielgruppe für sich entdeckt.[10] Reiseberater für Senioren und Reisebüros, die sich auf Reiseveranstaltungen für ältere Menschen spezialisiert haben, sehen sich heute mit der Schwierigkeit konfrontiert, einerseits in ihrer Angebotsgestaltung auf die spezifischen Bedürfnisse von Senioren einzugehen, sich andererseits aber von dem stigmatisierenden Image der ›Seniorenreise‹ zu lösen.[11]

Ähnliches gilt für die horizontale Mobilität von Senioren. Nach dem Ausscheiden aus dem Berufsleben und dem Eintritt in eine neue Lebensphase wechseln immer mehr Senioren auch ihren Wohnort. Sie sind räumlich mobiler als die 45- bis 55jährigen. Die Entscheidung, den Wohnort zu wechseln, wird größtenteils von dem Bestreben geleitet, sich dort niederzulassen, wo Natur, soziale Kontakte und Infrastruktur (in dieser Reihenfolge!) attraktiver sind als dort, wo man bisher zuhause war.[12] In den Vereinigten Staaten ist dieses Phänomen noch ausgeprägter. Dort ziehen viele Senioren nach ihrer Pensionierung in den sonnigen Süden, nach Florida oder nach Kalifornien.[13]

Anders ist der Befund bezüglich der vertikalen Mobilität, dem sozialen Auf- oder Abstieg. Die Chance zu einem deutlichen sozialen Aufstieg im Alter ist nach wie vor viel geringer als in jüngeren Jahren. Im Gegensatz zu vor- und frühindustriellen Gesellschaften ist aber auch der soziale Abstieg im Alter seltener geworden. Welche langfristigen Folgen die Erhöhung der sozialen Sicherheit im Alter für die vertikale Mobilität haben wird, läßt sich vom heutigen Standpunkt aus nur schwer abschätzen. Es ist durchaus möglich, daß die ›dritte Generation‹ von den Senioren selbst als Chance begriffen wird, Neues zu versuchen. Dann wird auch die vertikale Mobilität im Alter zunehmen.

Die Zukunft der Altersmobilität

Durch die neuen Kommunikationstechnologien, insbesondere durch das Fernsehen und das

9 *Statistisches Jahrbuch für die Bundesrepublik Deutschland.* Stuttgart 1997.

10 Eberhard Gugg: *Senioren auf Reisen. Touristischer Wachstumsmarkt Nr. 1. Eine Untersuchung zu Volumen und Struktur des zukünftigen Seniorenreisemarktes mit Marketingrichtlinien für die Tourismuswirtschaft und Hotellerie.* Bonn 1997.

11 Ingo Füsgen: *Reisen im Alter. Urlaub und Kur für ältere und behinderte Menschen.* München 1983.

12 Franz-Josef Kemper / Wolfgang Kuhls: *Wanderungen älterer Menschen im ländlichen Raum am Beispiel der nördlichen Landesteile von Rheinland-Pfalz.* Bonn 1986, S. 57; Klaus Friedrich: *Intraregionale und interregionale Muster und Prinzipien der Mobilität älterer Menschen. Expertise für die Enquete-Kommission ›Demographischer Wandel‹ des Deutschen Bundestags.* Darmstadt 1994.

13 Herbert C. Northcott: *Changing residence. The geographic mobility of elderly Canadians.* Toronto 1988.

Links:
Auf zu neuen Horizonten!
Volkssolidarität Bundesverband e. V., Verlag am Turm, Berlin

Telefon und zunehmend auch durch das Internet, hat sich der Spielraum der Senioren noch einmal entscheidend vergrößert. Informationen, Kontakte, Besorgungen und Entdeckungen sind heute auch ohne physische Fortbewegung möglich. Wird das Reisen von Senioren deshalb abnehmen? Das ist wenig wahrscheinlich. Die Anlässe und die Bereitschaft zum Reisen und zur Bewegung werden, vermittelt durch moderne Kommunikationsmittel, insgesamt eher noch weiter zunehmen. Wer miteinander telefoniert, besucht sich auch öfter, wer per Internet eine Reise buchen kann, fährt auch eher los.

Es ist zu vermuten, daß infolge der zunehmenden Individualisierung der Gesellschaft, infolge neuer Ziele und Gestaltungsspielräume die persönliche Mobilität für Senioren zukünftig noch wichtiger werden wird. Deshalb ist es sinnvoll, die Mobilität älterer Menschen gezielt weiter zu fördern. Dies würde nicht nur die Lebensqualität in der ›dritten Generation‹ weiter steigern, sondern der Wirtschaft auch neue Geschäftsfelder erschließen. Diskutiert werden zum Beispiel die Entwicklung seniorengerechter Fahrzeuge und die Organisation von Fahrgemeinschaften aller Art, insbesondere auf dem Dorf, wo ältere Mitbürger eventuell einen gemeinsamen Fahrzeugpool nutzen könnten. Auch Seniorenwohnheime könnten Mitglied bei Car-Sharing-Firmen werden und entsprechende Car-Sharing-Parkplätze so im Bereich von Wohnheimen installieren, daß die Autos (ggf. mit einem Zivildienstleistenden als Chauffeur) für die Bewohner zugänglich sind. Kurz: Die Mobilitätsbedürfnisse der ›dritten Generation‹ sind noch keinesfalls erschöpft und bieten viel Raum für neue, attraktive Lösungen.

Markus Borchelt

Droge Mobilität

Krankengymnastik fördert die Funktionsfähigkeit des alternden Körpers, Bundesarbeitsgemeinschaft der Senioren-Organisationen (BAGSO), Bonn

Mobilität ist ein Modewort. Ein Modewort, das unsere moderne Gesellschaft kennzeichnet. Mobilität wird vielfach gleichgesetzt mit Flexibilität, Aktivität und Unabhängigkeit. Der Arbeitsmarkt fordert beispielsweise Mobilität ein, womit gemeint ist, daß wir über genügend Flexibilität verfügen sollen, um unseren Wohnort zu wechseln, wenn es die Arbeitssituation erfordert. In der Arbeitswelt kennen wir außerdem die horizontale und die vertikale Mobilität, den Wechsel des Arbeitskontextes sowie das Auf- und Absteigen auf der Karriereleiter. In der Freizeit sind wir ebenfalls gerne mobil, am liebsten mit dem Auto, aber auch mit der Bahn und dem Flugzeug. Und schließlich ist Mobilität auch immer noch etwas Körperliches. Moderne Bewegungssportarten machen Mobilität zum Kult. Körperliche Beweglichkeit und Fitneß sind ebenso gefordert wie die eingangs erwähnten Formen der Mobilität, die nicht unmittelbar oder nicht unbedingt mit körperlicher Bewegung zu tun haben. Und noch da, wo wir fast völlig bewegungslos sind, nur die Augen und vielleicht eine Hand bewegen, reden wir immer noch (oder erst recht) vom ›Informationshighway‹, auf dem ›gesurft‹ wird – eine Metaphorik, die sich ganz aus dem Mobilitätsdenken speist.

Mobilität ist Dynamik. Und Mobilität steht für Freiheit und Autonomie. Sind wir mobil, frei und autonom nur solange, bis wir in den Ruhestand treten? Wohl kaum. Nicht von ungefähr ist das Wort vom ›Unruhestand‹ längst schon erfunden. Im Alter werden viele von uns erst recht zu Reiseweltmeistern oder erorbern sich soziale Kontexte zurück, für die zuvor die Zeit fehlte. Man geht in die Oper oder spazieren oder in der Gartenarbeit auf. Und erst kürzlich ist einer von den ›Alten‹ nach vielen durchlebten Jahrzehnten noch einmal in den Weltraum aufgebrochen und wohlbehalten wieder zurückgekehrt. Die Jahre, die einer zählt, können also nicht allein entscheidend sein dafür, wie mobil, wie flexibel und aktiv er ist. Das Ruhestandsalter ist ebenso willkürlich gewählt wie das der Volljährigkeit.

Und dennoch ändern sich die Dinge mit dem Altern. Für den einen früher, für den anderen später, aber sie ändern sich doch erschreckend zwangsläufig. Wobei das Erschrecken nur zu einem Teil aus dem inzwischen fast universal gewordenen Mobilitäts(wunsch)denken herrührt, welches Mobilität als Droge im Sinne eines Suchtmittels zu benötigen vermeint. Zum anderen rührt das Erschrecken doch wohl auch daher, daß wir ahnen, vielleicht auch schon wissen, daß Mobilität im Alter in biologischer Hinsicht überlebenswichtig wird. Davon soll hier vor allem die Rede sein.

Zunächst sei vorangestellt, daß wir Alter in diesem Zusammenhang biologisch auffassen müssen. Manch einer kann bereits mit 55 Jahren alt sein, manch andere ist es noch nicht mit 80 Jahren. Was einen alten Menschen in diesem Sinne alt macht, ist nicht die Zahl seiner Jahre, sondern der veränderte Zustand seiner Körperfunktionen. Sehen, Hören, Denken und eben Beweglichkeit sind dabei die Funktionen, an denen das biologische Alter am deutlichsten erkennbar wird.

Was passiert mit unserer körperlichen Beweglichkeit, wenn wir altern? Man muß sich vergegenwärtigen, daß beispielsweise unsere Muskulatur genauso alt ist wie wir selbst. Wie unser Gehirn, so bildet auch die Muskulatur im Laufe des Lebens keine neuen Zellen. Etwas überspitzt läßt sich sagen, daß sie von Anfang an und unausweichlich stirbt. Auch bei gesündester Lebensweise werden wir früher oder später erleben, wie beschwerlich das Tragen einer Einkaufstasche, das Treppensteigen oder einfach nur das Aufstehen aus dem Bett sein kann, wenn die Kräfte nachlassen. Die individuelle Spannweite der Lebensjahre, in denen diese Veränderungen spürbar werden, ist allerdings beträchtlich. Für die meisten von uns ist bis in die achte Lebensdekade keine nennenswerte Abnahme der Muskelkraft zu verzeichnen, danach allerdings wird sie praktisch zur Regel.

Etwas komplexer ist der Alterungsverlauf der übrigen Teile unseres Bewegungsapparates. Der Aufbau der Knochensubstanz etwa vollzieht sich vergleichsweise langsam und reicht bis in das 30. Lebensjahr hinein. Erst zu diesem Zeitpunkt hat das Skelett seine höchste Dichte (d.h. den höchsten Kalkgehalt) und damit seine größte Stabilität erreicht. Danach allerdings nimmt die Knochendichte kontinuierlich ab, je nach körperlicher Belastung und Konstitution mehr oder weniger schnell. Bei Frauen beschleunigt sich dieser Prozeß noch einmal nach den Wechseljahren, wenn die Produktion der weiblichen Geschlechtshormone, die einen positiven Einfluß auf den Knochenstoffwechsel ausüben, nachläßt. Mit der Abnahme der Knochendichte steigt die Gefahr eines Knochenbruchs. Während sich jüngere Menschen in ihrem ungestümen Vorwärtsdrang häufig die Arme brechen, da sie eher nach vorne fallen und sich mit den Armen abzustützen suchen, brechen sich ältere Menschen, die eher zur Seite fallen oder in sich zusammensacken, häufiger die Beine, am häufigsten die Hüfte, genauer gesagt den hüftnahen Schenkelhals. Jeder Knochenbruch wiederum schränkt die Mobilität erheblich ein, gerade wenn zur Heilung eine Ruhigstellung der betroffenen Gliedmaßen erforderlich wird.

Aktiv gegen die Immobilität: In Sportvereinen und Volkshochschulen finden Senioren reichlich Gelegenheit zu sportlicher Betätigung, Bundesarbeitsgemeinschaft der Senioren-Organisationen (BAGSO), Bonn

Was in jüngeren Jahren vielfach eher ein Ärgernis ist, kann sich im Alter durchaus zur Bedrohung auswachsen. Die Altersmedizin kennt und fürchtet das ›Immobilisationssyndrom‹, das aus einem solchen Knochenbruch resultieren kann. Denn es sind ja oft nicht nur die Knochen, die gealtert sind, sondern ebenso auch andere Organsysteme. Die Durchblutung der Haut ist im Alter beispielsweise schlechter, so daß bei Bettlägerigkeit die Gefahr der Entwicklung von Druckgeschwüren groß ist. Da auch die Immunabwehr weniger zuverlässig reagiert, können sich solche Geschwüre leicht infizieren, was die Gefahr einer Blutvergiftung (Sepsis) mit sich bringt. Eine Lungenentzündung ist ebenfalls eine gefürchtete Komplikation der Immobilisation mit Bettlägerigkeit im Alter. Neben diesen unmittelbar lebensbedrohlichen Folgekrankheiten beschleunigt die Immobilisation aber auch die Altersveränderungen des Bewegungsapparates, also die Abnahme von Muskelkraft, Knochendichte und Gelenkbeweglichkeit. Je länger eine Immobilisation im Alter anhält, desto schlechter werden die Aussichten, diesen Circulus vitiosus wirksam zu durchbrechen.

Damit sind wir bereits an einem Punkt, an dem ersichtlich wird, in welcher Hinsicht Mobilität als Droge aufgefaßt werden kann, wenn wir über das Alter und den alternden Menschen

Rechts:
Auch bei eingeschränkter körperlicher Mobilität sind kleinere Unternehmungen möglich. Für das psychische Wohlbefinden sind sie von großer Bedeutung, Volkssolidarität Bundesverband e.V., Verlag am Turm, Berlin

nachdenken: nicht im Sinne eines schädlichen Genußmittels, sondern im Gegenteil im Sinne eines unverzichtbaren Heilmittels. In der Altersmedizin heißt diese Droge Mobilisation, und sie ist vielfach wichtiger als alle Drogen im herkömmlichen Sinne, sprich: Medikamente. Ein biologisch alter Mensch, der seine Mobilität verliert, ist unmittelbar vital gefährdet. Oberstes Prinzip muß daher sein, seine Mobilität zu erhalten, ihn im wahrsten Sinne wieder zu mobilisieren. Dabei müssen die Lebensumstände und das Lebensumfeld des alten Menschen miteinbezogen werden. Mobilität und Mobilisation sind in diesem Sinne physisch, mental, seelisch und sozial aufzufassen.

Mobilität und Lebensumfeld – wie hängt das zusammen? Nun, man kann körperliche Einschränkungen, die das biologische Alter mit sich bringt, als im Alltagsleben störend ansehen. Das Nachlassen der Sehkraft wie der Feinmotorik behindert im Umgang mit so unterschiedlichen Dingen wie Geld, Medikamentenverpackungen und Fahrscheinautomaten; eine verminderte Beweglichkeit behindert bei der Benutzung öffentlicher Verkehrsmittel, ja bereits das Erreichen und Verlassen der eigenen Wohnung über unzureichend beleuchtete, schmale Treppen mit hohen Stufen und ohne beidseitiges Geländer. Dies sind Lebensumstände, die wir selbst mitgestalten, wenn wir zwischen 30 und 60 Jahren sind, wenn wir noch kein Problembewußtsein dafür haben, ob die mobile Welt, die wir uns einrichten, uns wohl auch noch im Alter mobil sein lassen wird.

Probleme hausgemacht: In einer hochmobilen Gesellschaft können ältere Menschen in vielen Bereichen nicht mehr mithalten, Unimagazin Zürich 1/99, Foto: Lothar Letsche

Nehmen wir die Steuerung des Verkehrsflusses durch Ampelschaltungen als Beispiel. Jeder von uns bevorzugt beim Autofahren die ›grüne Welle‹, Rotphasen sind also entsprechend kurz gehalten. Für das Überqueren einer Straße bei Grün müssen wir als Fußgänger eine Gehgeschwindigkeit von mindestens einem halben Meter pro Sekunde vorlegen. Wie lange aber ermöglicht es uns die Biologie, diese Gehgeschwindigkeit beizubehalten? Müssen wir uns als behindert ansehen, sobald wir langsamer geworden sind? Oder ist es nicht vielmehr diese Art der Umwelt, die uns behindert? Und wie lange sind wir geschickt genug, eine Medikamentenverpackung selbständig zu öffnen? In einen Bus einzusteigen und sicher Platz zu nehmen, während dieser bereits anfährt? Aus dieser Sicht scheint es so, als ob das Leben von gestern, die jugendliche Sucht nach Mobilität, das Leben im Alter erschwert und etwas von der gerade im Alter überlebenswichtigen Mobilität nimmt.

Geht es zu weit, wenn wir uns Mobilität im Alter als eine Art Überlebensdroge vorstellen? Das Immobilisationssyndrom in der Altersmedizin ist ja nur ein Beispiel für die immense Bedeutung der Mobilität im Alter. Es lohnt sich, hier noch einmal genauer hinzuschauen. Inzwischen hat sich der medizinische Blick auf das Alter und das Altern erheblich gewandelt. Der Aspekt der ›funktionellen Gesundheit‹ wird heute gegenüber dem der Organgesundheit stärker in den Vordergrund gerückt. Was heißt das? Der Begriff der funktionellen Gesundheit, so wie er von der Altersmedizin inzwischen verstanden wird, beschreibt zu einem großen Teil mobilitätsabhängige Aktivitäten des täglichen Lebens: Einkaufen, Hausarbeiten verrichten, Treppensteigen, Aufstehen und Hinsetzen, die Gehgeschwindigkeit, das Gleichgewicht, das Gangbild und anderes mehr. Es hat sich gezeigt, daß die Fertigkeit, die Funktionstüchtigkeit gerade in diesen Bereichen im Alter mehr über die weitere Lebenserwartung aussagt als die mit herkömmlichen medizinischen Methoden – seien es nun Blutuntersuchungen, Lungenfunktionsprüfungen oder Elektrokardiographien – meßbare Organgesundheit. Auch die umfassendste Diagnostik von organbezogener Morbidität scheint in ihrer Aussagekraft hinsichtlich Mortalität und Überlebenswahrscheinlichkeit im Alter hinter den durch die direkte Messung von Mobilität und anderen funktionellen Aspekten der Gesundheit zu gewinnenden Ergebnissen zurückzustehen. Viele Altersmediziner nehmen an, daß dieser Zusammenhang unter anderem auch darauf beruht, daß Mobilität sehr viel mit Autonomie zu tun hat. Es ist zwar hilfreich, wenn uns jemand den Einkauf abnimmt, aber auch gleichbedeutend damit, nicht mehr allein darüber bestimmen zu können, wann welche Vorräte, Gerätschaften, Zeitschriften, Luxusartikel und anderes mehr im Haushalt verfügbar sind. Mobilität ist auch Teilhabe. Wir sind und fühlen uns eher als Teil des Ganzen, wenn wir uns aktiv in ihm bewegen, als wenn wir zu Hause sitzen und die Nachrichten im Fernsehen anschauen. In diesem Sinne scheint unser Leben nicht dann an einem Endpunkt angelangt zu sein, wenn wir in den sogenannten Ruhestand versetzt werden, sondern dann, wenn wir zum Stillstand kommen, wenn Beweglichkeit und Mobilität verlorengehen. Die anglo-amerikanische Altersmedizin unterscheidet – durchaus in diesem Sinne – für das Alter bezeichnenderweise zwischen den ›go-gos‹, den ›slow-gos‹ und den ›no-gos‹.

Orbit-Oldie John H. Glenn 1998: Der Senator von Ohio im Raumanzug vor dem Start der Space Shuttle Mission STS-95, Ullstein – Reuters AG

Mobilität ist und bleibt unser aller Wunsch. Für uns alle ist sie eine Droge, im doppelten Sinne: Suchtmittel in der Jugend und Heilmittel im Alter. Wobei Jugend und Alter, wie wir sahen, biologisch verstanden werden müssen: Es gibt jugendliche 80jährige ebenso wie vorgealterte 40jährige. Für die Jugendlichen aller Altersgruppen ist Mobilität selbstverständlich. John Glenn und Luis Trenker sind ebenso berühmte wie beliebte Beispiele dafür, wie wenig abhängig Mobilität von gezählten Lebensjahrzehnten sein muß. Und doch sind diese beiden auch Beispiele für unser aller Mobilitätswahn. Wir bewundern sie, weil sie trotz ihres vorgerückten Alters in dieser mobilen Welt bestehen. Und wir täuschen uns, die wir nicht gerne an das biologische Altsein denken wollen, darüber hinweg, daß die Lebenswelten, die wir uns einrichten, für ein biologisch verstandenes Alter in vielerlei Hinsicht eben noch nicht altersgerecht sind.

Ein Arbeitsleben bis ins hohe Alter: Auch das alte Paar ist noch mit kleineren Arbeiten beschäftigt, um 1930, Westfälisches Freilichtmuseum Detmold, Bildsammlung: Bildsuchaktion der Volksbanken und Spar- und Darlehenskassen (Kat. 4.2.13)

Der Draht zur Welt

Die Familie vor der Gartenlaube: nicht nur idealtypische Fiktion, sondern auch idyllische Realität, um 1925, Bildarchiv Preußischer Kulturbesitz, Berlin (Kat. 4.1.05)

Wie in der Landwirtschaft, so suchte man auch im Handwerk eine starre Altersgrenze lange Zeit vergebens. Für den alten Holzschuhmacher bestimmten Arbeit und Arbeitsgespräche den Tagesablauf, um 1930, Landesbildstelle Westfalen, Münster (Kat. 4.2.04)

Alter Hufschmied mit Geselle bei der Arbeit, 1959, Landschaftsverband Rheinland – Medienzentrum Rheinland, Düsseldorf (Kat. 4.2.06)

Vom aktiven Sport zur gemütlichen Geselligkeit: Die Veteranen eines Bielefelder Turnvereins – Durchschnittsalter 81 – beim wöchentlichen Stammtisch, 1961, Stadtarchiv und Landesgeschichtliche Bibliothek Bielefeld (Kat. 4.2.22)

›Ein geselliger Nachmittag‹, 1976, Stadtarchiv und Landesgeschichtliche Bibliothek Bielefeld (Kat. 4.2.28)

Links und rechts:
Ehepaar beim Bridge,
Videoinstallation von
Wolfgang Käppner und
Jan Sturm, Karlsruhe
1999 (Kat. 4.3.01)

Rechts und links:
Ältere Damen in der Gymnastikstunde, Videoinstallation von Wolfgang Käppner und Jan Sturm, Karlsruhe 1999 (Kat. 4.3.01)

Arbeit ist das ganze Leben: ›Meister Timpe‹

Die hier vorgestellte historische Biographie ist fiktiv. Sie bildet den Kern des 1888 entstandenen sozialkritischen Romans ›Meister Timpe‹. Der Autor Max Kretzer beschreibt im Rahmen einer Familiengeschichte den Niedergang des Handwerks und den Aufstieg der Industrie in der ›Gründerzeit‹ des späten 19. Jahrhunderts.

Drechslermeister Johannes Timpe ist 1817 geboren und zum Zeitpunkt der Handlung bereits über 60 Jahre alt. An Ruhestand ist jedoch noch lange nicht zu denken. Auch der Vater, der – weit über 80 Jahre alt – im Handwerkerhaushalt lebt, hatte den Betrieb erst nach seinem 70. Geburtstag an den Sohn weitergegeben. Und zwar erst dann, als seine körperlichen Kräfte nachließen.

In den vertonten Dialogen geht es um konkrete Arbeitssituationen in der Drechslerwerkstatt und um die Weitergabe der handwerklichen Fertigkeiten des alten Meisters an die Gesellen und Lehrlinge. In einer Welt des technischen und wirtschaftlichen Umbruchs wird aber ein anderes Thema dominant: die Existenzangst angesichts der übermächtigen Industrie. Sie beherrscht nicht nur die Kommunikation am Arbeitsplatz und in der Familie, sondern sie sorgt auch in der knapp bemessenen Freizeit am Stammtisch in der Eckkneipe für reichlich Gesprächsstoff.

Tabellarischer Lebenslauf von ›Meister Timpe‹

Geboren 1817 in Berlin, Vater Drechslermeister, Mutter Hausfrau, zwei Brüder

Heirat 1855, drei Kinder, geboren 1856, 1857, 1859

Ausbildung

1823–1831	Besuch der vierklassigen Volksschule
1831–1834	Lehrling im väterlichen Betrieb
1834–1837	Wanderjahre als Drechslergeselle

Beruf

1838–1862	Geselle im väterlichen Betrieb
1862	Übernahme des Handwerksbetriebes
1865	Erweiterung des Betriebes. Es werden nun acht Gesellen und drei Lehrlinge beschäftigt.
1875	Timpe erhält vom Unternehmer Urban ein verlockendes Kaufangebot für Grundstück und Drechslerwerkstatt. Der Industrielle will die handwerkliche Konkurrenz ausschalten. Auch mit Rücksicht auf den alten Vater lehnt Timpe ab.
seit 1878	Mit dem Handwerksbetrieb geht es bergab. Der immer stärkeren industriellen Konkurrenz ist Timpe nicht gewachsen. Nach und nach müssen sechs Gesellen entlassen werden.
1886	Der Handwerksbetrieb ist fast völlig ruiniert. Timpe behält nur noch seinen Altgesellen. Die Zwangsversteigerung kann gerade noch verhindert werden.
1888	Die wirtschaftliche Lage ist aussichtslos und der geschäftliche Ruin nicht mehr aufzuhalten. Der Gerichtsvollzieher kündigt die Räumung des Hauses an. 71jährig begeht Timpe Selbstmord.

Kommunikation

Gesprächspartner: der alte Vater, ein Geselle, ein Lehrling, ein Industrieller, die Handwerksmeister aus dem Stadtviertel, Nachbarn

Gesprächsorte: Garten, Werkstatt, Eckkneipe

Gesprächsthemen: Vermittlung handwerklicher Fähigkeiten, Verkauf der Drechslerwerkstatt, Verhältnis von Handwerk und Industrie, Handwerkspolitik

Neue Kontakte im Internet: Hilla W. (geboren 1918)

Neugierig auf Technik war Hilla W. schon immer. Elektrische Hausgeräte repariert sie selbst. Die hauseigene Alarmanlage hat sie selbst entworfen und gebaut. Seit ihrem 78. Lebensjahr benutzt sie einen Computer mit Internet-Anschluß. An den per elektronischem Brief geknüpften Kontakten schätzt sie den sehr persönlichen Umgang. In den allabendlichen Gesprächen geht es um den Lebensalltag, Teilnahme an Sorgen und Freuden sowie den Austausch von Computertips. Die Aneignung dieser neuen Kommunikationstechnik ermöglicht Hilla W. generationen-übergreifende Gespräche und weltweite Kontakte, die sie auch dann noch sehr intensiv und aktiv gestalten kann, sollte sie einmal in ihrer Bewegungsfreiheit eingeschränkt sein.

Wohnsituation und Mobilität von Hilla W. entsprechen dem Gesamtbild der neuen Altengeneration. Seit 30 Jahren lebt sie mit ihrem Mann in dem Haus, das sie zusammen mit Mann, Sohn und verwitweter Mutter in ihrem fünften Lebensjahrzehnt bezogen hat. Weniger normal ist der fast tägliche Kontakt zum Sohn, der im Elternhaus einen Raum als Büro nutzt. Der vor 17 Jahren begonnene Ruhestand brachte Zeit für weite Reisen mit dem Campingbus. Auch heute dient ihr dieser Bus noch zu Reisen innerhalb Deutschlands. Ziel sind dabei auch die neuen Internet-Freundinnen und -Freunde.

Tabellarischer Lebenslauf von Hilla W.

Geboren 1918 in Babelsberg, Vater Buchdruckermeister, Mutter Hausfrau, keine Geschwister

Heirat 1944, ein Sohn, geboren 1947

Ausbildung

1924–1932	Schule, im ersten Schulzeugnis steht: »Hilde hat zeichnerisches Talent.«
ab 1926	Zeichnungen und Linolschnitte für das ›Kunstblatt der Jugend‹
1933–1939	Autodidaktische Grundausbildung als Graphikerin
1938	Führerschein Klasse 3
1945	Weiterbildung als engste Mitarbeiterin des Ehemannes, der Graphiker und Kartograph ist
1955	Ausbildung als Verlegerin
1956	Prüfung an der IHK Berlin zur Zulassung als Verlegerin

Beruf

1947–1957	Graphikatelier in Berlin zusammen mit dem Ehemann
1957–1960	Herausgabe einer von ihrem Mann gezeichneten und von ihr kolorierten Berlin-Bild-Karte. Anfertigung von Bild-Karten für Industrieunternehmen (VW, Hüttenwerk Oberhausen, Chemische Werke Hüls, August Thyssenhütte usw.). Umzug des Ateliers nach Xanten-Marienbaum
1960–1962	Anstellung als Graphikerin bei Bertelsmann und Umzug nach Gütersloh
1962	Erneute Selbständigkeit
1969	Einrichtung eines Ateliers im neu bezogenen Eigenheim in Bielefeld
1981	Beginn des Rentenbezugs. Nutzung des Ateliers für Freizeitprojekte
1990–1993	Großes Freizeitprojekt: Zeichnung einer Bild-Karte von Potsdam um 1936
1996–1997	Atelier wird zu einem Wohnzimmer umgestaltet

Kommunikation

1994	Sohn schenkt Hilla W. einen Computer, Anfertigung von Zeichnungen und Postbriefen
1996	Sohn schenkt Hilla W. ein Modem, dadurch Zugang zum Internet. Erste Kontakte in den USA mit zwei Frauen, einer Kapellmeisterin und einer Deutschlehrerin. Zeitungsbericht in der Lokalpresse beschert viele Zuschriften. Auch dpa, Hörfunk und Fernsehen berichten
1996	Treffen mit der Deutschlehrerin aus den USA in München. Besuch der Kapellmeisterin in Bielefeld
1997	Ca. 42 Internet-Partnerinnen und -Partner zwischen 14 und 65 Jahren, allabendliche Korrespondenz bis in die Nacht zwecks Kosteneinsparung
1998	Bericht im Magazin ›Stern‹ bringt ca. 70 neue Kontakte

Jürgen Büschenfeld und Katharina Schicke

Kommunikation und soziale Teilhabe im Alter

1 Axel Schildt / Arnold Sywottek (Hg.): *Modernisierung im Wiederaufbau. Die westdeutsche Gesellschaft der 50er Jahre.* Bonn 1993, S. 477–492, hier S. 477.

2 Ulrich Beck: *Risikogesellschaft. Auf dem Weg in eine andere Moderne.* Frankfurt/M. 1986, S. 213.

In der Gegenwart eröffnen alte und neue Informationstechnologien jedem einzelnen unzählige ›Drähte zur Welt‹ – und diese glühen geradezu. Mit einem heftig umkämpften Telefonmarkt und den Datenautobahnen des Internet werden Kommunikationsnetzwerke in einem nie gekannten Ausmaß bereitgestellt. Ein scheinbar grenzenloses Kommunikations- und Informationsbedürfnis feiert sich selbst. Auch die alten Menschen werden fit gemacht für das Informationszeitalter. »Senioren ans Netz«, fordert eine vom Bundespräsidenten unterstützte Initiative, die Computerschulungen und Einführungen in die Nutzung des Bildtelefons offeriert. Mit dem ›Seniorweb‹ erschließen sich auch alten Menschen weltweite Kontakt- und Informationschancen.

Ähnliche Möglichkeiten bietet das Fernsehen schon seit den 50er Jahren. »Vis-à-vis-Situationen« als »Prototypen aller gesellschaftlichen Interaktionen«[1] konnten nun – scheinbar – per Tastendruck entstehen. Und doch sind sie nur Surrogate von Wirklichkeit. Auf dem »Dorfplatz des Fernsehens«, so der Soziologe Ulrich Beck, konsumieren wir die Nachrichten von der Welt, führen wir – bestens informiert – eine medienvermittelte »räumlich-soziale Doppelexistenz«.[2]

Senioren surfen durchs Internet, Nürnberger Nachrichten, 17. März 1998, Nürnberg

Auch aus historischer Perspektive war und ist Kommunikation immer und überall. Sie ist Grundvoraussetzung für das menschliche Zusammenleben und für soziale Teilhabe schlechthin, so selbstverständlich wie die Luft zum Atmen. Gerade deshalb ist diese Thematik für viele Wissenschaftler offenbar kaum der Rede wert. Prüft man die Literatur zur Sozial- und Kulturgeschichte des Alters, so stellt man fest, daß Kommunikation als eigenständige Thematik kaum in Erscheinung tritt. Sie wird im wesentlichen zwischen den Zeilen mitgedacht, wenn von materieller Sicherheit und Armut im Alter, von Wohnformen alter Menschen, ihren Aktivitäten und ihrer Stellung in Haushalt und Familie die Rede ist.

Im Vergleich zur Gegenwart erscheint uns die Zeit unserer Urgroßeltern als eine Welt der Zeitlupen, als bedächtig und leise, ja als merkwürdig stumm. Hatten sich unsere Vorfahren etwa nichts oder zumindest nicht viel zu sagen?

Die vorindustrielle Welt war räumlich klein und überschaubar. Die Erfahrungsräume der Menschen waren ebenso begrenzt wie ihre Kontaktmöglichkeiten. Orte, die nicht zu Fuß oder zu Pferd erreicht werden konnten, lagen außerhalb der kleinen Welten. Von der Ferne hatte man kaum eigene Bilder, man hörte von ihr aus zweiter Hand. Fahrendes Volk und wandernde Handwerksgesellen vermittelten eine gefilterte Sicht. Für Auswanderer, die in den Hungerphasen des 19. Jahrhunderts die Heimat in Richtung Übersee verließen, war es ein Abschied für immer.

Links:
Während die Großmutter kleinere Hausarbeiten erledigt, kann sie gleichzeitig die Enkelin betreuen, 1949, Bildarchiv Preußischer Kulturbesitz, Berlin (Kat. 4.1.12)

Für die zurückgebliebenen Alten boten allenfalls Briefe seltene und mittelbare Kontaktmöglichkeiten.

Gehen wir davon aus, daß zumindest bis zur industriellen Revolution die Kleinräumigkeit für die Kommunikationsstrukturen prägend war, dann interessieren uns in der Retrospektive vor allem die lokalen Kommunikationszusammenhänge ›Familie‹ und ›Arbeit‹. Die für die Gegenwart festzustellende Dominanz der außerhäuslichen Erwerbsarbeit verweist auf eine klare Trennung dieser Kommunikationsfelder. Historisch gesehen waren dagegen durch die Verflechtung von Wirtschaftsweise und Familienleben beide eng miteinander verzahnt. Heute beendet der zeitlich präzise definierte Ruhestand die über Jahrzehnte gewohnte Arbeitskommunikation auf einen Schlag. Für die vorindustrielle Zeit wird man sich dagegen den Übergang in die Altersphase in den meisten Arbeitsmilieus – wie in der Landwirtschaft oder im Handwerk – eher fließend zu denken haben.

Vordergründig sieht es so aus, als sei in der Landwirtschaft mit der Hofübergabe und dem Rückzug des alten Bauern auf das Altenteil eine klare Zäsur gesetzt worden. Bei näherem Hinsehen zeigt sich jedoch, daß die Hofübergabe keineswegs einen Rückzug aus dem Arbeitsleben bedeuten mußte. Im Gegenteil: War das Verhältnis zu den Hofnachfolgern gut, dann wird der alte Bauer auch weiterhin nach Kräften nicht nur mitgearbeitet, sondern auch in den Belangen des Hofes, die ja gleichzeitig die Belange der Familie waren, mitgeredet haben.[3] Mehr noch: In Westfalen galt der Altenteiler offenbar auch weiterhin als Familienoberhaupt mit einer »Vielzahl von Rechten, während der Jungbauer in mancher Hinsicht unselbständig blieb«[4]. Diese herausgehobene Position in der Familie hatte wiederum viel mit Berufswissen und Berufserfahrung zu tun. Vor allem in der Landwirtschaft kam es darauf an, daß das breite Wissen aus einem langen Arbeitsleben auch weiterhin verfügbar blieb. Wo man in Generationen dachte, wo es das vorrangige Ziel war, den Fortbestand des Hofes langfristig zu sichern, da hieß höchstes Alter zugleich größtes Wissen. Der Landwirt, der – wenn man so will – in einer Art konservativen Wissenstransfers sein Arbeitsleben lang die ihm überlieferten Wirtschaftsweisen an die nachfolgende Generation weitergab, repräsentierte gerade auch im

Ferdinand Georg Waldmüller: *Großmutter mit drei Enkelkindern*, 1854, Landesmuseum Oldenburg, Foto: H. R. Wacker

Opfer der ›Geschäftigkeitsethik‹: Rentner tätigt Geschäfte im Grünen, H. Schwarzbach, Argus

Alter die bäuerliche Tradition. Die lange erfolglosen Versuche der Agrarreformer des 18. und frühen 19. Jahrhunderts, landwirtschaftliche Arbeitstechniken und Wirtschaftsformen zu reformieren, sprechen hier eine deutliche Sprache.

Machen wir einen Sprung von der agrarisch strukturierten Gesellschaft zur Leistungsgesellschaft unserer Tage, so vermittelt sich uns ein völlig anderes Bild. Spätestens mit 65 ist heute die Arbeit nicht einmal mehr das halbe Leben. Der materiell abgesicherte Ruhestand gewährt oft ein Übermaß an freier Zeit, das nur kurzzeitig als Glück, schon bald aber als Danaergeschenk empfunden wird.

Der Verlust der Arbeitskommunikation kann durch die Familie allein nicht aufgefangen werden. Zeit und Tagesabläufe – ganz besonders die Frei-Zeit – wollen wohlstrukturiert sein. Bloß keine Langeweile! Bloß nicht ein Zuviel an Zeit! Von der Freizeit bleibt oft nur der Begriff; viele der aktiven Alten unterwerfen sich einem regelrechten Joch von Terminen. So wird sie geformt, die Figur des termingeplagten Rentners: eine paradoxe Figur, weil doch der Ruhestand gerade durch die Auflösung von Zeitzwängen definiert ist.[5] Doch wer zugibt, viel Zeit zu haben, so der Sozialwissenschaftler und Philosoph Niklas Luhmann, der scheide aus der Leistungsgesellschaft aus.[6] Und so erfüllt der immer beschäftigte Ruheständler eine wichtige gesellschaftliche Norm: Er folgt der Geschäftigkeitsethik der Leistungsgesellschaft. Schließlich gehört ein umtriebiger Rentner noch lange nicht zu den Alten. Rastlose Geschäftigkeit zwischen Sport, Bildung, Reisen, ehrenamtlichem Engagement etc. kann somit zur trotzigen Antwort auf den Entzug der Erwerbsarbeit, den »umfassenden Umweltentzug«[7] geraten.

Aber es gibt auch eine positive Seite dieser Medaille. In einer Untersuchung zum ›Ruhestandsparadox‹ wird ein Rentner zitiert, der zwar angibt, aufgrund vieler Hobbys und diverser Ehrenämter kaum noch Zeit zu haben, der aber zugleich für sich eine neue Art der Lebensqualität entdeckt hat: »[...] dann habe ich auch begriffen, warum Rentner keine Zeit mehr haben: Die machen ja alles ganz langsam [...], und das hat man erst lernen müssen«.[8] Zwar bleibt die Aktivität in verschiedenste Richtungen wichtig, aber es wird akzeptiert, daß die Leistungskriterien dieser Aktivitäten nicht länger den Normen der industrialisierten Gesellschaft genügen müssen.[9] Die »Entdeckung der Langsamkeit«[10] wird hier nicht als Bedrohung empfunden und ist auch nicht von Angst vor dem Ausschluß aus der Leistungsgesellschaft begleitet. Sie ist vielmehr Anregung, bei allen Aktivitäten im Alter neuen Zeitmaßen zu folgen.

Massenmedien spielen bei der Tagesstrukturierung von Rentnern eine besondere Rolle. Rund 80 Prozent aller älteren Menschen lesen eine Tageszeitung. Unter all den neuen Gewohnheiten, die nach dem Schock des Ruhestandes eingeübt werden, ist das ausgiebige Frühstück mit intensiver Zeitungslektüre als erster Tagesordnungspunkt besonders beliebt. Über 70 Prozent aller freien Älteren genießen auf diese Weise den Beginn des Tages.[11] Nach dem Frühstück erledigen sie vornehmlich Haus- und Gartenarbeiten, Einkäufe, Arzt- und Behördenbesuche. Erst mit dem Nachmittag beginnt für die meisten die tatsächlich als frei verfügbar empfundene Zeit. Dabei ist das Fernsehen die Freizeitbeschäftigung, der am meisten Zeit gewidmet wird: Mehr als vier Stunden verbringen über 65jährige im Schnitt täglich vor dem Bildschirm, immerhin mehr als eine Stunde länger als der Durchschnitt der Gesamtbevölkerung.[12] Die stärkste Nutzung fällt in

3 Michael Mitterauer: *Problemfelder einer Sozialgeschichte des Alters.* In: Helmut Konrad (Hg.): *Der alte Mensch in der Geschichte.* Wien 1982, S. 9–61, hier S. 21.

4 Mechthild Wiswe: *Alte Landleute.* In: Gerd Biegel (Hg.): *Geschichte des Alters in ihren Zeugnissen von der Antike bis zur Gegenwart.* Braunschweig 1993, S. 171–184, hier S. 180.

5 Jürgen Wolf: *Langeweile und immer Termine. Zeitperspektiven beim Übergang in den Ruhestand.* In: Gerd Göckenjahn / Hans-Joachim v. Kondratowitz (Hg.): *Alter und Alltag.* Frankfurt/M. 1988, S. 200–218, hier S. 200.

6 Vgl. Niklas Luhmann: *Die Knappheit der Zeit und die Vordringlichkeit des Befristeten.* In: Niklas Luhmann: *Politische Planung.* Opladen 1971, S. 143–164, hier S. 156, sowie Wolf (wie Anm. 5), S. 201.

7 Helmut Schelsky: *Die Paradoxien des Alters in der modernen Gesellschaft.* In: Helmut Schelsky: *Auf der Suche nach Wirklichkeit.* Köln 1965, S. 198–221, hier S. 212. Vgl. auch Wolf (wie Anm. 5), S. 202.

8 Zit. nach Wolf (wie Anm. 5), S. 214.

9 Vgl. ebd., S. 215.

10 So der Titel eines Romans von Sten Nadolny: *Die Entdeckung der Langsamkeit.* München 1983.

11 Horst W. Opaschowski: *Psychologie und Soziologie der Freizeit.* Opladen 1988, S. 108.

12 *Media-Perspektiven* (1996) II, S. 578.

die Zeit zwischen 17 und 22 Uhr. Zu den Favoriten gehören Nachrichten- und Sportsendungen, Krimiserien, Talk-Shows, Unterhaltungs- und Volksmusiksendungen. Wer die Wohnung nur schwer verlassen kann, ist nicht wie in Zeiten ohne Radio, Fernsehen und Zeitung auf Besuche angewiesen, die ihn auf dem laufenden halten. Die Massenmedien ermöglichen somit die soziale Teilhabe an der Welt vor der eigenen Haustür und an den Lebenswelten Jüngerer. Doch trotz ihres hohen Stellenwertes: einen echten Ersatz für soziale Integration und emotionale Nähe können diese Medien nicht bieten.

Das Telefon ist hierzu schon eher in der Lage. Es erlangt für alte Menschen eine neue Bedeutung. Mit jemandem zu reden, eine andere Stimme zu hören, ist für ältere Telefonbenutzer dabei wichtiger, als per Telefon Informationen und Rat einzuholen.[13] Alleinlebende ältere Menschen nutzen das Telefon doppelt so häufig wie Ältere in Mehrpersonenhaushalten. Auch bei eingeschränkter Mobilität ermöglicht es aktive Kontaktaufnahme. Ganz wichtig ist das Gefühl der Sicherheit, das das Telefon in Fällen körperlicher Schwäche vermittelt. Hausnotrufdienste haben dennoch erfahren müssen, daß manche Anrufe keine akuten Notfälle, sondern soziale Hilferufe sind. Manche Hausnotrufdienste haben deshalb ihren Service um die Vermittlung von Gesprächskontakten erweitert. Auf diese Weise geschlossene Bekanntschaften führen oft zu einem persönlichen Treffen. Ebenso wird von älteren Internet-Surfern berichtet, die ihre mail-Partner besuchen und auf diese Weise neue Menschen kennenlernen.

Das Telefon ermöglicht soziale Kontakte und vermittelt Sicherheit, Siemens AG, München

Die Nutzung neuer Kommunikationstechniken führt also nicht ausnahmslos, wie oft vermutet wird, zu einer isolierten Lebensweise. Sie können eben auch eine Chance zu neuen Kontakten und persönlicher Begegnung sein.

Der direkte Kontakt zu anderen bleibt auch im Alter ein wichtiges Bedürfnis. Nähe herzustellen, ist das vorrangige Kommunikationsziel älterer Menschen. Das belegen verschiedene kommunikationswissenschaftliche Studien. Die Berliner Altersstudie von 1996 kommt darüber hinaus zu dem Ergebnis, daß Einsamkeitsgefühle nicht nur bei fehlenden Gesprächskontakten entstehen, sondern auch dort, wo es an Gelegenheiten mangelt, Zärtlichkeit zu erfahren und auszutauschen.[14]

Entscheidend für ältere Menschen ist die Stabilität des Kontakts, weniger die Effizienz oder das Niveau.[15] Dies wird verständlich, wenn man sich klarmacht, was Altern tatsächlich bedeutet: die individuelle Erfahrung des Wandels der sozialen Beziehungen, in denen man lebt.[16] Während in jungen Jahren Veränderungen der sozialen Beziehungen durch die Neugier auf kommende

Links:
Zeit für Gefühle: Ein alter Mann überreicht einer alten Frau einen kleinen Blumenstrauß, 1956, Bildarchiv Preußischer Kulturbesitz, Berlin (Kat. 4.2.21)

13 Forschungsgruppe Telefonkommunikation (Hg.): *Telefon und Gesellschaft – Beiträge zu einer Soziologie der Telefonkommunikation.* Berlin 1989, S. 29.

14 *Berliner Altersstudie* 1996, S. 304.

15 Margitta Lambert: *Die kommunikative Etablierung von Nähe. Etholinguistische Untersuchungen der Kommunikation alter Frauen in Altentagesstätte und Altenheim.* Frankfurt/M. 1997, S. 95.

16 Reinhard Sieder/Michael Mitterauer: *Vom Patriarchat zur Partnerschaft – zum Strukturwandel der Familie.* München 1977, S. 170; sowie Leopold Rosenmayr: *Die späte Freiheit. Das Alter – ein Stück bewußt gelebten Lebens.* Berlin 1983, S. 189.

17 Simone de Beauvoir: *Das Alter* [*La Vieillesse*]. Essay. Reinbek 1972, S. 407.

Diese und folgende Seite:
Reisen und Geselligkeit: Variationen der Freizeitkultur älterer Menschen, Volkssolidarität Bundesverband e.V., Verlag am Turm, Berlin

Begegnungen leichter ertragen werden, so geht es in späteren Jahren tatsächlich um Abschiednehmen. Das Lebensumfeld flickt diese Löcher im sozialen Netz nicht mehr automatisch. Der Verlust früherer Arbeitskollegen und der Auszug der Kinder zwingt Paare, eine neue Sprache zu finden. Singles sind gezwungen, ihren privaten Freundeskreis neu zu beleben. Neue Kontakte und Aufgaben, die soziale Bestätigung vermitteln können, müssen aktiv gesucht werden.

Neben Freunden und Nachbarn bleibt die Familie Hauptkommunikationspartner. Entgegen gängiger Meinungen erweist sich das Familiennetz als sehr stabil. Dies führen Alterssoziologen vor allem auf das getrennte Wohnen der Generationen zurück, das der Entfaltung emotionaler Nähe besser Raum gibt. Der Kontakt zu den Enkeln, der im Vergleich zur vorindustriellen Zeit viel länger bewußt erlebt wird, wird als besonders glücklich empfunden. Die Freundschaft mit jungen Menschen ist für Ältere wichtig, weil sie ihnen das Gefühl gibt, »daß die Zeit, in der sie leben, ihre Zeit bleibt«.[17]

Mit der gegenwärtig zu beobachtenden Zunahme der Single-Haushalte und kinderlos bleibenden Paare wird sich die Kommunikationssituation

alter Menschen in den kommenden Jahrzehnten jedoch weiter verändern. Wer nach dem Tod der Eltern keine eigenen Familienangehörigen mehr hat, der ist, will er nicht völlig vereinsamen, auf Freunde angewiesen. Schon heute sind durch die gesteigerte Mobilität älterer Menschen Freundeskreise weiter gezogen als früher. Jenseits des Jahres 2030 aber wird für rund ein Drittel bis die Hälfte aller älteren Menschen ein stabiler Freundeskreis der wichtigste Ort zur Herstellung von Nähe sein.

Gemeinsam mit Freunden Traditionen einzuüben und eine Stabilität der Beziehungen zu erreichen, die einen ins Alter und im Alter trägt, erfordert

lebenslange ›Netzwerkarbeit‹. Eine Arbeit freilich, die sich lohnen kann: Im Rahmen bewährter Freundeskreise müssen alte Menschen eben nicht permanent die eigene Leistungsfähigkeit unter Beweis stellen. Im Kreis der Freunde, im gegenseitigen Erfahrungsaustausch, gestaltet sich die »Entdeckung der Langsamkeit« womöglich als gruppendynamischer Prozeß, erhält die Zeit ein neues Maß. Vielleicht ist dies ja der Schlüssel für ein aktives, erfolgreiches und vor allem kommunikatives Altern.

Susanne Frohriep, Hans W. Jürgens und Robin Lohmann

Das Bild des Alters in der Werbung

Rechts:
Der ›Großvater‹: Werbeanzeige der Deutschen Bundesbank, 1998/99

Die Werbung spiegelt die Werte der Gesellschaft, in der sie entstanden ist, und kann daher als Informationsquelle für das Verständnis des Alterns genutzt werden. So formuliert Harris: »Die Öffentlichkeit kritisiert nicht generell die Darstellung der Älteren in den Medien. Das könnte bedeuten, daß die Medien die Stereotype zeigen und aufrecht erhalten, die die Öffentlichkeit sowieso innehat.«[1]

Es gibt zahlreiche Möglichkeiten, Altersabschnitte einzuteilen und zu klassifizieren, z.B. anhand sozialer, kognitiver, physischer oder chronologischer Kriterien. Da es nur wenige konkrete biologische Grenzen gibt, wurde für zwei Kieler Untersuchungen von 1992 und 1993, die sich mit der Darstellung älterer Menschen in den Medien befaßten[2], eine chronologische Differenzierung herangezogen, nach der ein Mensch von über 60 Lebensjahren als ›alt‹ galt.

Typenbildung

In der typologischen Arbeit der Anthropologie werden aus einer undifferenzierten Gesamtheit nach definierten Kriterien Gruppen gebildet. Dazu wurden hier zunächst nach optischen Markern ältere Personen identifiziert. Bei diesen Markern handelt es sich um sichtbare irreversible Merkmale, die altersindizierend sind, wie Faltenbildung, Haardepigmentation, Haarausfall und Veränderungen der Weichteile. Anschließend wurden qualitative Zuordnungen vorgenommen, die morphologische Merkmale, soziale und psychologische Konnotationen einbezogen und acht Hauptkategorien der Darstellung älterer Menschen deutlich werden ließen.

1. Der Großvater/die Großmutter: Dieser entweder als glückliches altes Paar oder im Zusammenhang mit Enkelkindern auftretende Typus ist gekennzeichnet durch das Zusammenwirken morphologischer und sozialer Komponenten.

Die morphologischen Merkmale werden meistens so gewählt, daß ein Kontrast zu Protagonisten einer jüngeren Generation entsteht. Grau- oder Weißhaarigkeit und Faltenbildung sind nahezu immer vertreten. Der Typus repräsentiert Wärme, Geborgenheit, Lebenshilfe und Gemütlichkeit und wirkt persönlich und glaubwürdig auf den Betrachter. Der Großelterntypus wird oft in der Werbung für Gesundheitsprodukte eingesetzt.

2. Die traditionelle Hausfrau: Dieser weibliche Typus repräsentiert Werte der Mittelschicht wie Sauberkeit, Ordnung und Familie, der Haushalt ist der wichtigste Einflußfaktor. Die traditionelle Hausfrau ist morphologisch gekennzeichnet durch einen eher robusten bis pyknischen Körperbau mit rundlichen Gesichtsformen, häufig ergänzt durch dauergewellte Haartracht. Farbgebung und Schnitt der Bekleidung sind traditionell und praktisch (z.B. Schürze, flache Schuhe). Das soziale Umfeld wird bestimmt durch stabile und

1 Louis Harris u.a., *The Myth and Reality of Aging in America*, Washington D.C. 1976, S. 192ff.

2 Am Anthropologischen Institut der Universität Kiel wurde die Darstellung älterer Menschen in den visuellen Medien untersucht, 1992 mit Schwerpunkt auf Printmedien und 1993 auf qualitative und quantitative Medienrepräsentation älterer Menschen im laufenden Fernsehprogramm. Anschließend überprüfte man die so gewonnenen Ergebnisse in Personenbefragungen auf ihre Überzeugungskraft.

Links:
Der ›(Noch-)Berufstätige‹: Werbeanzeige der Deutschen Lufthansa AG, 1999

familiär orientierte Werte. In der Werbung wirbt dieser Typus für Produkte rund um den Haushalt.

3. Die Immer-Junge: Die Frauen, die diesen Typus darstellen wollen oder sollen, nutzen bei vorhandenen altersindizierenden morphologischen Merkmalen (Faltenbildung, altersbedingte Pigmentation) alle Möglichkeiten, jünger zu erscheinen. Vom Körpergröße her herrschen leptomorph-schlanke Typen vor, häufig mit überdurchschnittlicher Körpergröße für ihre Altersgruppe. Die Haare sind meistens lang und werden offen getragen. Die implizite Verifizierung des tatsächlichen Alters der Protagonisten wird besonders durch maskenbildnerische Techniken und eine entsprechende Bekleidungswahl erschwert. Die Immer-Junge repräsentiert den Wunsch nach ewiger Jugend, die Wirkung dieses Typus schwankt zwischen attraktiv und künstlich/übertrieben. Die Produktgruppen, die durch die Immer-Junge beworben werden, sind Kosmetik und Zigaretten.

4. Der Aristokrat: Der Aristokraten-Typus, durch hohe soziale Stellung gekennzeichnet, kennt sowohl weibliche als auch männliche Protagonisten. Er zeichnet sich durch einen leptosomen bis athletischen Körperbau aus, häufig verbunden mit starker Gesichtsfaltenbildung und stark depigmentiertem, längerem und offen getragenem Kopfhaar. Verstärkt durch wertvolle Accessoires (z.B. Schmuck, Brille) und gedeckte Farben bei der Bekleidung, repräsentiert dieser Typus Reichtum, Intelligenz, Erfahrung und Stilsicherheit. Seine Motorik ist durch langsame und bewußte Bewegungen gekennzeichnet. Die Wirkung des Aristokraten auf den Zuschauer ist seriös und glaubhaft. Er wirbt generell in der teuren Produktsparte, z.B. für Zigarren.

5. Der Experte: Der Experte tritt durch sein Wissen auf einem bestimmten Gebiet hervor. Dieser Typus ist fast ausschließlich männlich. Morphologische Kennzeichen sind leptosomer oder athletischer Körperbau und graue bzw. weiße gepflegte und kurze Haartracht. Die hohe soziale Position wird gegebenenfalls mit Titelangabe unterstrichen, ferner durch Accessoires aus dem Umfeld eines hochangesehenen Berufs. Das Expertentum bezieht sich nicht nur auf Fertigkeiten und Erfahrungen, der alte Mensch kommt als Experte auch als moralische Instanz zu Wort. Mögliche Reaktionen des Publikums sind Bewunderung und Respekt. Der Experte bewirbt nahezu ausschließlich Gesundheitsprodukte.

6. Der (Noch-)Berufstätige: Dieser Typus mit ebenfalls bevorzugt männlichen Protagonisten wird nicht durch besondere morphologische

Der ›Experte‹: Werbeanzeige der Deutschen Bank

Männliche Ausprägung der ›Immer-Jungen‹: Werbeanzeige der Firma Harley-Davidson, 1998

Merkmale determiniert, sondern durch seine Rolle als Berufstätiger. Entsprechend wichtig ist für ihn die Markierung durch Berufskleidung und -umfeld, unabhängig von der sozialen Bewertung der Tätigkeit. Er repräsentiert Erfahrung, Verläßlichkeit und manchmal Perfektion. In der Werbung steht er für den erfolgreichen und wählerischen Kunden.

7. Der Exzentriker: Der Exzentriker-Typus, weiblich oder männlich, wird, meistens ohne lächerlich zu wirken und ohne besondere morphologische Merkmale, durch eine ungewöhnliche Eigenschaft charakterisiert. Er setzt sich z.B. durch die Verwendung von ungewöhnlichen Accessoires, Hobbys o.ä. von seiner Umwelt ab. Kleidung und Accessoires können auf die besondere Charakterisierung abgestimmt sein. Die Wirkung des Exzentrikers liegt zwischen Sympathie und Antipathie, oftmals findet eine innere Abgrenzung des Zuschauers statt. Er repräsentiert Exotik und ferne Länder, z.B. mit den Produktgruppen Wein, Zigaretten, Reisen, Fluggesellschaften und Reiseagenturen.

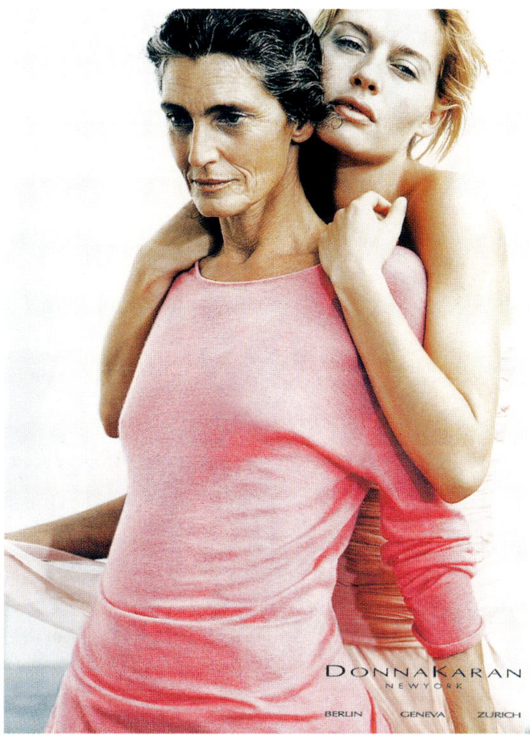

Weibliche Ausprägung des ›Exzentrikers‹: Werbeanzeige der Firma Donna Karan, New York, 1999

8. Der Clown: Der Clown-Typus, der sowohl weibliche als auch männliche Protagonisten kennt, soll lustig oder lächerlich wirken. Morphologisch wird dieses Bild bestimmt von Auffälligkeiten wie Fettleibigkeit, großer und/oder schiefer Nase, Doppelkinn, abstehenden Ohren oder fehlenden Zähnen. Verstärkt werden sie durch Accessoires wie unangemessene Kleidung, Handschuhe, Hüte und Schmuck in grellen Farben. Übertriebene Gestik und Mimik unterstreichen motorisch und nonverbal das Auftreten dieses Typus. Der Clown wirbt für alle erdenklichen Produktgruppen ohne spezifische Anbindung.

Die Möglichkeit der Formulierung von nur acht unterschiedlichen Haupttypen älterer Menschen in den visuellen Medien zeigt das enge Spektrum ihrer Darstellung. Schon Bassili und Reil[3] stellten fest, daß die Anzahl der Attribute, die älteren Personen zugeordnet wurden, weit geringer ist als die der jüngeren Personen.
So wird das Bild der Alten immer konformer und stereotyper, unabhängig davon, von welcher Altersgruppe es beurteilt wird. Manchmal gibt es Mischtypen, die in differenzierten Darstellungen auftreten. Weiterhin treten komplett passive Typen auf, die nur im Hintergrund, sozusagen als Material, verwendet werden und keine Chance zur Meinungsäußerung erhalten.

Printmedien[4]

In Deutschland liegen die Schwerpunkte der Anzeigen in Printmedien, die mit älteren Personen arbeiten, auf den Themen Entspannung, Ruhe und Frieden, Komfort und Sicherheit,

3 John N. Bassili / Jane E. Reil: *On the Dominance of the Old-Age Stereotype*. In: *Journal of Gerontology* 36 (1981) Nr. 6, S. 682–687.

4 In die Untersuchung der Werbung in Printmedien gingen 5836 Anzeigen aus 214 Ausgaben populärer Presse und 806 Anzeigen aus Gesundheitsmagazinen ein.

während in Amerika Erspartes, Abenteuer, Aktivität, Wellness und Service entsprechend zugeordnet werden. Wie die Analyse von Anzeigen aus Gesundheitsmagazinen ergab, stellt die deutsche Werbung nur sehr begrenzt zwischenmenschliche Beziehungen oder Aktivitäten älterer Menschen dar; 34 Prozent der Personen wurden passiv gezeigt (sitzend, lesend, schlafend etc.), bei 62 Prozent war keine Aktivität zugeordnet. 72 Prozent der älteren Personen wurden allein mit dem Produkt gezeigt, lediglich 17 Prozent mit Partner, 9 Prozent mit Freunden und 2 Prozent mit Familienmitgliedern.

Insgesamt sind drei Viertel aller auftretenden Personen in den Anzeigen der populären Printmedien männlichen Geschlechts, nur ein Viertel sind Frauen. Der häufigste Typus bei den Männern ist der (Noch-)Berufstätige, der eigentlich für die Gruppe der Senioren eine Ausnahme darstellen sollte. Bei den Frauen ist die Großmutter der gefragteste Typus, gefolgt von der Immer-Jungen und der traditionellen Hausfrau. Es überwiegen also häusliche und frauliche Werte in der Darstellung der älteren Frau in der Werbung.

Bei der gemeinsamen Wertung von Männer- und Frauenbildern überwiegt der Clown-Typus, der ältere Menschen als ›Hingucker‹ verwendet, indem lächerliche oder lustige Eigenschaften überbetont werden. Plätze 2 und 3 kommen durch rein männliche Typen – dem (Noch-)Berufstätigen und dem Experten – zustande, woran wiederum die Unterrepräsentation der Frau abzulesen ist. Platz 4 besetzt der Exzentriker, also eine Person, die wegen ungewöhnlicher Eigenschaften dargestellt wird.

Tabelle 1

Prozentuale Verteilung der Typen in der Werbung in den Printmedien

Typ	Geschlecht	Prozent-Anteil an der Altendarstellung[5]
Experten	männlich weiblich	11,2 keine
Exzentriker	männlich weiblich	9,2 1,8
Clowns	männlich weiblich	15,1 1,8
Aristokraten	männlich weiblich	2,0 1,1
(Noch-)Berufstätige	männlich weiblich	16,1 keine
Großväter	männlich	3,7
Großmütter	weiblich	7,0
Hausfrauen	weiblich	2,3
Immer-Junge	weiblich	2,6

Der ›Clown‹: Werbeanzeige der Volkswagen AG, 1999

Insgesamt werden Männer erfolgreicher und differenzierter gezeigt als Frauen, die traditionelle Stereotype der Familie oder der Schönheit erfüllen.

Fernsehen

Der Hauptanteil der Darstellungen älterer Personen in der Fernsehwerbung bleibt den Männern vorbehalten. Mit Abstand der häufigste männliche Typus ist der Clown mit 25 Prozent, bei Frauen hält er den dritten Platz mit 5,6 Prozent. Man muß daraus schließen, daß auch die Fernsehwerbung die Darstellung von Älteren oft als Blickfang verwendet. Geringe Zahlen von Experten und Aristokraten, die länger im Bild sein müssen, um zu wirken, bestätigen dies. Bei den männlichen Typen folgt an zweiter Stelle der (Noch-)Berufstätige mit fast 15 Prozent, der eigentlich für diese Altersgruppe untypisch ist. Im Vergleich zum Restprogramm sind die prozentualen Anteile der Senioren deutlich in den Rollen verschoben. Was die Männer betrifft, sind die Zahlen von Berufstätigen und Experten, die in der Werbung auftreten, viel niedriger. Ein großer

5 Rund ein Viertel der Anzeigen mit älteren Protagonisten zeigten Mischkategorien oder ließen sich nicht den Haupttypen zuordnen.

Tabelle 2

Relative Typenhäufigkeit der Darstellung älterer Personen im Fernsehen, geschlechtsdifferenziert.

Typ	Geschlecht	Prozent-Anteil an der Altendarstellung[6] Redaktionelles	Werbung
Experten	männlich	18,5	4,6
	weiblich	3,0	keine
Exzentriker	männlich	10,6	9,3
	weiblich	5,8	1,9
Clowns	männlich	7,6	25,0
	weiblich	1,8	5,6
Aristokraten	männlich	5,1	3,7
	weiblich	2,1	2,8
(Noch-)Berufstätige	männlich	24,2	14,8
	weiblich	2,1	0,9
Großväter	männlich	5,3	11,1
Großmütter	weiblich	6,2	8,3
Hausfrauen	weiblich	5,8	3,7
Immer-Junge	weiblich	1,9	8,3

Anteil wird statt dessen vom Clown-Typus eingenommen, der in beiden Geschlechtern gegenüber dem Restprogramm um das Dreifache erhöht ist.

Wiederum sind Frauen deutlich unterrepräsentiert, sie stellen nur rund 30 Prozent der Models. Den ersten und zweiten Platz der Frauendarstellung in der Werbung mit jeweils 8,3 Prozent nehmen die Typen Großmutter und Immer-Junge ein, letztere tritt im Vergleich zum Restprogramm mehr als viermal häufiger auf. Einerseits wird also das traditionelle Bild der ›Oma‹ für werbewirksam gehalten, andererseits wird versucht, das Konsumverhalten älterer Frauen durch eine auf dem Bildschirm erhaltene Jugendlichkeit zu fördern. Auch bei den Männern folgen familiäre Werte auf dem dritten Platz, den der Großvater-Typus innehat. Es fällt auf, daß es keine weiblichen Experten gibt und nur 0,9 Prozent (Noch-) Berufstätige, die andere Personen beraten könnten.

Analyse und Auswertung

Die Analysen wurden durch Personenbefragungen verifiziert. Durch die Zuordnung von Eigenschaften ließen sich die beschriebenen Typen bestätigen. In der Verwendung durch die Werbung fanden sich jedoch viele Diskrepanzen. Beispielsweise muß beachtet werden, daß der Clown-Typus durch Testpersonen überwiegend stark negativ beurteilt wurde, so daß die Werbewirksamkeit des am häufigsten dargestellten Typs in Frage gestellt werden muß. Dagegen werden beliebte Typen wie der Aristokrat (Lieblingstypus von 41 Prozent der Befragten) und die Großmutter (50,8 Prozent) wenig eingesetzt.

Weiterhin finden sich erst auf den letzten Plätzen der gemeinsamen Wertung von Männer- und Frauendarstellungen in der Werbung Personen, mit denen der ältere Kunde sich identifiziert; die Übereinstimmung von Selbst- und Fremdbild ist hauptsächlich beim Großeltern- und Hausfrau-Typus gegeben, der prozentuale Anteil letzterer ist im Vergleich sehr gering. Erstaunlich ist auch die hohe Prozentzahl an Personen, deren Selbstbild mit keinem der gezeigten Typen zur Deckung kam (37,2 Prozent) und die meinten, so sähe niemand aus, den sie persönlich kennen (28,5 Prozent). Ebensowenig stimmen Eigenschaftszuordnungen aus der Werbung mit dem Selbstbild der Zielgruppe überein. Lediglich 10 bis 20 Prozent der Befragten fühlten sich ›müde‹, ›krank‹, ›schlapp‹, ›schwach‹, Begriffe, die ihnen in der Werbung zugeordnet wurden. Im Vergleich stimmten den positiven Gegenattributen zwischen 55 und 77 Prozent der Befragten für sich selbst zu.

Mit zunehmendem Alter überwiegen männliche Ratgeber stark im Vergleich zu weiblichen. Autorität und Status nehmen für den Mann mit dem Alter zu, für die Frau ab. Unterteilt man die gezeigten Personen in Ratsuchende und Ratgebende, stellt man die gleichen Tendenzen fest.

Ältere gelten als ›ungesund‹, ›unmodisch‹ und ›uninteressant‹. In einer Befragung durch Thomas[7] ergab sich ebenfalls eine hohe Diskrepanz zwischen den stereotypen Annahmen älterer Personen über andere ältere und der Beschreibung des Selbstbildes. Immer wieder wurden hohe Prozentzahlen für Probleme, die bei anderen vermutet wurden, erzielt, niedrige jedoch bei der Frage nach vorliegenden eigenen Problemen. Es scheint so zu sein, daß ältere Personen ein stereotypes Bild von anderen Älteren haben, sich selbst aber nicht dieser Gruppe zugehörig fühlen.

Die Zirkelhaftigkeit der Problematik wird durch eine sehr häufige Darstellung des ›umgekehrten

6 Die Grundlage für die Analyse bildeten die Aufzeichnungen des Programms einer Woche (jeweils über 150 Stunden) der Fernsehprogramme mit der größten Reichweite, ARD, ZDF, RTL, SAT1 und PRO7. Grundgesamtheit für die Tabelle 2 sind alle Werbespots mit Altenbeteiligung, insgesamt wurden 92 Werbespots mit Älteren ausgewertet. Die Anteile aus anderen Sendungsarten sind zum Vergleich zusätzlich angegeben.

7 William C. Thomas: *The Expectation Gap and the Stereotype of the Stereotype: Images of Old People*. In: *The Gerontologist* 21 (1981) Nr. 4, S. 402–407.

Das ›umgekehrte Stereotyp‹ der frisch verliebten Alten: Werbeanzeige der Firma Ikea, 1999

Stereotyps‹ deutlich, auf das Kubey in diesem Zusammenhang hinweist.[8] Es werden motorradfahrende, tanzende oder sexuell aktive Senioren gezeigt, die den Stereotypen der Risikoarmut, Passivität und Asexualität diametral entgegenstehen. Das umgekehrte Stereotyp wird vom Zuschauer sofort als realitätsfern und unglaubwürdig eingeordnet, da diese Tätigkeiten für die meisten älteren Personen als untypisch angesehen und daher als nicht ernst gemeint bewertet werden. Durch die Klassifizierung als humoristische Darstellung wird das ursprüngliche Stereotyp intensiviert. So entsteht ein sich selbst verstärkender Bewertungszirkel.

Ob die Entstehung solcher Stereotype damit zusammenhängt, daß Ältere in den Medien stark unterrepräsentiert sind, oder ob die Mediendarstellung die Meinung der generellen Öffentlichkeit, die sie sowieso innehat, reflektiert, läßt sich nicht abschließend beantworten. Es scheint so zu sein, daß das Medienbild von älteren Personen dem entspricht, das von den Jüngeren konstruiert wird, da sie es sind, die Werbungen gestalten. Es entspricht aber keinesfalls dem Bild, das ältere Personen von sich selbst haben und das mittels Identifikation werbewirksam sein könnte.[9]

Links:
Das ›umgekehrte Stereotyp‹ des sportlich aktiven Alten: Werbeanzeige der Deutschen Bank, 1998/99

8 Robert W. Kubey: *Television and Aging: Past, Present and Future.* In: *The Gerontologist* 20 (1980) Nr. 1, S. 16–35.

9 Vgl. als weiterführende Literatur zum Thema: Lilo Berg (Hg.): *When I'm sixty-four. Alter und Altern in Deutschland.* München 1994. – Eva-Maria Bosch: *Ältere Menschen und Medien. Exkurs: Alter in der fiktiven Fernsehrealität – Eine Analyse der Konstruktion von Altersdarstellungen und ihrer Rezeption durch ältere Menschen.* In: *Media Perspektiven* (1987) H. 9, S. 131–161. – Hans W. Jürgens: *Untersuchung zum Bild der älteren Menschen in den elektronischen Medien.* Hrsg. von der Unabhängigen Landesanstalt für das Rundfunkwesen. Kiel 1994. – K. E. M. Kent: *Age in Time: A Study in Stereotyping.* In: *The Gerontologist* 20 (1980) Nr. 5, S. 598–601. – Kuratorium Deutsche Altershilfe (Hg.): *Lebenslust statt Altersfrust: Die ältere Generation im Blickfang der Werbung.* In: *Presse- und Informationsdienst* (1992) Nr. 6, S. 11–13. – Robin H. Lohmann: *Images of Old Age in German Print Media: Empirical Investigation into Defining Principles and Patterns of Visual Representation.* Aachen 1997.

Erika Neubauer

Die Altenbewegung in Deutschland

Verbandsarbeit mit und für Senioren kann auf eine längere Geschichte zurückblicken, als oft angenommen wird. Die ältesten der 59 bundesweiten Seniorenorganisationen, die heute unter dem Dach der ›Bundesarbeitsgemeinschaft der Senioren-Organisationen‹ (BAGSO) zusammengeschlossen sind und insgesamt ca. 9 Millionen ältere Menschen vertreten, wurden kurz nach dem Zweiten Weltkrieg gegründet. Von einer Altenbewegung, die vergleichbar wäre mit der Jugendbewegung oder der Frauenbewegung, kann für die damalige Zeit allerdings noch nicht gesprochen werden. Eine bewußte Interessenvertretung Älterer, die auch politisch wirksam werden will, bahnt sich erst seit den letzten Jahren als Revolution auf leisen Sohlen an.

Zur Entstehung des Spektrums der Seniorenarbeit

Die Entwicklung von der Nachkriegszeit bis heute soll im folgenden anhand der Daten der BAGSO-Verbände nachvollzogen werden.[1] Diese geben Aufschluß über den satzungsgemäßen Zweck der Vereinsgründung, die notwendigen Anpassungsprozesse an gesellschaftliche Wandlungen sowie die momentane Struktur.

Nicht die gemeinsame Gestaltung von Freizeit, sondern Hilfe in Notlagen und gegenseitiger Beistand in schweren Zeiten waren die Ziele, die zur Gründung der ersten Seniorenorganisationen führten. Exemplarisch dafür ist die ›Volkssolidarität‹, die »in den schlimmsten Monaten des Jahres 1945 [...] sozusagen aus der Not geboren«, zunächst im Bundesland Sachsen als Hilfsbewegung unter dem Motto ›Volkssolidarität gegen Wintersnot‹ entstand. Im Oktober erfolgte dann die eigentliche Gründung. Die Arbeit konzentrierte sich anfangs vor allem auf die Personen, die am schwersten unter den Folgen des Krieges zu leiden hatten, also Kinder, Alte, Kranke, Umsiedler sowie heimkehrende Kriegsgefangene. Ab Anfang der 50er Jahre verlor die ›Volkssolidarität‹ diesen umfassenden Charakter. »Einige Einrichtungen waren mit Überwindung der schlimmsten Nachkriegsnot überflüssig geworden, die meisten gingen an das staatliche Gesundheits- und Sozialwesen bzw. andere Bereiche der staatlichen Verwaltung über, einige auch an andere Träger. Aus einer Volksbewegung entwickelte sich die Volkssolidarität in dieser Zeit zu einer gesellschaftlichen Organisation. [...] Ihre vorrangige, später ausschließliche Aufgabe wurde die Betreuung älterer Menschen in den Wohngebieten. Ab 1956 wurde mit der Schaffung von Klubs zur sozial-kulturellen Betreuung der Rentner begonnen.« Die Wiedervereinigung führte abermals zu wesentlichen Wandlungen, indem nun föderale Strukturen aufgebaut wurden.[2]

Am Beispiel der ›Volkssolidarität‹ läßt sich eine Entwicklung beobachten, die für viele Verbände typisch ist: Ein ursprünglicher Zweck, der initiativ aufgegriffen wurde und andere Menschen zum Mitmachen motiviert hat, verliert infolge

1 Die Zielsetzungen bzw. Beschreibungen der BAGSO-Organisationen wurden den Satzungen entnommen sowie den BAGSO-Porträts '96 und den Selbstdarstellungen der neuen Mitglieder in den BAGSO-Nachrichten.

2 Volkssolidarität e.V.: *Wer und was ist die Volkssolidarität?* Berlin 1995 (Broschüre).

Berufsbezogene Seniorenarbeit: Vertreter des Landesseniorenausschusses Berlin-Brandenburg innerhalb der DAG, Bundesarbeitsgemeinschaft der Senioren-Organisationen (BAGSO), Bonn

einer Änderung der Rahmenbedingungen an Bedeutung, wird nach einer Anpassungsphase durch abgeleitete Zielsetzungen abgelöst, neue Zielsetzungen treten hinzu. Im Verlauf der Geschichte der Seniorenverbände konnten nur jene Organisationen fortbestehen, denen es gelang, für ihre Mitglieder attraktiv zu bleiben. Denn in Konkurrenz zu ihnen bildeten sich ständig neue Vereine, die aktuelle Themen in ihrer Arbeit umsetzten.

Solche Neugründungen sind daher geeignet, die jeweils vorrangigen Schwerpunktthemen für eine aktive Lebensgestaltung im Alter aufzuzeigen. An diesem Punkt setzt diese Darstellung an: Bringt man die BAGSO-Organisationen nach ihrem Gründungsjahr in eine chronologische Reihenfolge und notiert – als weiteres Kriterium – den in der Satzung festgelegten Vereinszweck (siehe Übersicht), dann bildet sich in dieser Zusammenstellung die Abfolge der Schwerpunkte der Seniorenarbeit seit der Nachkriegszeit ab.

Nach Sichtung der Satzungen erweist es sich als sinnvoll, folgende vorrangige Zielsetzungen zugrundezulegen (siehe Übersicht):

Ziel I Solidarisches Füreinander-Einstehen, soziales Engagement
Ziel II Gesellige/kulturelle Aktivitäten, Freizeitgestaltung
Ziel III Erhaltung der Gesundheit und Beweglichkeit, Bemühen um körperliche und geistige Fitneß
Ziel IV Kirchliche Altenarbeit
Ziel V Berufsbezogene Altenarbeit:
(a) soziale und sozialrechtliche Betreuung der Ruheständler und Hinterbliebenen
(b) sinnvolle (soziale) Tätigkeit nach vorzeitigem Verlust des Arbeitsplatzes
Ziel VI Weitergabe von Kompetenzen bzw. beruflichem/persönlichem Erfahrungswissen
Ziel VII Vertretung der Interessen/Anliegen Älterer auf politischer Ebene

Um wieder das Beispiel der ›Volkssolidarität‹ aufzugreifen: Dieser können die Zielsetzungen I und II zugeordnet werden, also ›Solidarisches

BAGSO-Organisationen nach Gründungsjahr und Zielsetzung

(ohne Deutscher Frauenrat und Deutscher Familienverband. Die fünf Zeitperioden sind durch Schattierung gegeneinander abgesetzt. Mitwirkende Organisationen sind kursiv ausgedruckt)

1945	Volkssolidarität e.V.	I + II
1948	Zentralverband der Sozialversicherten der Rentner und deren Hinterbliebenen Deutschlands (ZdS) e.V., Wiedergründung	I + V (a)
1949	Sozialverband VdK Deutschland e.V., Wiedergründung	I + V (a)
1950	Deutscher Turner-Bund	III
1952	Deutsches Sozialwerk (DSW) e.V.	I + II
1953	Bund der Ruhestandsbeamten, der Rentner und Hinterbliebenen im DBB	V (a)
1958	Bundesarbeitsgemeinschaft Katholisches Altenwerk	IV
1958	Lange aktiv bleiben (LAB), Lebensabend-Bewegung, AG der Landesverbände	I + II
1961	Vegetarier Altenhilfe e.V.	III
1962	*EURAG-Bund für die ältere Generation Europas, Sektion Deutschland*	I + VII
1964	Deutsche Gesellschaft für Freizeit e.V.	II
1966	Senioren-Handwerker-Dienst e.V., (früher ›Kompanie des guten Willens‹)	V (b)
1969	Arbeitsgemeinschaft Evangelische Krankenhaus-Hilfe	I
1971	*Sozialwerk Berlin e.V., Altenselbsthilfe- und Beratungszentrum*	I + II
1974	Bundesinteressenvertretung der Altenheimbewohner (BIVA) e.V.	I + VII
1976	Betreuungswerk Post Postbank Telekom, Seniorenbetreuung	V (a)
1977	Bundesverband Seniorentanz e.V.	III
1977	*Haus im Park-Senioren-Centrum der Körber-Stiftung (Eröffnung)*	I + II
1977	Kuratorium Wohnen im Alter e.V.	I
1978	*Memory-Liga e.V.*	III
1978	Senioren-Vereinigung des Christl. Jugenddorfwerkes e.V.	I + V (a)
1979	Deutsche Angestellten-Gewerkschaft (DAG), Bundesseniorenausschuß	V (a)
1981	Deutscher Bundeswehr-Verband e.V., Fachgruppe ›Ehemalige‹ als eigene Säule	V (a)
1982	Deutscher Sportbund	III
1983	Senior Experten Service	VI
1984	Hartmannbund e.V.-Ausschuß Senioren	V (a)
1985	Deutsche Gesellschaft für Präventiv-Medizin e.V.	III
1986	Alt hilft Jung e.V.	VI
1986	Bundesseniorenvertretung e.V.	VII
1986	Deutscher Senioren Ring e.V.	I + III
1987	Bundesverband Gedächtnistraining	III
1988	Deutscher Verein der Blinden und Sehbehinderten in Studium und Beruf e.V. (DVBS), Fachgruppe Ruhestand	I + V (a)
1988	Senioren-Union der CDU	VII
1989	Gesellschaft für Gehirntraining e.V.	III
1990	*Arbeitskreis für Gerostomatologie e.V.*	III
1990	*Dachverband Altenkultur e.V.*	II
1990	Jahresringe, Verband für Vorruhestand und aktives Alter e.V.	V (b)
1990	*Zwischen Arbeit und Ruhestand (ZWAR) e.V.*	V (b)
1991	KOMBA-Gewerkschaft	V (a)
1991	*Liberale Senioren-Initiative e.V.*	VII
1991	Seniorenarbeitsgemeinschaft der PDS	VII
1992	Bundesarbeitskreis Arbeit und Leben	II
1992	*Bundesverband Information und Beratung für NS-Verfolgte e.V.*	I + VII
1992	Evangelische Arbeitsgemeinschaft für Altenarbeit in der EKD	IV
1992	Gewerkschaft ÖTV, Bundes-Seniorinnen- und Seniorenausschuß	V (a)
1992	*Reiseklub für Senioren e.V.*	II
1993	Bund der Deutschen Zollbeamten, AG ›Bedienstete im Ruhestand und Hinterbliebene‹	V (a)
1993	Evangelisches Seniorenwerk e.V.	IV + VI
1994	Bundesarbeitsgemeinschaft Wissensbörsen e.V.	VI
1994	*Deutsche Landsenioren*	I
1994	Arbeitsgemeinschaft SPD 60 plus	VII
1995	Bundesarbeitsgemeinschaft Seniorenbüros e.V.	I + VI
1995	*Nationales Netzwerk älterer Frauen e.V.*	I + VII
1995	*NAV-Virchow-Bund, Bundesseniorenausschuß*	V (a)
1996	*Bund Deutscher Amateurtheater e.V.*	II

BAGSO-Organisationen nach Gründungszeitraum und vorrangiger Zielsetzung

(ohne Deutscher Frauenrat sowie Deutscher Familienverband. N = Anzahl der BAGSO-Organisationen. Für jede Zeitperiode sind die Ziele der bereits gegründeten Verbände kursiv sowie der Neugründungen fett wiedergegeben. Pro Verband Berücksichtigung von maximal 2 Zielbereichen)

	Anzahl nach Gründungsperiode (kumulierte Häufigkeiten)					
Ziele (Kurzbezeichnung)	bis 1958 (N = **8**)	1959–1968 (N = *8* + **4**)	1969–1978 (N = *12* + **9**)	1979–1988 (N = *21* + **12**)	1989–1998 (N = *33* + **22**)	Gesamtsumme (N = 55)
I Solidarisch und sozial	**5**	*5* + **1**	*6* + **6**	*12* + **2**	*14* + **4**	18
II Gesellig und kulturell	**3**	*3* + **1**	*4* + **2**	*6* + -	*6* + **4**	10
III Gesundheit und Fitness	**1**	*1* + **1**	*2* + **2**	*4* + **4**	*8* + **2**	10
IV Kirchliche Altenarbeit	**1**	*1* + -	*1* + -	*1* + -	*1* + **2**	3
V Berufsbezogene Altenarbeit:						
a) sozialrechtliche Betreuung der Ehemaligen und Hinterbliebenen	**3**	3 + -	3 + **2**	5 + **4**	9 + **4**	13
b) sinnvolle Tätigkeit nach Verlust des Arbeitsplatzes	-	- + **1**	1 + -	1 + -	1 + **2**	3
VI Weitergabe von Kompetenzen und Erfahrungswissen	-	- + -	- + -	- + **2**	*2* + **3**	5
VII Politische Interessenvertretung Älterer	-	- + **1**	*1* + **1**	*2* + **2**	*4* + **5**	9

Füreinander-Einstehen, soziales Engagement‹ verbunden mit ›Geselligen/kulturellen Aktivitäten, Freizeitgestaltung‹. Ebenso lassen sich das ›Deutsche Sozialwerk (DSW) e.V.‹ (gegründet 1952) einstufen sowie die ›Lebensabend-Bewegung‹ (gegründet 1958), die heute ›Lange aktiv bleiben‹ (LAB) heißt.

Die ganze respektable Reihe der BAGSO-Organisationen kann hier nicht vorgestellt werden. Tritt jedoch in der Arbeit von Verbänden deutlich eine neue Zielsetzung hervor, werden diese als Praxisbeispiele kurz vorgestellt. So wurde die Zielsetzung III ›Erhaltung der Gesundheit und Beweglichkeit, Bemühen um körperliche und geistige Fitneß‹, als Element der Seniorenarbeit verstanden, 1950 mit Gründung des ›Deutschen Turner-Bundes‹ (DTB) eingeführt. Kennzeichnend dafür ist, daß es von Anfang an eine/n ›Oberturnwart/in Ältere‹ gab. Weitere BAGSO-Verbände bereicherten das Angebot um zusätzliche Facetten, etwa die ›Vegetarier Altenhilfe e.V.‹ (gegründet 1961), der ›Bundesverband Seniorentanz e.V.‹ oder die ›Memory-Liga e.V.‹ (gegründet 1978).

Zielsetzung IV ›Kirchliche Altenarbeit‹ ist insofern kein neuer Aktivitätsbereich, als sie schon immer zum Gemeindeleben gehörte. Außerdem überschneidet sie sich teilweise mit anderen Zielsetzungen (z.B. mit Ziel I ›Soziales Engagement‹). Mit der Bildung der ›BAG Katholisches Altenwerk‹ im Jahre 1958 erhielt die bisher praktizierte Seniorenarbeit jedoch eine neue Qualität. Seitdem wirken in dem Dachverband die Verbände, Werke und Institutionen der Kirche zusammen, um gemeinsam Konzepte für Altenarbeit und Altenbildung zu entwickeln sowie die Anliegen älterer Menschen nachhaltig gegenüber Kirche, Gesellschaft und Staat zu vertreten. Die Gründung der ›Evangelischen Arbeitsgemeinschaft für Altenarbeit in der EKD‹ im Jahre 1992 schuf dann auf protestantischer Seite die Voraussetzungen für eine enge und aufeinander abgestimmte Kooperation.

Die ›Berufsbezogene Altenarbeit‹ (Zielsetzung V) spiegelt die im Laufe der Zeit wechselnden Rahmenbedingungen sehr ausgeprägt. Die ersten beiden Verbände, die die ›soziale und sozialrechtliche Betreuung von Rentnern und Hinterbliebenen‹ übernahmen, um sie vor materiellen Nachteilen zu schützen (Ziel Va), wurden nach dem Zweiten Weltkrieg neu gegründet, nachdem sie 1933 der Gleichschaltung durch den Nationalsozialismus zum Opfer gefallen waren. Welches die Mitglieder sind, für deren wirtschaftliche Interessen sie sich seitdem einsetzen, geht aus dem jeweiligen Vereinsnamen hervor, nämlich ›Zentralverband der Sozialversicherten, der Rentner und deren Hinterbliebenen Deutschlands (ZdS) e.V.‹ (gegründet 1948) und ›Sozialverband VdK – Verband der Kriegs- und Wehrdienstopfer, Behinderten und Rentner Deutschlands e.V.‹

(gegründet 1949). Mittlerweile haben sich zahlreiche Vereinigungen Ehemaliger gebildet, deren Altenarbeit aus der früheren Zugehörigkeit zum gleichen Berufsstand resultiert. Das gilt etwa für den ›Bund der Ruhestandsbeamten, der Rentner und Hinterbliebenen im DBB‹ (gegründet 1953). Einige dieser Verbände haben sich selbst gegründet, überwiegend handelt es sich aber um Untergruppen, Seniorenausschüsse o.ä. eines Berufsverbandes, die sich als eigenständige Säule organisiert haben. Dieser Prozeß ist derzeit als neue Entwicklung bei den Gewerkschaften festzustellen. Der ›Bundesseniorenausschuß der Deutschen Angestellten-Gewerkschaft (DAG)‹, gegründet 1979, sowie der ›Bundes-Seniorinnen- und Seniorenausschuß der Gewerkschaft ÖTV‹ (gegründet 1992) gehören bereits zur BAGSO.

Berufsbezogene Altenarbeit hat aber auch noch eine andere Komponente: Nach dem vorzeitigen Verlust des Arbeitsplatzes wird eine sinnvolle, meistens soziale Tätigkeit gesucht (Ziel Vb). Der ›Senioren-Handwerker-Dienst e.V.‹ (früher ›Kompanie des guten Willens‹) entstand in den Rezessionsjahren 1966/67 als Selbsthilfe-Initiative, nachdem die stahlproduzierenden Klöckner-Werke in Hagen-Haspe einen Teil ihrer Produktionsstätten stillgelegt hatten. Die vergangenen, von Arbeitslosigkeit geprägten Jahre führten 1990 zu entsprechenden Gründungen: Zum einen die ›Jahresringe‹ in den ostdeutschen Bundesländern als Reaktion auf die massenhaft in den Vorruhestand geschickten 55- bis 65jährigen, zum anderen die Organisation ›Zwischen Arbeit und Ruhestand ZWAR e.V.‹ in Nordrhein-Westfalen als positive Alternative für Langzeitarbeitslose, Frühpensionierte und Alleingebliebene.

Die Zielsetzungen VI und VII haben sich erst in den letzten Jahren herauskristallisiert. Mit Gründung des ›Senior Experten Service‹ (1983) sowie von ›Alt hilft Jung‹ (1986) wurde die ›Weitergabe von Kompetenzen bzw. beruflichem/persönlichem Erfahrungswissen‹ (Zielsetzung VI) zum ersten Mal als primärer Vereinszweck formuliert. Pensionierte Fachkräfte stehen jungen Existenzgründern in der Aufbauphase beratend zur Seite, um sie besser für ihre Aufgabenbereiche in der Wirtschaft zu qualifizieren. Dafür werden zeitlich befristete Einsätze im In- und Ausland durchgeführt. Andere Wege der Vermittlung von Erfolgswissen an die nachwachsenden Generationen gehen das ›Evangelische Seniorenwerk‹ (gegründet 1993), die ›Bundesarbeitsgemeinschaft Wissensbörsen‹ (gegründet 1993) und – als Teilbereich ihrer Arbeit – die ›Bundesarbeitsgemeinschaft Seniorenbüros‹ (gegründet 1995).

Auch die ›Vertretung der Interessen/Anliegen Älterer auf politischer Ebene‹ (Zielsetzung VII) hat sich als eigenständig verfolgte und ausgeprägte

Oben und unten:
Alte als Berater: Mitarbeiter des Senior Experten Service, Senior Experten Service, Bonn

Zielsetzung erst neuerdings etabliert. Die Gründung der ›Bundesseniorenvertretung‹ im Jahre 1986 markiert den Wendepunkt, indem sie als ihre Aufgabe definiert, »die in den Gemeinden und Ländern von Seniorenvertretungen geleistete vorparlamentarische Arbeit zu bündeln und die Interessen der älteren Menschen [...] auf Bundesebene zu vertreten«. In den folgenden Jahren drangen die Älteren in den Parteien auf eine stärkere Berücksichtigung und Anerkennung ihrer seniorenpolitischen Arbeit: Die ›Senioren-Union der CDU‹ wurde 1988 gegründet, die ›Seniorenarbeitsgemeinschaft der PDS‹ 1991 und die ›Arbeitsgemeinschaft SPD 60 plus‹ 1994.

Senioren machen Politik: Wahlveranstaltung der ›Grauen Panther‹, Bundesarbeitsgemeinschaft der Senioren-Organisationen (BAGSO), Bonn

Die Senioren formieren sich

Angesichts der regen und kreativen Altenarbeit, die ständig neue Inhalte und Gestaltungsformen hervorbringt, erscheint es unverständlich, warum sogar von Experten »ein Mangel an institutionellen gesellschaftlichen Strukturen beklagt« und festgestellt wird, daß mit »Ausnahme der Familienbeziehungen die späten Jahre in einer Art gesellschaftlichen Vakuums« verlebt werden.[3] Ältere Menschen stellen seit über 50 Jahren unter Beweis, daß sie sich selbst – von der Basis bis zur Bundesebene – die Strukturen schaffen können, die ihnen jegliche von ihnen gewünschte Art freiwilligen Engagements erlauben. Zu deren Aufbau und Erhaltung brauchen sie natürlich zum Teil die Unterstützung von Institutionen; dabei wird für die Durchsetzung der Interessen zunehmend auch zu politischen Mitteln gegriffen.

Diese Entwicklung geht eindeutig aus der Übersicht von Seite 123 hervor, die für jede Dekade die Anzahl der BAGSO-Organisationen vermerkt, die schon seit längerer Zeit Aufgabenfelder einer Zielsetzung bearbeiten oder zu diesem Ziel gegründet worden sind. Die Ziele I bis V, ›Solidarisch und sozial‹, ›Gesellig und kulturell‹, ›Gesundheit und Fitneß‹, ›Kirchliche Altenarbeit‹ sowie ›Berufsbezogene Altenarbeit‹, haben seit der Nachkriegszeit Hochkonjunktur. Hierbei ist zu bedenken, wieviel Initiative und Organisationstalent zusammenkommen müssen, bis ein Verband bundesweit arbeitsfähige Strukturen hat (dies ist ein wesentliches Kriterium für die Aufnahme in die BAGSO). Und auch nach der Konsolidierung auf nationaler Ebene ist eine sensible Ausrichtung an den aktuellen Bedürfnissen der Mitglieder nötig, damit diese nicht zu Verbandskonkurrenten überwechseln. Auf diese Weise haben sich die Arbeitsansätze im Zeitverlauf so stark verändert, daß mittlerweile von einem Paradigmenwechsel gesprochen wird.

Bei den Zielen VI und VII ergibt sich ein anderes Bild. Die ›Weitergabe von Kompetenzen und Erfahrungswissen‹ ist erst seit etwa zwei Jahrzehnten zu einem Thema geworden, das auch außerhalb der Familie außerordentliche Aktualität gewonnen und u.a. zahlreiche Alt-Jung-Projekte angeregt hat. Das Ziel ›Politische Interessenvertretung Älterer‹ hat dagegen eine längere Tradition. Als Zielsetzung neben einer anderen wurde sie schon ab 1962 von der EURAG (Bund der älteren Generation Europas) sowie ab 1974 von der ›Bundesinteressenvertretung der Altenheimbewohner‹ verfolgt. Seit den 80er Jahren bestimmte sie allein die Arbeit der dafür gegründeten Verbände bzw. der Senioren-Arbeitsgemeinschaften von Parteien.

Die Entwicklung in Deutschland ist damit völlig anders verlaufen als in anderen Ländern. In den USA zum Beispiel stellen Senioren seit langem einen Machtfaktor dar, der in Politik und Wirtschaft gehört wird. Mit 33 Millionen Mitgliedern ist die AARP (Amerikanische Gesellschaft für Personen im Ruhestand) die Organisation mit

3 Margret Baltes: *Produktives Leben im Alter: Die vielen Gesichter des Alters – Resümee und Perspektiven für die Zukunft.* In: Margret Baltes / Leo Montada (Hg.): *Produktives Leben im Alter.* Frankfurt / M., New York 1996, S. 393–407, hier S. 399.

dem meisten Gewicht.[4] Ihr hoher Stellenwert resultiert aus dem Einsatz für die materielle Versorgung der Mitglieder, denen sie z.B. eine günstige Krankenversicherung bietet.[5] Ansätze dazu waren auch in Deutschland vorhanden (etwa mit der Gründung des ZdS – ›Zentralverband der Sozialversicherten, der Rentner und deren Hinterbliebenen Deutschland e.V.‹ – oder des ›Sozialverbandes VdK‹), erwiesen sich aufgrund der recht gut ausgebauten sozialstaatlichen Gesetzgebung aber in erster Linie als für soziale Randgruppen erforderlich.[6]

Erst mit Gründung der BAGSO wurde auf breiter Basis die Zielsetzung ins Visier genommen, verbandsübergreifend die zahlenmäßige Macht der vertretenen Mitglieder zu demonstrieren und politische Wirkung zu erreichen.[7] Nach zehnjährigem Bestehen manifestiert sich dieser Wille immer stärker, u.a. in der Verabschiedung von Positionspapieren zu aktuellen Themen der Seniorenpolitik, die den zuständigen Bundesministern, Bundestagsausschüssen etc. zugeleitet und über die Mitglieder an die Öffentlichkeit vermittelt werden. Die Öffnung der BAGSO für parteibezogene Seniorenorganisationen war mit Blick auf die rasante Politisierung der Seniorenarbeit gesellschaftlich erforderlich, unterstreicht aber auch das Hineinwachsen in die Rolle einer ›Lobby der Alten‹. Die weitere Entwicklung wird zeigen, ob bereits von einer Altenbewegung gesprochen werden kann oder zunächst einmal davon, daß Bewegung ins Alter gekommen ist.

4 Eugene Lehrmann: *Bilder vom Alter(n) prägen die Wirklichkeit.* In: Friedrich-Ebert-Stiftung (Hg.): *USA: Alterung und Modernisierung.* Düsseldorf 1996, S. 15–21.

5 Adalbert Evers: *Alt genug, um selbst zu entscheiden. Autonomie und Mitbestimmung im Alter.* In: Günter Verheugen: *60 plus: Die wachsende Macht der Älteren.* Köln 1994, S. 212–233, hier S. 217ff.

6 Malte Ristau / Petra Mackroth: *Latente und aktive Altenmacht – Seniorenorganisationen, Gewerkschaften und Parteien.* In: *forum demographie und politik* (1993) H. 3 (Mai), S. 110–136, hier S. 121ff., sowie Martin Kohli: *Von Solidarität zu Konflikt? Der Generationenvertrag und die Interessenorganisation der Älteren.* In: Verheugen (wie Anm. 5), S. 61–74, hier S. 70ff.

7 Erika Neubauer: *Politik mit und für Senioren. Das Beispiel der Bundesarbeitsgemeinschaft der Senioren-Organisationen (BAGSO).* In: Verheugen (wie Anm. 5), S. 23–32.

Elend dicht am Glanzboulevard – altes Paar an der Budapester Straße in Berlin, Friedrich Seidenstücker, 1931, Bildarchiv Preußischer Kulturbesitz, Berlin (Kat. 5.2.08)

Freiheit durch Sicherung

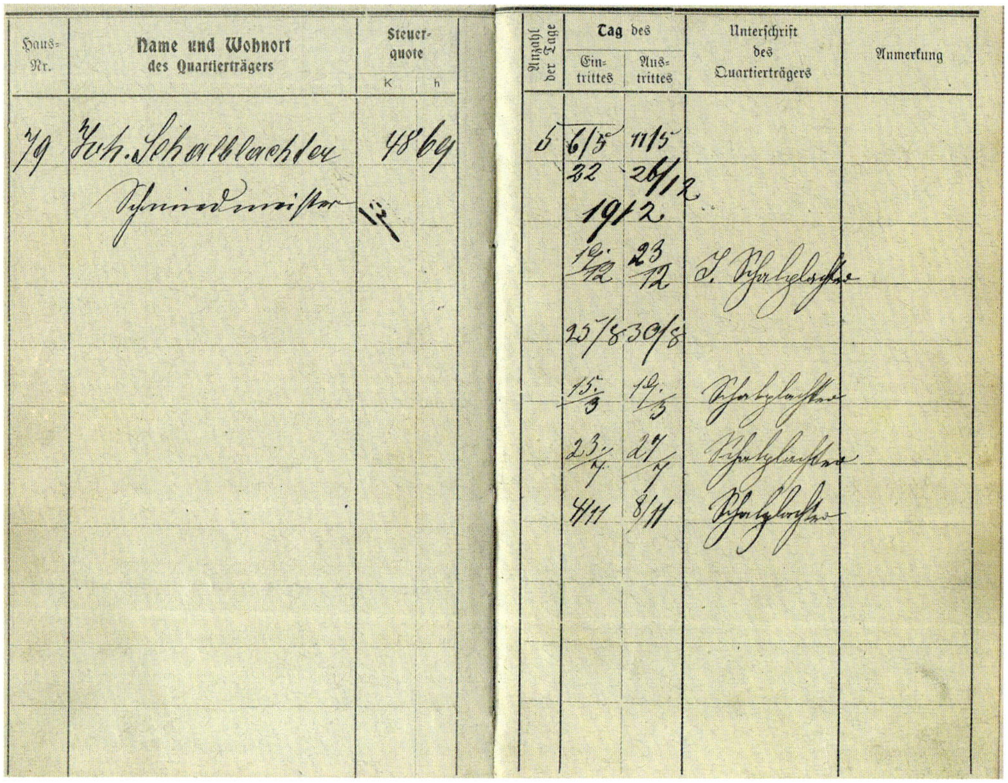

Haus-Nr.	Name und Wohnort des Quartierträgers	Steuerquote K	h	Anzahl der Tage	Tag des Eintrittes	Austrittes	Unterschrift des Quartierträgers	Anmerkung
7/9	Joh. Schallbachter	48	69	5	6/5	11/5		
	Schmiedmeister				22	26/12		
					1912			
					19/12	23/12	J. Schalbachter	
					25/8	30/8		
					15/3	19/3	Schalbachter	
					23/7	27/7	Schalbachter	
					4/11	8/11	Schalbachter	

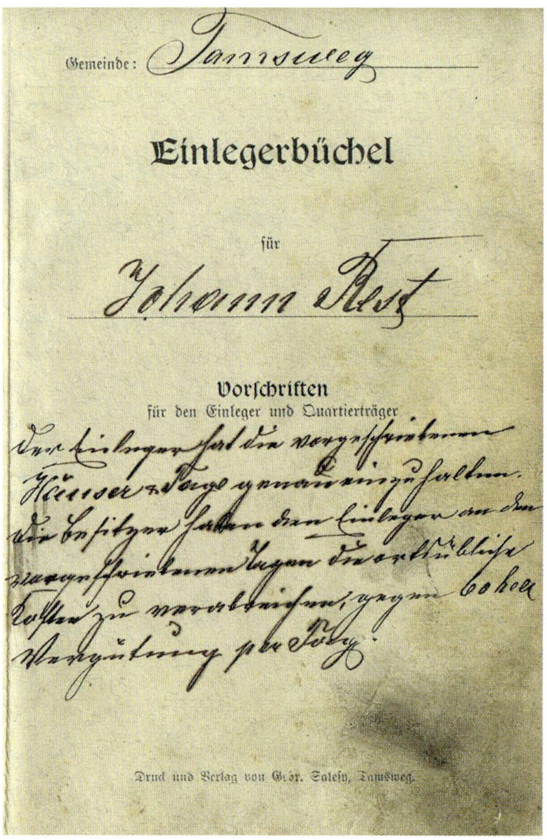

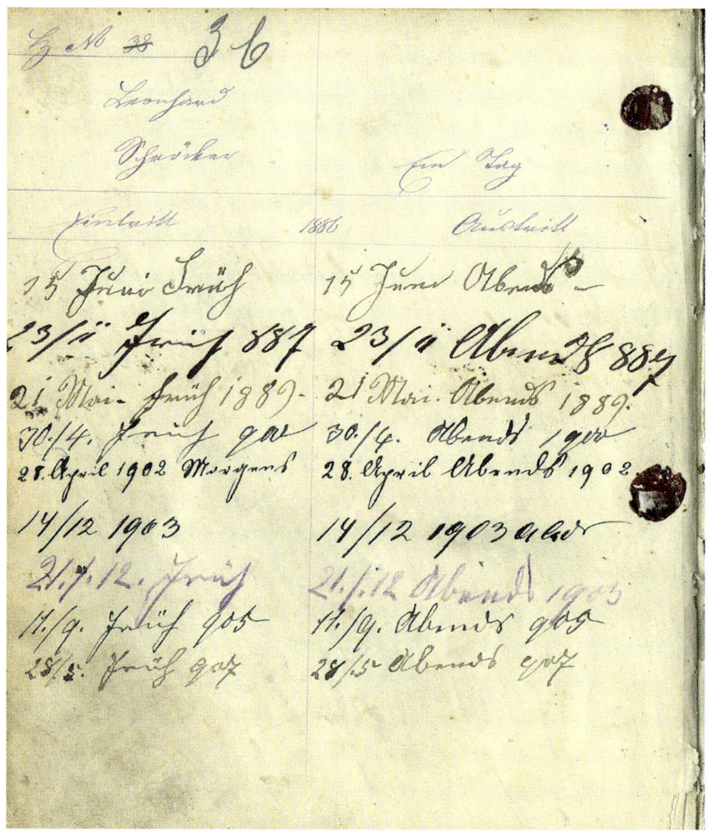

Zwei Einlegerbüchel von Michael Gruber und von Johann Rest, um 1930, Gemeindearchiv Marktgemeinde Tamsweg, Österreich (Kat. 5.1.05)

Sozialer Härtefall aus der frühen Bundesrepublik: Rudolf Schäfer im Rentendschungel, 1958, Bundesarchiv Koblenz (Kat. 5.2.21)

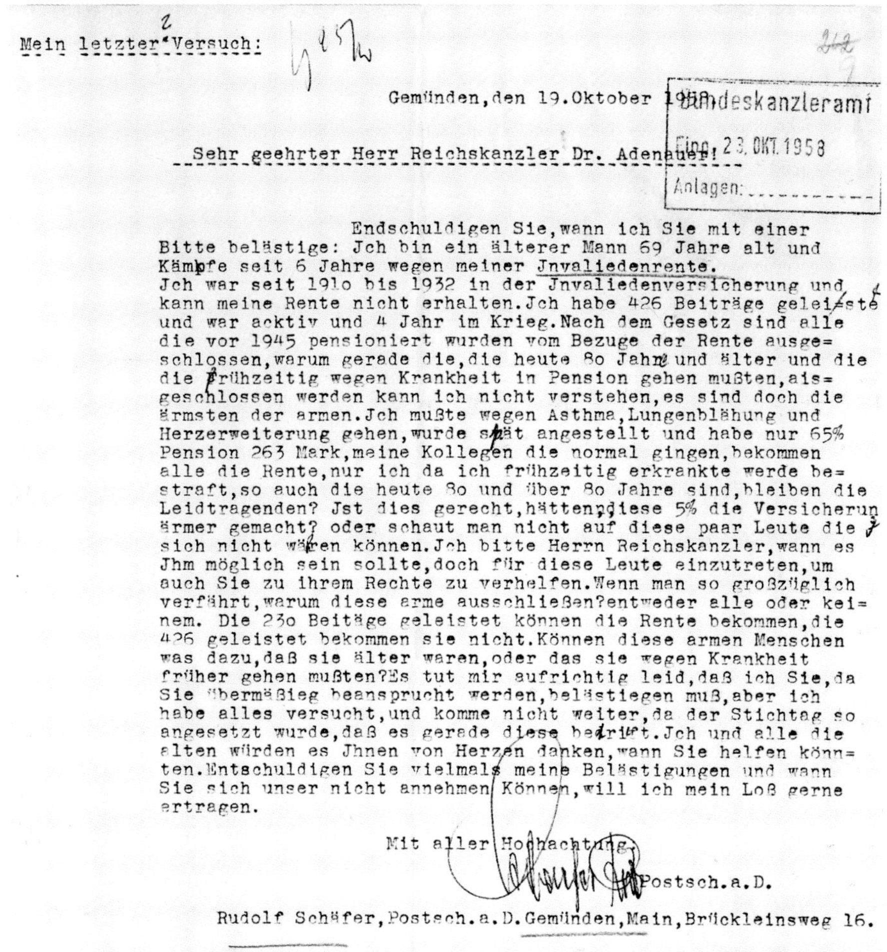

Mein letzter Versuch:

Gemünden, den 19. Oktober 1958

Bundeskanzleramt
Eing. 23. OKT. 1958
Anlagen:

Sehr geehrter Herr Reichskanzler Dr. Adenauer!

Endschuldigen Sie, wann ich Sie mit einer Bitte belästige: Jch bin ein älterer Mann 69 Jahre alt und Kämpfe seit 6 Jahre wegen meiner Jnvaliedenrente.
Jch war seit 191o bis 1932 in der Jnvaliedenversicherung und kann meine Rente nicht erhalten. Jch habe 426 Beiträge geleistet und war acktiv und 4 Jahr im Krieg. Nach dem Gesetz sind alle die vor 1945 pensioniert wurden vom Bezuge der Rente ausgeschlossen, warum gerade die, die heute 8o Jahre und älter und die die frühzeitig wegen Krankheit in Pension gehen mußten, ausgeschlossen werden kann ich nicht verstehen, es sind doch die ärmsten der armen. Jch mußte wegen Asthme, Lungenblähung und Herzerweiterung gehen, wurde spät angestellt und habe nur 65% Pension 263 Mark, meine Kollegen die normal gingen, bekommen alle die Rente, nur ich da ich frühzeitig erkrankte werde bestraft, so auch die heute 8o und über 8o Jahre sind, bleiben die Leidtragenden? Jst dies gerecht, hätten diese 5% die Versicherung ärmer gemacht? oder schaut man nicht auf diese paar Leute die sich nicht wären können. Jch bitte Herrn Reichskanzler, wann es Jhm möglich sein sollte, doch für diese Leute einzutreten, um auch Sie zu ihrem Rechte zu verhelfen. Wenn man so großzüglich verfährt, warum diese arme ausschließen? entweder alle oder keinem. Die 23o Beitäge geleistet können die Rente bekommen, die 426 geleistet bekommen sie nicht. Können diese armen Menschen was dazu, daß sie älter waren, oder das sie wegen Krankheit früher gehen mußten? Es tut mir aufrichtig leid, daß ich Sie, da Sie übermäßieg beansprucht werden, belästiegen muß, aber ich habe alles versucht, und komme nicht weiter, da der Stichtag so angesetzt wurde, daß es gerade diese betrifft. Jch und alle die alten würden es Jhnen von Herzen danken, wann Sie helfen könnten. Entschuldigen Sie vielmals meine Belästigungen und wann Sie sich unser nicht annehmen Können, will ich mein Loß gerne ertragen.

Mit aller Hochachtung.

Postsch. a. D.

Rudolf Schäfer, Postsch. a. D. Gemünden, Main, Brückleinsweg 16.

Police-Buch der Friedrich-Wilhelm-Arbeiter-Versicherung, 1902, Gerling Versicherungs-Beteiligungs-AG, Köln (Kat. 5.2.07a)

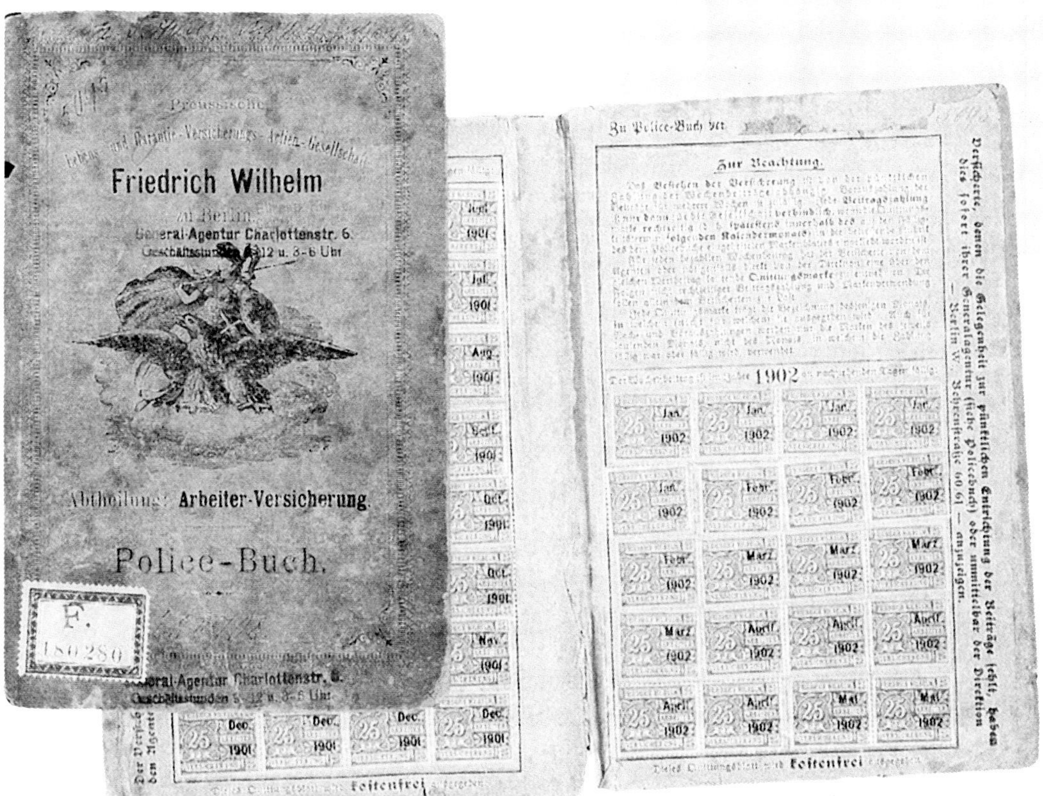

H. H. La Thangue: *The Last Furrow* (*Die letzte Furche*), um 1895, Oldham Art Gallery & Museums, Oldham, UK / Bridgeman Art Library, London (Kat. 5.1.01)

An der Berliner Kronenstraße verkauft eine alte Frau Streichhölzer, Friedrich Seidenstücker, 1928, Bildarchiv Preußischer Kulturbesitz, Berlin (Kat. 5.2.17)

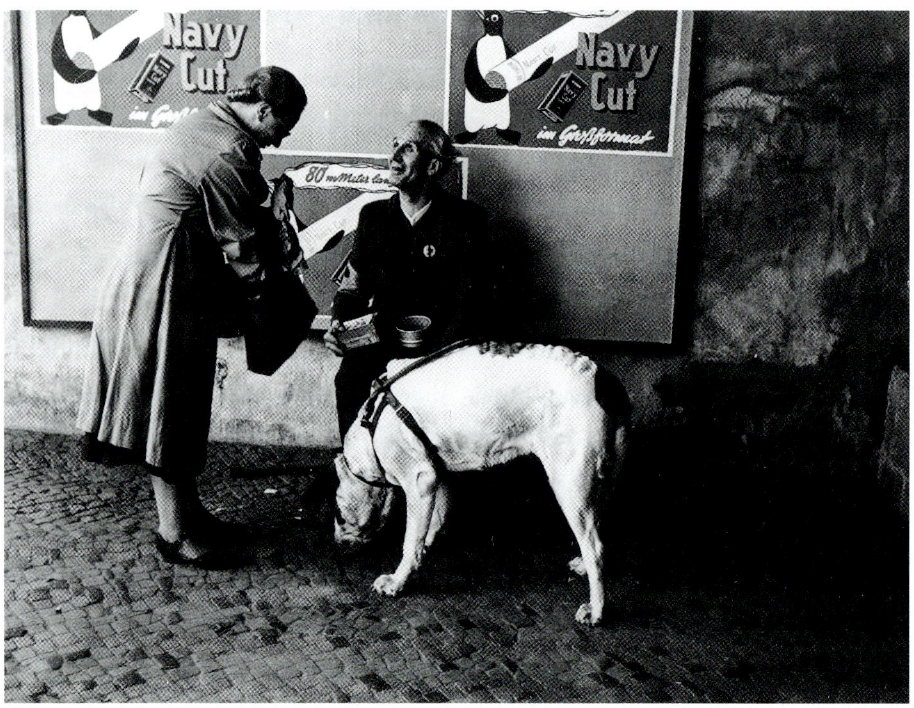

Almosen für einen kriegsblinden Bettler mit seinem Hund, Friedrich Seidenstücker, um 1932, Bildarchiv Preußischer Kulturbesitz, Berlin (Kat. 5.2.12)

Ein alter obdachloser Mann gibt seine letzten Pfennige für ein bißchen Obst, Friedrich Seidenstücker, um 1930, Bildarchiv Preußischer Kulturbesitz, Berlin (Kat. 5.2.11)

Alte Spardose, Karl Heinz Felten, Köln (Kat. 5.2.06 f)

Alte Sparuhren, Kreissparkasse Köln, Karl Heinz Felten, Köln (Kat. 5.2.06 j)

Ein typisches Arbeiterschicksal im 19. Jahrhundert: Hans F. (1841–1901)

Hans F. wird 1841 in einem Dorf im Münsterland geboren. Die Schusterei des Vaters kann die siebenköpfige Familie kaum ernähren. Mit 18 Jahren verläßt F. darum das Elternhaus in Richtung der jungen Industriestädte an der Ruhr. Er findet Arbeit in den Stahlwerken in Dortmund. 1860 heiratet er. Aus der Ehe gehen zwei Kinder hervor.

Das Alter und damit verbundene materielle Nöte beginnen für Hans F. – wie für zahllose Industriearbeiter im 19. Jahrhundert – bereits mit dem 47. Lebensjahr. Äußerlichkeiten stempeln ihn zum ›Alten‹: Er muß seit kurzem eine Brille tragen. Da es genügend Jüngere gibt, die Arbeit suchen, wird er bald auf eine wesentlich schlechter bezahlte Stelle im Lager versetzt. Seine Frau muß daraufhin Arbeiten als Näherin annehmen, die Familie in eine kleinere Wohnung ziehen.

Mit 52 Jahren verliert F. auch seine ›Altersstellung‹. Von nun an müssen Hans F. und seine Frau zusätzlich Untermieter in ihre kleine Wohnung nehmen. Der erwachsene Sohn verdient gerade genug für seine eigene Familie. Bis zu seinem Tod 1901, mit 60 Jahren, arbeiten F. und seine Frau zu Hause. Er verdient ein wenig Geld mit Schusterarbeiten, sie näht weiterhin. Dennoch sind beide nicht selten zusätzlich auf Armenunterstützung angewiesen.

Hans F.s Schicksal ist typisch für diesen Abschnitt des Industriezeitalters. Einerseits wurde den traditionellen Formen der Alterssicherung durch familieneigene Höfe und Betriebe zusehends die Grundlage entzogen. Und von den Versicherungssystemen werden andererseits erst spätere Generationen profitieren.

Tabellarischer Lebenslauf Hans F.

Geboren 1841 im Münsterland

Heirat 1860, zwei Kinder

Beruf

1859–1888	Arbeit in der Dortmunder Stahlindustrie

Materielle Sicherung im Alter

1889–1893	Arbeit als Lagerarbeiter
1894–1901	Miete von Untermietern, Erlöse aus Schuster- sowie aus Näharbeiten seiner Frau
1901	Tod

Arbeitsplatzverlust und Vorruhestand nach der Wende: Gisela S. (geboren 1937)

Gisela S. gehört zu den tatkräftigen Frauen, die zu DDR-Zeiten wirtschaftlich unabhängig waren. Sie betont: »Wir haben großen Wert darauf gelegt, unser eigenes Geld zu verdienen und auszugeben.« Als Abteilungsleiterin im VEB Carl Zeiss JENA hat sie in den 80er Jahren ungefähr 1500 Mark verdient.

Ein Jahr nach der Wende wird sie auf Kurzarbeit Null gesetzt und im März 1992 in den Vorruhestand entlassen. Sie bekommt 63 Prozent des letzten Gehaltes. Ihr Vorruhestandsgeld wird mit jeder Tariferhöhung angeglichen, so daß sie 1997 fast 2000 DM erhält. Seit 1997 erhält sie eine Altersrente von 1300 DM. Bei ihrem Ausscheiden aus dem Betrieb hat sie eine gute Abfindung erhalten.

Die Abfindung nutzt Frau S. für eine private Altersvorsorge sowie zum Kauf eines Autos und die Neueinrichtung ihrer vollständig sanierten Altbauwohnung. Die Miete von 967 DM kann sie von ihrer Rente und der Erwerbsunfähigkeitsrente ihres Mannes in Höhe von 1300 DM begleichen. Dennoch hofft Frau S. auf eine Erhöhung ihrer Rente, da sie 17 Jahre in die Freiwillige Zusatzrentenversicherung der DDR eingezahlt hat, die bislang unberücksichtigt geblieben ist.

Mit 55 Jahren erwirbt sie den Führerschein. Frau S. und ihr Mann leisten sich von ihrem Ersparten Reisen. In letzter Zeit setzt der Gesundheitszustand ihres Mannes diesem Vergnügen Grenzen. Da Herr S. chronisch krank ist, muß das Ehepaar ein Prozent seiner Einkünfte für Medikamente ausgeben.

Frau S. besitzt eine Lebensversicherung, die im Jahr 2002 ausläuft, die ihres Mannes wird 2006 ausgezahlt. Aus heutiger Sicht werden beide in keine finanzielle Notsituation geraten. »Rechnen müssen wir schon«, sagt sie, »aber einschränken müssen wir uns nicht.«

Tabellarischer Lebenslauf von Gisela S.

Geboren 1937 in Bad Berka, Vater Wehrmachtsoffizier, Mutter Hausfrau

Erste Ehe von 1956–1959; zweite Ehe ab 1971 mit Winfried S., ein Sohn, geboren 1957

Ausbildung

1943–1951	Besuch der Volksschule. Da der Vater Offizier im Zweiten Weltkrieg war, darf sie die Oberschule nicht besuchen.
1951–1954	Lehre als Rundoptikerin im VEB Carl Zeiss JENA

Beruf

1954–1960	Arbeit als Handkorrigiererin
1960–1966	Qualitätskontrolleurin in der TKO (Technische Kontrollorganisation)
1966–1969	Fernstudium an der Ingenieurschule für Wissenschaftlichen Gerätebau ›Carl Zeiss‹ in Jena mit dem Abschluß in ›Technologie und Automatisierung der Feinwerktechnik‹. Parallel dazu: Durchlauf als Qualitätskontrolleurin im Bereich Optik-Qualitätskontrolle
1969–1971	Güteinspektorin in der TKO
1971–1981	Meisterin in der Mikro-Optik-Endkontrolle
1981–1992	Leitung der Abteilung Optische Qualitätskontrolle 4 für Mikro-Optik
1992–1997	Vorruhestand
seit 1997	Altersrentnerin

Wohnung

1945–1969	Zunächst möblierte Zimmer, später kleine Wohnung
1969–1995	Drei-Zimmer-Altbauwohnung mit Bad
seit 1995	Vollständig sanierte Drei-Zimmer-Altbauwohnung

Unfälle/Krankheiten

1958	Gallenblasenoperation
1979	Schwerer Motorradunfall
1986	Beinbruch (Arbeitswege-Unfall)

Beziehung zu den eigenen Eltern im Alter

1990	Pflege der Mutter im eigenen Haushalt
1990	Tod der Mutter

Reisen

Seit 1992 mit dem eigenen Auto; Reisen mit ihrem Ehemann nach Griechenland, Spanien, Dänemark, Österreich, in die Schweiz, an den Bodensee und den Schwarzwald

Christine von Blanckenburg und Carsten Zorn

Die Versicherung der Freiheit – in Vergangenheit, Gegenwart und Zukunft

Für die breite Masse älterer Menschen stellt gegenwärtig die gesetzliche Rente die materielle Voraussetzung ihrer Unabhängigkeit im Alter dar. Mit der sich dramatisch verändernden Altersstruktur der Gesellschaft sind daher – mit den Rentenversicherungssystemen – auch die ›Späten Freiheiten‹ insgesamt bedroht. Welche Perspektiven gibt es in dieser Situation? Wird die Zukunft wieder der Vergangenheit gleichen? Oder wird die Alterssicherung ganz anders, anders auch als heute, aussehen? Die beiden folgenden Texte versuchen, durch zwei sehr verschiedene Antworten der Vielfalt der Probleme und Chancen gerecht zu werden.

Droht schon bald wieder ein trüber Herbst?

Fürwahr, schöne neue Altenwelt. Weit haben wir es gebracht. Rund 100 Jahre, nachdem die mitteleuropäischen Industriestaaten eine erste bescheidene Absicherung ihrer älteren Bürger gegen die allerärgsten existentiellen Nöte ins Werk setzten, werden die letzten 30 Jahre des Lebens als eine Art Urlaub begriffen. Der will mit Reisen, Volkshochschulkursen, sportlichen Aktivitäten, Shopping, Konzertbesuchen und ähnlichem mehr wohlgefüllt werden. Die materiellen Sorgen gelten nicht mehr dem Dach über dem Kopf und dem Essen im Topf, sondern der Frage, wie oft im Jahr man in den Urlaub fahren kann. Alte sind heute aufgrund ihrer ökonomischen Potenz unverzichtbare Träger der Freizeitkultur.

Doch reicht die Teenagerparole ›fun – fun – fun‹? Ist es wirklich ein erstrebenswertes Lebensziel, jugendlich rank und schlank und mit einem Großteil der eigenen Zähne ins Gras zu beißen? Steht den sogenannten neuen Alten der Sinn nicht vielleicht doch nach ein wenig mehr? Immerhin verlangt aufgrund des früheren Renteneintritts und der gestiegenen Lebenserwartung nicht mehr nur eine kurze Phase, in der man es sich wohlverdientermaßen gut gehen läßt, nach einer tragfähigen Basis, sondern etwa ein Drittel des Lebens.

Altenlobbyisten fordern daher seit einigen Jahren die altersintegrierte Gesellschaft, in der der Einzelne ganz nach Belieben und Vermögen über sein Ausscheiden aus dem Beruf entscheidet. Damit wird aber das seit Jahrzehnten praktizierte Ruhestandskonzept in Frage gestellt, demzufolge die Alten Arbeitsplätze für die Jungen frei machen, dafür aber im Umlageverfahren von der jungen Generation eine Rente finanziert bekommen, die ihren hohen Lebensstandard absichert. Es gehört wenig Phantasie dazu, sich verschärfte Generationenkonflikte auszumalen, sollte dieses neue Konzept umgesetzt werden. Bisher kennen wir solche Reibungspunkte nur aus den freien Berufen. So fühlen sich schon heute junge Mediziner nach einem langen Studium, zu dem ohnehin nur die Besten zugelassen werden, um ihr

Rechts:
Eine Wolldecke schützt vor der schlimmsten Kälte – eine obdachlose alte Frau in Berlin, Friedrich Seidenstücker, um 1930, Bildarchiv Preußischer Kulturbesitz, Berlin (Kat. 5.2.10)

Leben betrogen, da es ihnen bis in ein Lebensalter, in dem die Vätergeneration längst zu Ansehen und Vermögen gekommen war, verwehrt bleibt, sich zu etablieren. Auch wenn Ältere ehrenamtliche, aber ihrer beruflichen Erfahrung entsprechend qualifizierte Arbeit leisten würden, würde das die befürchteten Auseinandersetzungen kaum mildern, denn in Zeiten knapper Kassen würde mutmaßlich die bezahlte Stelle eines Jüngeren zugunsten der unbezahlten eines älteren Menschen gestrichen werden.

An den Verhältnissen des 18. und frühen 19. Jahrhunderts kann man studieren, zu welchen gesellschaftlichen Verwerfungen es führt, wenn die Machtverhältnisse zwischen den Generationen nicht mehr austariert sind. Damals mußte ein Stelleninhaber bis zu seinem Tode arbeiten, da es noch keine Renten gab. War er dazu körperlich oder geistig nicht mehr in der Lage, stellte er einen jungen Vertreter ein mit dem Versprechen, ihm die Stelle künftig zu vererben. Oft mußte die junge Familie lange Jahre von dem kargen Lohn leben, den der Alte von seinen Einkünften abzweigte. Kamen noch persönliche Gehässigkeiten hinzu, die in Anbetracht des ökonomischen Drucks, unter dem auch die Alten standen, nicht selten gewesen sein dürften, sahen die Jungen mitunter keinen anderen Ausweg, als das Ableben des Stelleninhabers zu beschleunigen.

Eine alte Frau muß sich ihr Brot mit Singen und Tanzen verdienen, Heinrich Hoffmann, 1928, Bildarchiv Preußischer Kulturbesitz, Berlin (Kat. 5.2.15)

Links:
Ein alter Mann verkauft Streichhölzer am Kurfürstendamm, Friedrich Seidenstücker, 1928, Bildarchiv Preußischer Kulturbesitz, Berlin (Kat. 5.2.09)

Zwar wird kaum ein solches Elend wie in der Vergangenheit ausbrechen, wenn die Ruhestandsgrenze flexibler gestaltet werden wird, doch hält der Generationenvertrag ohnehin nur noch mühsam. Längst wird auch von seiten der Jungen überlegt, wie die eigene Position zu stärken ist, denn Altersstruktur und Wirtschaftskrise rütteln an den Fundamenten des Sozialversicherungssystems. ›Rentnerberg‹ und hohe Arbeitslosenquote belasten die Beitragszahler immer stärker, während gleichzeitig das Vertrauen schwindet, selbst einmal ähnlich abgesichert zu sein wie heutige Senioren. Viele würden daher lieber in die finanziell effektivere private Vorsorge investieren, als die hohen Sozialabgaben zu zahlen, zumal nicht wenige der heute 30- bis 40jährigen eine staatliche Grundsicherung auf niedrigstem Niveau erwarten.

Noch sind zwar die Renten und damit der individuelle konsumorientierte Lebensstil sicher, doch was sind einige Dutzend Jahre in der Historie? Was die Zukunft bringen wird, weiß niemand, doch sieht es so aus, als ob auf den ›goldenen

Besonders in wirtschaftlichen Krisenzeiten wurde Wohlstand von weiten Teilen der Bevölkerung als Provokation empfunden. Druck und Verlag von Gustav Kühn in Neuruppin, Ende des 19. Jahrhunderts, Bayerisches Nationalmuseum, München

Oktober‹ ein ›trüber Herbst‹ folgen wird. Da der breite Mittelstand in den reichen Staaten West- und Mitteleuropas die Möglichkeit zu privater Vorsorge hat und ein gesellschaftlicher Konsens über die Notwendigkeit besteht, die sozial Schwachen zu unterstützen, wird den künftigen Senioren aber vermutlich ein Schicksal erspart bleiben, wie es Rentner im ehemaligen Ostblock zu tragen haben. Dort trifft man allenthalben auf das längst überwunden geglaubte Stereotyp der armen Alten, die frieren und hungern müssen, weil der staatliche Zuschuß zu schmal ist, um als Lebensgrundlage dienen zu können, und sie den jüngeren Konkurrenten im Kampf um die knappe Arbeit hoffnungslos unterlegen sind.

Bei der künftigen Ressourcenverteilung zwischen den Generationen ist also weder eine Konzentration von Macht und Besitz auf seiten der Alten wie in der vorindustriellen Zeit anzustreben, noch darf man die Senioren ohne Schutz und Recht lassen wie zur Zeit der Industrialisierung. Das eine würde die ganze Gesellschaft lähmen und die Alten zur Zielscheibe von Aggressionen machen. Das andere ließe einen großen Teil der vermeintlich erfolgreichen Generation mit den Jahren in Armut fallen, was einer zivilisierten modernen Gesellschaft unwürdig wäre.

(Christine von Blanckenburg)

Oder beginnt der goldene Oktober gerade erst?

Die Zukunft der Rentensysteme ist gegenwärtig unter den vielen im Zusammenhang mit dem Alter gesellschaftlich breit diskutierten Themen vielleicht dasjenige, mit dem am meisten Befürchtungen verbunden werden. Gleichwohl ist es nicht ganz ausgeschlossen, daß alle heute im Zusammenhang mit der Alterssicherung diskutierten Probleme sich – wenigstens langfristig – mehr oder weniger von selbst lösen werden. Jedenfalls: Wenn verschiedene heute erkennbare Trends sich tatsächlich in der Weise fortsetzen, wie es erwartet wird, könnten sie gemeinsam eine Situation schaffen, die der überwiegenden Mehrheit älterer Menschen materielle Sicherheit, mehr Freiheit sowie befriedigende Beschäftigungsmöglichkeiten und den Jungen erträgliche Rentenversicherungsbeiträge bescheren wird; eine Situation gar, die darüber hinaus hinsichtlich beinahe aller aktuellen sozialen Probleme eine erhebliche Entschärfung bringen könnte – so etwa auch hinsichtlich der Arbeitslosigkeit.

Diese Trends sind: erstens die Entwicklung der modernen Gesellschaft zu einer, in der die Jungen dauerhaft eine Minderheit darstellen werden – weshalb die Alten dann künftig auch länger

Rechts:
Werbeanzeige des Gesamtverbandes der deutschen Versicherungswirtschaft

arbeiten könnten, ohne den Jungen etwas wegzunehmen. Das knappere Angebot an Jungen auf dem Arbeitsmarkt dürfte sogar eine echte Nachfrage nach älteren Arbeitnehmern entstehen lassen. Und schließlich zeichnet sich ab, daß in Zukunft immer mehr Menschen auch tatsächlich länger arbeiten wollen. Da die Leistungen der Rentenversicherung von vielen dann erst in viel höherem Alter als heute in Anspruch genommen werden würden, ergäbe sich mit diesem Trend zugleich eine erste finanzielle Entlastung für die Jungen.

Eine weitere Entlastung könnte aus dem zweiten großen Trend resultieren: dem Umbau der Gesellschaft zur Dienstleistungs- und Wissensgesellschaft. Von dieser Entwicklung wird allgemein ein erheblicher Produktivitätsfortschritt erwartet. Selbst eine wesentlich geringere Zahl Erwerbstätiger könnte dann mindestens ebensoviel erwirtschaften wie die Beschäftigten heute (und nimmt man die dann arbeitenden ›jungen Alten‹ hinzu, wird sogar denkbar, daß es mehr sein wird). Am Ende könnte sich darum gar noch einmal ein so großer Verteilungsspielraum einstellen wie schon einmal infolge des ›Wirtschaftswunders‹ – der dann einerseits die Renten sichern könnte und andererseits, via höherer Gesundheitsleistungen und besserer Bildung, noch mehr Menschen die Freude an einem produktiven Alter ermöglichen würde. Am Ende des Umbaus zur Wissensgesellschaft wird es der dann altgewordenen Generation ohnehin leichter fallen, mit der weiteren Entwicklung mitzuhalten, da sie ja gemeinsam mit dieser Gesellschaft und ihrer Basistechnologie, dem Computer, großgeworden ist. Außerdem dürfte die Wissensgesellschaft immer weniger körperlich anspruchsvolle Arbeiten, also immer mehr seniorengerechte Arbeitsplätze hervorbringen. Nicht zuletzt ist es denkbar, daß sich in einer ›alterslosen Dienstleistungs- und Wissensgesellschaft‹ das gesamte industriegesellschaftliche ›Lebenslaufregime‹, das starre Nacheinander von Ausbildung – Erwerbsleben – Rente, endgültig auflöst. Statt dessen wird man möglicherweise immer früher damit beginnen, abwechselnd zu lernen, zu arbeiten und Auszeiten zu nehmen, und diese Lebensform auch immer länger praktizieren können. Eine einheitliche Altersgrenze für das Ausscheiden aus dem Beruf erscheint jedenfalls schon heute kaum mehr angemessen, angesichts immer differenzierterer Lebensentwürfe und Erwerbsbiographien sowie insgesamt wachsender Bedeutung von Aus-, Um- und Weiterbildungsphasen in den Lebensläufen. Insgesamt, könnte man zusammenfassen, scheint es also auch denkbar, daß die dramatische Veränderung der Altersstruktur und die übrigen Entwicklungstendenzen der modernen Gesellschaft sich geradezu harmonisch ergänzen.

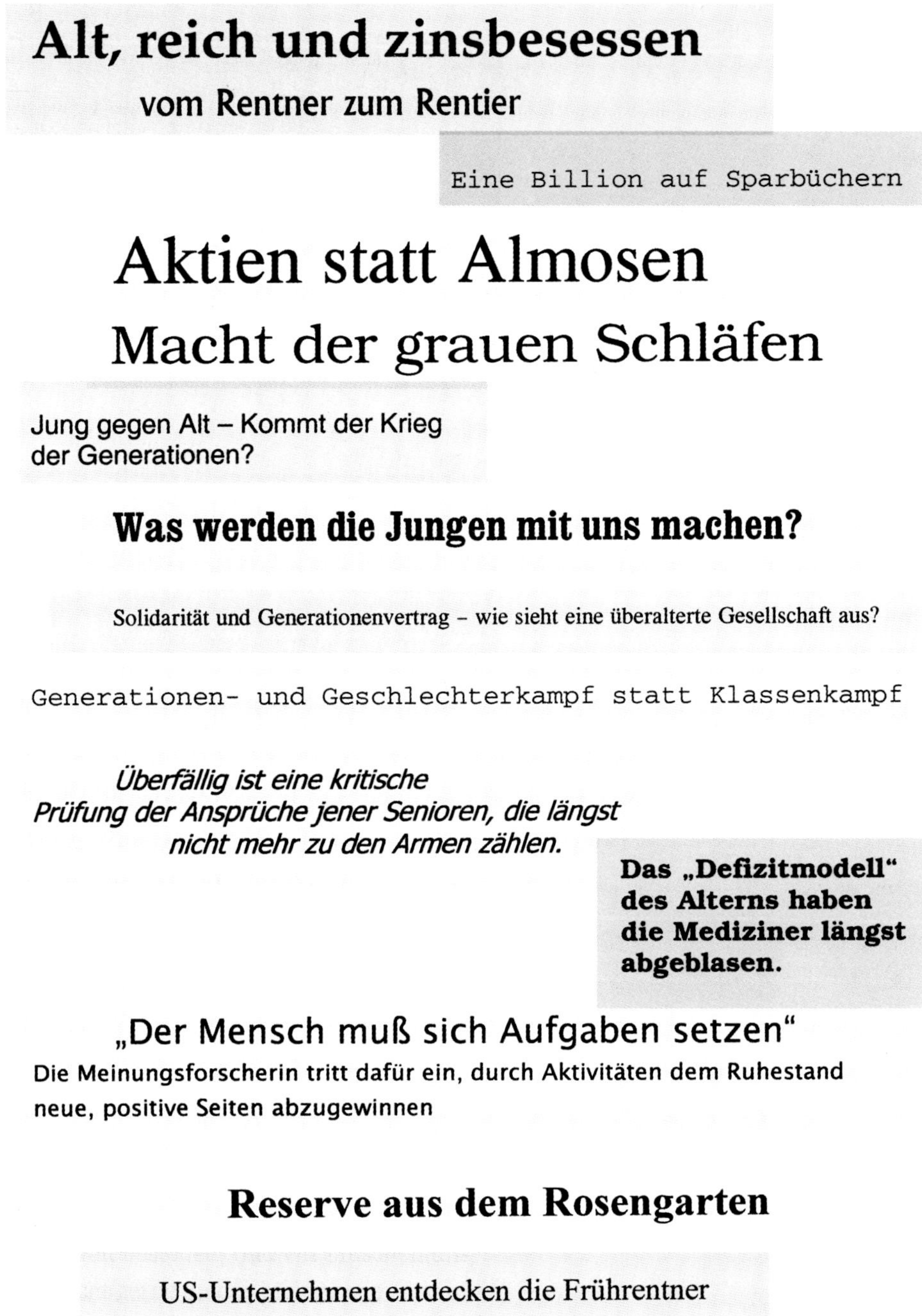
Alt, reich und zinsbesessen
vom Rentner zum Rentier

Eine Billion auf Sparbüchern

Aktien statt Almosen

Macht der grauen Schläfen

Jung gegen Alt – Kommt der Krieg der Generationen?

Was werden die Jungen mit uns machen?

Solidarität und Generationenvertrag – wie sieht eine überalterte Gesellschaft aus?

Generationen- und Geschlechterkampf statt Klassenkampf

Überfällig ist eine kritische Prüfung der Ansprüche jener Senioren, die längst nicht mehr zu den Armen zählen.

Das „Defizitmodell“ des Alterns haben die Mediziner längst abgeblasen.

„Der Mensch muß sich Aufgaben setzen“
Die Meinungsforscherin tritt dafür ein, durch Aktivitäten dem Ruhestand neue, positive Seiten abzugewinnen

Reserve aus dem Rosengarten

US-Unternehmen entdecken die Frührentner

Sowohl die finanzielle Sicherheit im Alter als auch die gesellschaftliche Akzeptanz des Ruhestandes stehen heute wieder in Frage: Schlagzeilen der letzten Jahre

Angesichts von Unsicherheit und Zukunftsangst bleibt die Forderung nach dem offenen Dialog zwischen den Generationen eine ständige Herausforderung, Peter Frischmuth, Argus

Von einer Zunahme ›Später Freiheiten‹ wird man im Hinblick auf diese Zukunft freilich nur sprechen können, wenn dem einzelnen eine Wahl bleibt, er also nicht gezwungen sein wird, unter allen Umständen lebenslang zu arbeiten und dazuzulernen. Außerdem werden sich natürlich eine ganze Reihe versicherungstechnischer Fragen stellen; ein erheblicher gesellschaftlicher Diskussions- und politischer Entscheidungsbedarf wird entstehen; vor allem aber werden zusätzliche Wahlmöglichkeiten den individuellen Entscheidungsdruck noch einmal erhöhen: Wann wird man sich dann entscheiden müssen, ob man lieber einen frühen Ruhestand oder ein möglichst langes Arbeitsleben plant? Wird eine Grundsicherung ›für alle Fälle‹ dann nicht unumgänglich, um Menschen aufzufangen, deren Leben anders verläuft als geplant? Insbesondere in der Phase der Umstellung aller gesellschaftlichen Einrichtungen auf die neue Situation könnte es daher zu erheblichen sozialen Härten kommen. Fragen könnte man sich außerdem, was unter diesen Umständen aus der Gelassenheit und anderen Vorzügen des Alters werden wird. Hier könnte man noch antworten, daß solche Eigenschaften dann wohl einfach zu einem späteren Zeitpunkt im Leben ihre Realisierung finden werden. Wirklich befürchten muß man hingegen wohl, daß der Kern einer hochproduktiven, ›alterslosen‹ Gesellschaft – die immer früher und immer länger Lernenden und Arbeitenden also, die die Mehrheit stellen werden – für die gesellschaftlichen ›Ränder‹ kaum noch Aufmerksamkeit übrig haben wird. Zwar würden diese ›Ränder‹ wohl vergleichsweise schmaler als heute ausfallen und materiell vielleicht sogar besser abgesichert sein. Gerade dadurch aber könnte es um so leichter fallen, ihnen immer weniger Aufmerksamkeit zu widmen, wie man es heute schon am Umgang mit Pflegebedürftigen (in gewisser Weise aber auch am Umgang mit Kindern) beobachten kann.

Nur: Soweit es die materielle Sicherung im Alter betrifft, würde diese Entwicklung zunächst einmal bedeuten, daß künftig erheblich mehr ältere Menschen immer länger ebenso selbständig werden leben können wie alle anderen Erwachsenen und daß für die anderen die finanziellen Transferleistungen wieder sicherer werden dürften. Aus den ›jungen Alten‹ würden die ›alten Jungen‹ werden, die sich allein durch die Zahl ihrer Lebensjahre von den ›jungen Jungen‹ unterscheiden, an allen Chancen und Freiheiten der Gesellschaft jedoch ebenso teilhaben würden wie diese.

(Carsten Zorn)

François Höpflinger

Wirtschaftliche Sicherung im Alter – gestern, heute, morgen

Arbeit ›bis ins Grab‹

In vor- und frühindustriellen Gesellschaften wurde die wirtschaftliche Lage älterer Menschen weitgehend von zwei Faktoren bestimmt:

Entscheidend war zum einen die Fähigkeit, auch im höheren Lebensalter weiter im angestammten Beruf zu arbeiten. Die Situation alter Menschen konnte daher je nach deren Berufszugehörigkeit sehr unterschiedlich ausfallen. Der Lebensabend von Bauern, Handwerkern, Bergarbeitern und Tagelöhnern etwa war nicht zu vergleichen mit dem der Adligen, Staatsbeamten und Pfarrer. Das Nachlassen der Arbeitskraft war vor allem für besitzlose und ungelernte Arbeitskräfte eine entscheidende Ursache für Armut im Alter. In den zunftmäßig organisierten Städten Deutschlands und der Schweiz wurde die wirtschaftliche Lage älterer Handwerker hingegen durch Konkurrenzverbote abgefedert. Teilweise reservierten diese Städte bestimmte Tätigkeiten für unbemittelte ältere Handwerker und Arbeiter, die so – etwa als Nachtwächter, Wegwarte, Rathausdiener, Brunnenmeister usw. – auch bei nachlassenden Kräften noch ein Auskommen fanden.

Zum anderen bestimmten die Besitz- und Familienverhältnisse (Landbesitz, Sparvermögen, Kinder) den Lebensabend älterer Menschen. Mit dem Erbe als Faustpfand konnten sich besitzende ältere Menschen für das Alter absichern, z.B. durch klar geregelte Unterhaltsverträge bei der Hofübergabe an die jüngere Generation. So sind etwa im Wallis schon für das späte Mittelalter notariell beglaubigte Unterhaltsverträge (etwa im Sinne von ›victus et vestitus‹ – Kost und Kleidung) bekannt. Auch später erfolgte die Hofübergabe an die jüngere Generation in vielen Alpenregionen vielfach im Rahmen detaillierter vertraglicher Regelungen zur Versorgung der älteren Generation. Im Rahmen solcher Verträge wurden etwa das lebenslange Wohnrecht, Lebensmittel- und Holzlieferungen und ähnliches vereinbart. Ländliche Arbeitskräfte ohne Sparvermögen oder Landbesitz (Knechte, Mägde) waren hingegen ganz dem Wohlwollen der Mitmenschen ausgeliefert. Bei Arbeitsunfähigkeit aufgrund von Alter oder Invalidität wurden sie entweder gnadenhalber in einem Haus aufgenommen oder in der Gemeinde von Hof zu Hof weitergereicht. Eine familienunabhängige Altersvorsorge – etwa durch Leibrentenverträge oder Verpfründungen – konnten sich einzig wohlhabende städtische Betagte leisten.

Bis ins 18. Jahrhundert hinein bestand keine spezielle öffentliche Altersfürsorge, alte arme Menschen wurden genauso behandelt wie alle anderen Armen. Auch die Zünfte kannten keine Alters-, sondern höchstens eine Invalidenversorgung. Einzig Wohltätigkeitseinrichtungen

1921

Hilfe für alte Menschen im Wandel der Zeiten: Plakate der ›Stiftung für das Alter / Pro Senectute‹, Schweiz (Kat. 5.2.20)

1928

(Armenhäuser, Hospize) boten sozialen Schutz. Ab dem 16. Jahrhundert war die Fürsorge in diesen Einrichtungen in vielen Regionen der Schweiz und Deutschlands jedoch immer stärker den eigenen Bürgern vorbehalten. Im Zeitalter des Absolutismus wurden zudem die repressiven Maßnahmen gegenüber den Armen – wozu viele ältere Männer und Frauen gehörten – verstärkt, etwa durch Bettelverbote oder Moral- und Verhaltensregeln für Unterstützungsbedürftige.

Armut im Alter – gerade auch bei Frauen – war somit jahrhundertelang weit verbreitet. Einzig die Tatsache, daß die Armen oft starben, bevor sie ein höheres Lebensalter erreichten, führte dazu, daß Altersarmut lange Zeit nicht als Massenphänomen auftrat. Während im Genf des 17. Jahrhunderts von 100 Personen aus der Oberschicht (höhere Amtsträger, mittleres und Großbürgertum) 31 das 60. Lebensjahr erreichten, waren dies bei Angehörigen der Unterschicht (unqualifizierte Arbeiter, Handlanger) nur elf von 100.

Von der Fürsorge zur Altersvorsorge

Ab dem Ende des 18. und im Verlauf des 19. Jahrhunderts spezialisierten sich Spitäler und soziale Einrichtungen immer stärker auf klar umrissene Aufgaben. Damit entstanden für verschiedene Gruppen hilfsbedürftiger Personen unterschiedliche Einrichtungen (Waisenhäuser, Jugendanstalten, Irrenhäuser usw.). Für ältere unbemittelte Personen wurden spezielle Bürger- und Altersheime errichtet. Diese befanden sich nicht selten in abgelegenen Gebieten, wodurch die gesellschaftliche Ausgliederung älterer Menschen verstärkt wurde. Namentlich in der Schweiz führte das nach 1848 in der Fürsorge eingeführte Bürgerortsprinzip (jede Bürgergemeinde war autonom für ihre armen Alten verantwortlich) in nicht wenigen Fällen zur zwangsweisen Umsiedlung alter, invalider Menschen in ihre Bürgergemeinde.

Vorschläge für eine eigentliche Altersvorsorge wurden schon ab dem späten 17. Jahrhundert formuliert. So entwickelte Daniel Defoe, der Schöpfer von Robinson Crusoe, 1690 den Plan, eine Pension für alle über 50jährigen einzuführen. Vergleichbare Überlegungen – allerdings mit höheren Altersgrenzen – waren auch im 18. Jahrhundert präsent. Faktisch begannen Renten- oder Pensionsregelungen, selbst solche für Amtsträger, Beamte oder Offiziere, erst seit dem Ende des 18. Jahrhunderts häufiger zu werden. In Österreich entstand 1781 auf Initiative von Kaiser

1931

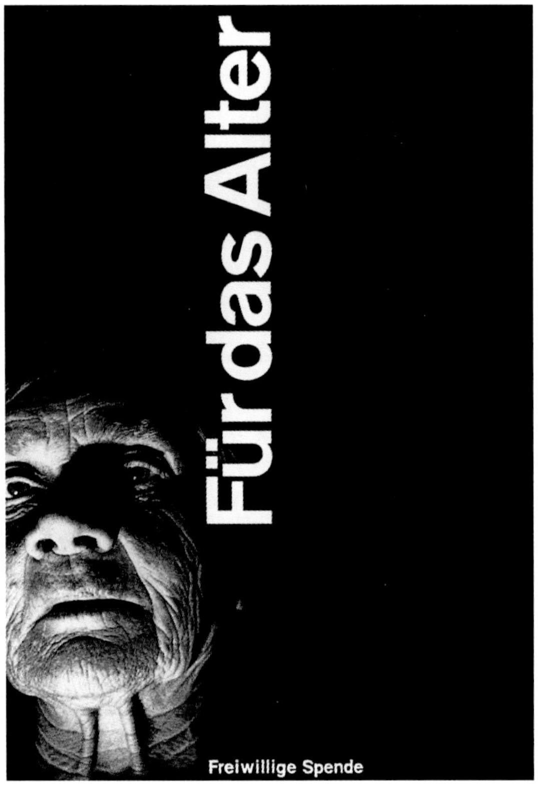

1949

Joseph II. das erste umfassende Pensionsgesetz für Beamte (›Pensions-Normale‹) im deutschen Sprachraum, und 1783 wurde erstmals auch in Genf für Offiziere und Soldaten der Republik ein Rentenreglement eingeführt. Im Verlauf des 19. Jahrhunderts wurde das System von Soldaten- und Beamtenpensionen allmählich auch auf private Angestellte und ausgewählte Arbeitergruppen ausgedehnt. Diese betrieblichen Rentenkassen dienten unter anderem der Bindung bestimmter Gruppen von Angestellten und Arbeitern an das jeweilige Unternehmen.

Eine weite Kreise der Angestellten- und Arbeiterschaft umfassende gesetzliche Rentenversicherung entwickelte sich jedoch erst im späten 19. Jahrhundert. Namentlich Bismarck maß der Alterspension innerhalb des Sozialversicherungssystems einen hohen Stellenwert zu, wobei er vor allem die integrative Wirkung einer Altersrente betonte. Mit dem deutschen Reichsgesetz vom 22. Juni 1889 über die Invaliditäts- und Altersversicherung der Arbeiter entstand das erste staatliche Pensionssystem in den westlichen Industriestaaten. Allerdings hatten die ersten Renten primär den Charakter eines Zuschusses zum Lebensunterhalt, der weiterhin weitgehend aus anderen Einkommensquellen (gelegentliche Arbeit, Ersparnisse, Unterstützung durch Angehörige usw.) gespeist werden mußte.

Obwohl das deutsche Beispiel die Diskussionen über eine staatliche Altersversicherung in anderen Ländern förderte, blieb es bis zum Ende des Ersten Weltkrieges im wesentlichen eine Ausnahme. Während in Deutschland im Jahre 1910 schon 52 Prozent der Erwerbstätigen in ein Rentenversicherungssystem eingegliedert waren, waren es in Österreich zur gleichen Zeit erst 2 Prozent. Ein erster Regierungsentwurf für eine Arbeiterrentenversicherung lag dort zwar schon 1904 vor, aber zur Einführung einer gesetzlichen Pflichtversicherung für größere Bevölkerungsgruppen kam es erst in der Republik Österreich. Eine allgemeine Altersversicherung trat erst mit dem ›Anschluß‹ an Deutschland 1938 in Kraft.

In der Schweiz dauerte es noch länger, bis die Einführung einer gesetzlichen Altersvorsorge gelang. Zwar wurde die verfassungsmäßige Grundlage für eine gesetzliche Altersversicherung schon 1925 verankert, doch dauerte es weitere 23 Jahre, bis eine allgemeine Altersversicherung in Kraft treten konnte. Die Idee der sozialen Sicherung gelangte erst zum Durchbruch, als unter dem Druck des Zweiten Weltkrieges für die wirtschaftliche Sicherheit der Soldaten und ihrer Familien gesorgt werden mußte. Der Erfolg dieses ersten Sozialwerkes machte auch die Altersvorsorge populär. 1947 wurde das ›Alters- & Hinterlassenen-Gesetz‹ (AHV) mit großer Volksmehrheit (79,3 Prozent Ja-Stimmen) angenommen, und 1948 trat es in Kraft.

Ausbau der Altersvorsorge und reduzierte Altersarmut

Ein markanter Ausbau der Altersvorsorge – im Sinne einer tatsächlichen wirtschaftlichen Existenzsicherung im Alter – erfolgte in allen europäischen Ländern faktisch erst in den Jahrzehnten nach dem Zweiten Weltkrieg. 1950 beispielsweise betrugen in der neugegründeten Bundesrepublik Deutschland die Altersrenten durchschnittlich erst 22 Prozent der Bruttoverdienste. Vor allem in den Jahrzehnten der wirtschaftlichen Hochkonjunktur kam es in allen

Ländern zu einem deutlichen Ausbau der Altersrenten. Dadurch wurde es für immer mehr ältere Menschen tatsächlich möglich, eine wirtschaftlich abgesicherte nachberufliche Phase zu erleben. Entsprechend sank auch die Erwerbstätigkeit der über 65jährigen Personen. Heute ist eine Erwerbstätigkeit im Rentenalter die Ausnahme.

Das Risiko, im Alter in Armut zu fallen, reduzierte sich ebenfalls deutlich, und seit den 1980er Jahren ist das Armutsrisiko älterer Menschen in vielen Regionen Deutschlands, Österreichs und der Schweiz geringer als dasjenige jüngerer Bevölkerungsgruppen. Dazu beigetragen hat auch die Tatsache, daß zunehmend mehr Rentnerinnen und Rentner von beträchtlichen Vermögenswerten (Wohnungs- und Hauseigentum, privates Sparvermögen) profitieren können. Unterschiedliche Berufschancen und Differenzen in der Vermögensbildung führen allerdings dazu, daß die Einkommens- und Vermögenssituation der älteren Bevölkerung nach wie vor wenig einheitlich ausfällt. Ein besonders hohes Armutsrisiko im Alter besteht bis heute für geschiedene oder ledige ältere Frauen sowie für ausländische Rentenempfänger. Die wirtschaftlichen Unterschiede im Alter zeigen Parallelen hinsichtlich des körperlichen Alterungsprozesses. Wie in früheren Jahrhunderten erleben auch heute wohlhabende ältere Rentnerinnen und Rentner mehr gesunde Jahre als ärmere Menschen.

1958/59

Insgesamt kann die Entwicklung der Altersvorsorge der letzten Jahrzehnte als sozialpolitischer Erfolg gewertet werden, da damit die wirtschaftliche Existenz einer großen Mehrheit älterer Menschen gesichert wird. Im Gegensatz zu häufig geäußerten Vermutungen hat der Ausbau der Altersvorsorge die Generationenbeziehungen bisher nicht belastet, sondern im Gegenteil zu einer Entlastung geführt. Zum einen befreit die wirtschaftliche Besserstellung der älteren Generation die jüngere in finanzieller Hinsicht von familiären Verpflichtungen der Existenzsicherung. Zum anderen erleichtert eine wirtschaftlich abgesicherte Position es den älteren Menschen, sich gegenüber sozialen und kulturellen Neuerungen der jüngeren Generationen zu öffnen.

Demographische Alterung als Herausforderung für die Altersvorsorge

Die entscheidende Frage ist, ob die Altersvorsorge in ihrer jetzigen Gestalt angesichts der demographischen Alterung der Gesamtgesellschaft weiterhin tragbar bleibt. Besonders stark von demographischen Verschiebungen betroffen sind Rentensysteme, die auf einem durch Lohnbeiträge finanzierten Umlageverfahren beruhen, da die Zahl der Altersrentenempfänger künftig rascher ansteigen wird als die Zahl beitragspflichtiger erwerbstätiger Personen.

Alle europäischen Länder sehen sich aufgrund der prognostizierten Entwicklungen mit Fragen einer Reform ihrer aktuellen Rentensysteme konfrontiert. Grundsätzlich existieren vier Reformmöglichkeiten:

1. Die Lohnbeiträge werden erhöht. Angesichts hoher Lohnnebenkosten stößt dieses Modell wirtschaftspolitisch auf immer mehr Widerstände. Denkbar ist ferner eine breitere Abstützung der Rentenfinanzierung, indem zusätzlich allgemeine Steuermittel (Mehrwertsteuer, Energiesteuer, Erbschaftssteuer) eingesetzt werden. Damit würden auch wohlhabende Rentner einen Teil der Altersversicherung mitfinanzieren.

1997

2. Die Rentenleistungen werden gekürzt, direkt oder indirekt durch Verzicht auf eine volle Anpassung an Lohnniveau oder Teuerung. Allerdings besteht bei dieser Strategie die Gefahr, daß Armut im Alter erneut zu einem häufigen Problem wird.

3. Das Rentenalter wird erhöht (was einige europäische Länder zumindest für die Zukunft vorgesehen haben). Gegenwärtig stößt eine solche Strategie auf arbeitsmarktpolitische Widerstände, und der Trend der letzten Jahre verläuft eher umgekehrt in Richtung einer zunehmenden Zahl vorzeitiger Pensionierungen. Langfristig erscheint jedoch eine Erhöhung des Rentenalters wahrscheinlich.

4. Die Rentenversicherung wird durch ein System der beruflichen Vorsorge ergänzt oder ersetzt. Dies geschah in der Schweiz durch die 1985 eingeführte Verpflichtung zur beruflichen Vorsorge: Für jeden Versicherten wird ein Alterskapital angespart, aus dem die später zu entrichtenden Leistungen finanziert werden.

International vergleichende Studien zur Entwicklung der öffentlichen Rentensysteme gelangen zu zwei zentralen Schlüssen: Zum einen ist eine rein demographische Lösung des Problems (mehr Geburten und verstärkte Einwanderung) nicht möglich. Erhöhte Rentenauszahlungen sind in den nächsten Jahrzehnten so gut wie unvermeidbar. Zum anderen können Einzelmaßnahmen die Alterssicherung langfristig nur unzureichend gewährleisten. Vielmehr ist in allen Ländern ein ganzes Bündel von Reformen notwendig. Und je frühzeitiger damit begonnen wird, diese Reformen durchzuführen, desto eher kann die Altersvorsorge auch langfristig gesichert werden.

Sommaire

Ursula Eymold: Vivre sans souffrir

L'auteur de cet essai examine la manière dont réagissent les personnes âgées face aux stéréotypes dictés par la société. Elle prend position contre l'adoption d'idéaux de beauté juvénile en prônant une approche nouvelle et plus consciente de son propre corps tandis que celui-ci avance en âge.

Utz Jeggle: Sexualité et troisième âge

Jadis, la sexualité des personnes âgées était sujette à de nombreux tabous ainsi qu'à des sanctions sociales. Physiologiquement pourtant, l'activité sexuelle reste possible jusqu'à un âge très avancé. Ce fait a du reste été clairement confirmé par les résultats d'abondantes recherches scientifiques en matière de sexualité. Dans la société actuelle où la performance est devenue la règle, la conscience de cette réalité a toutefois pour effet d'engendrer de nouvelles normes et contraintes sociales. Pour qui se doit, même à un âge avancé, de démontrer son inaltérable jeunesse, il est devenu désormais indispensable d'apporter en permanence la preuve de ses performances sexuelles.

Rolf Winau: Entendre, voir et aller: les moyens techniques auxiliaires

Cannes, béquilles, cornets acoustiques et autres lunettes font depuis des siècles partie des attributs typiques des personnes âgées. Depuis le milieu du XXe siècle, il est devenu de plus en plus fréquent, par la conjonction de la médecine et de la technique, de rendre superflu le recours à des moyens auxiliaires – stigmatisant leurs usagers parce qu'extérieurement visibles – grâce à des interventions chirurgicales ou par l'utilisation d'implants ou d'auxiliaires techniques miniaturisés.

Christine von Blanckenburg / Katharina Schicke: Un chez-soi confortable ou le bonheur en solitaire

La tendance vers une plus grande intimité d'habitat des personnes âgées a mené à des ménages plus petits vivant dans des appartements relativement spacieux. Si aujourd'hui la plupart des gens n'ont aucune peine à vivre seuls dans leur propre appartement, c'est évidemment en grande partie grâce à l'évolution des techniques domestiques. Tant par le passé que de nos jours, l'institutionnalisation de l'habitat n'a jamais joué qu'un rôle minime. Au cours de ces dernières décennies, toutefois, tout comme dans le secteur de l'habitat privé, nombre de nouvelles formes d'habitat ont vu le jour.

Horst Pichert: Un habitat sans barrières

Aujourd'hui, une revendication souvent formulée est qu'il faudrait mettre tout en œuvre pour permettre aux seniors de rester le plus longtemps possible dans leur propre appartement. Toutefois, ceci présuppose l'aménagement minutieux d'un très grand nombre de facteurs dans l'environnement et l'espace vital des personnes âgées, que ce soit sur le plan de l'utilisation et de la sécurité techniques d'installations domestiques adaptées aux personnes âgées, de l'aménagement d'un habitat correspondant à un environnement social satisfaisant ou de la création d'infrastructures adaptées au troisième âge dans la zone de déplacement des personnes âgées. La science des techniques domestiques, dont l'objectif est de développer des appareils ménagers »sans barrières«, c'est-à-dire utilisables sans problème et sans risque même par des personnes d'âge très avancé, y contribue de manière essentielle depuis de nombreuses années.

Sabina Brändli: Un film sur l'âge et l'habitat

Quelle image a notre société de la vieillesse? Quelle place attribue-t-elle à la plus vieille génération? Combien d'espace, au sens premier du mot, lui accorde-t-elle? Qui décide comment cet »espace« doit être aménagé? Qui décrète ce qui est souhaitable ou ce qui est considéré comme tel? Les images cinématographiques sont le reflet de la réalité sociale. Dès lors, l'exploration de l'évolution des modes de vie depuis les années soixante au travers du cinéma européen et américain permet, d'une part, de comparer sans à priori diverses solutions favorisées à différentes époques, et d'autre part, de mettre en évidence la mutation des valeurs sous-jacentes aux changements de cap intervenus ces dernières décennies dans le domaine de l'habitat.

Birgit Riedel: Les chemins hors du piège des soins: quelques modèles en faveur d'une plus grande autonomie des personnes âgées

Les »nouveaux vieux« revendiquent aujourd'hui de nouveaux services en matière d'assistance et de soins. Thème central, le besoin de plus d'autonomie pour les personnes âgées et leurs droits d'intervention. Ainsi, des initiatives et des modèles européens ont vu le jour pour tenter à leur manière de parvenir à plus de démocratie dans le domaine de l'assistance aux personnes âgées.

Raimund Beck: Notes sur les personnes âgées en voyage

Au-delà des clichés, on découvre que les personnes âgées mènent aujourd'hui une vie plus mobile que jamais. Car la mobilité est devenue la condition *sine qua non* de l'intégration sociale. Voyager, partir en vacances, se déplacer est devenu aujourd'hui plus facile que jamais. Même l'industrie du tourisme s'est adaptée à sa nouvelle clientèle, tentant de répondre aux exigences les plus variées de seniors restés jeunes.

Hans-Liudger Dienel: L'explosion de l'espace vital ou la liberté de mouvement durant la vieillesse

Au cours de ces deux cents dernières années, les inventions technologiques telles que l'aviation et le chemin de fer, de même que l'amélioration sensible de la situation économique des personnes âgées ont modifié de manière spectaculaire leurs possibilités de mobilité spatiale. Tandis qu'à l'ère agraire et pendant la période préindustrielle, l'homme se déplaçait encore dans un rayon essentiellement régional, la mobilité spatiale du XXe siècle représente pour la société moderne un trait essentiel de la qualité de vie des retraités. Tant pour l'économie que pour notre société, cette situation ne va pas sans poser de nouveaux défis.

Markus Borchelt: La mobilité est une drogue

La mobilité peut être positivement définie comme un produit créant une dépendance, une drogue du plaisir pour les jeunes de toutes les classes d'âge. En fait, il n'est possible de définir de limite d'âge ni pour les voyages autour du monde ni pour les vols spatiaux. De plus, à mesure que progresse l'âge biologique, la mobilité se transforme également en une drogue dans le sens médical, en (l')un (des meilleurs) médicament(s), probablement même essentiel à la survie. À cet égard, il convient d'aménager le monde mobile de notre jeunesse de telle manière qu'il favorise également notre mobilité durant la vieillesse plutôt que de ne la réfréner.

Jürgen Büschenfeld / Katharina Schicke: Communication et participation à la vie sociale des personnes âgées

Cet article retrace les modifications qui ont eu lieu au niveau des structures de communication des personnes âgées au cours d'une période de quelque deux cents années et décrit les besoins, la situation et les problèmes actuels des personnes âgées en matière de communication dans notre société moderne de l'information, laquelle prétend offrir à chacun des possibilités quasi illimitées d'interaction sociale.

Susanne Frohriep / Hans W. Jürgens / Robin Lohmann: L'image de la vieillesse dans la publicité

L'Institut d'anthropologie de l'université de Kiel a mené des études sur la représentation des personnes âgées dans les médias visuels. En 1992, l'accent était sur les médias imprimés et en 1993 sur le programme des émetteurs de télévision ARD, ZDF, RTL, SAT1 et PRO7. Dans leur publicité, tous les deux médias réduisent les personnes âgées à des images types qui sont caractérisées dans le texte: grand-maman et grand-papa, la ménagère traditionnelle, des personnes sans âge, des aristocrates, des experts, des personnes qui exercent (encore) une activité professionnelle, l'excentrique et le clown. Des enquêtes révélèrent que de grandes divergences existent entre l'image des médias et l'auto-évaluation des personnes du troisième âge. Il en résulte alors que cette cible n'était guère visée jusqu'à maintenant.

Erika Neubauer: Les mouvements de personnes âgées en Allemagne

Le travail associatif avec et pour les seniors est le fruit d'une histoire plus longue que ce que l'on suppose bien souvent. La plus ancienne des 57 organisations de personnes âgées que compte le pays, aujourd'hui regroupées sous son organisme faîtier, le BAGSO (Bundesarbeitsgemeinschaft der Senioren-Organisationen – *Groupe fédéral de travail des organisations de seniors*) et représentant environ neuf millions de personnes âgées, a été fondée peu après la Deuxième Guerre mondiale. À l'époque, toutefois, ce mouvement de personnes âgées n'était guère comparable aux mouvements de jeunes ou aux mouvements féministes. Il n'y a que quelques années qu'une représentation des intérêts des personnes âgées, appelée »Révolution à pas de loup«, a commencé à déployer ses effets sur le plan politique.

Christine von Blanckenburg / Carsten Zorn: L'assurance de la liberté

Pour la grande majorité des personnes âgées, la rente légale de vieillesse représente actuellement la condition matérielle dont dépend leur indépendance au cours du troisième âge. Étant donné la modification dramatique de la structure des âges au sein de notre société, les »dernières libertés« (tout comme les systèmes d'assurance d'une rente de vieillesse) sont globalement menacées. Les deux auteurs de cet article fournissent deux réponses très différentes à la question de savoir à quoi ressemblera l'assurance-vieillesse de demain. Doit-on craindre le proche retour d'un hiver de disette, se demande Christine von Blanckenburg? Ou peut-on, au contraire, espérer le retour des riches récoltes d'octobre, comme le suggère Carsten Zorn.

François Höpflinger: Sécurité économique des personnes âgées: hier, aujourd'hui, demain.

Autrefois, la situation économique des personnes âgées dépendait de leur capacité à poursuivre le travail ainsi que de leur situation familiale et financière. Pendant des siècles, la misère de la vieillesse fut très répandue, tout particulièrement chez les femmes. Ce n'est que vers la fin du XIXe siècle en Allemagne, pendant l'entre-deux-guerres en Autriche et durant la période d'après-guerre en Suisse que virent le jour les assurances sociales étatiques. Les premières décennies de l'après-guerre menèrent à une extension de la prévoyance en faveur de la vieillesse, ce qui permit de réduire considérablement la pauvreté des personnes âgées.
Le vieillissement démographique des populations nécessite cependant, dans tous les pays, un paquet de réformes des systèmes actuels de rentes de vieillesse.

Anhang

Seite 146 / 147: Senioren greifen nach den Sternen,
Dorothea Schmid, Bilderberg

Die Ausstellung

1 Eine Kunst des Körpers

Altern ist keine Krankheit, auch wenn die Häufigkeit vieler Leiden in späteren Lebensjahren erheblich wächst. Biologische Veränderungen beeinträchtigen das Funktionieren des Organismus. Zum gelungenen Altern gehört jedoch mehr als Krankheiten meiden oder hinauszögern: Auch geistige Funktionen sind zu stärken und produktive Aktivitäten zu entfalten.

Rollenlosigkeit und soziale Ablösung spiegeln sich auch in der Wahrnehmung der alten Körper als häßlich, krank und gebrechlich. Dieses Stereotyp aus dem letzten Jahrhundert gilt für die Alten von heute nicht mehr. Viele leben bis ins hohe Alter aktiv und gesund.

Die statistisch enorm gesteigerte Lebenserwartung in der 2. Hälfte unseres Jahrhunderts ist hauptsächlich auf die Verringerung der Säuglingssterblichkeit zurückzuführen. Dank der verbesserten Lebensbedingungen ist auch die Lebenserwartung jedes einzelnen leicht gestiegen. ›Der Weltgesundheitsbericht 1998‹ prognostiziert vielen tausend Neugeborenen, daß sie das gesamte 21. Jahrhundert und den Anbruch des 22. Jahrhunderts erleben werden.

Ouvertüre

Die Alten tanzen den Reigen der Jugendlichkeit bis ins Grab. Der Menschheitstraum vom ewigen Leben ist noch nicht verwirklicht, aber die späten Freiheiten heben die äußerlichen Altersmerkmale auf.

Die medizinische Versorgung heute ermöglicht eine Verlängerung des Lebens und ein beschwerdefreieres Alter. Früher unheilbare Krankheiten, die das Alter bestimmten und die Alten von vielen Aktivitäten ausschlossen, sind heute durch aufwendige Operationen zu beheben. Schmerzen lasten nicht mehr so ausschließlich auf dieser Lebensphase. Viele Abnutzungserscheinungen wie im Knie oder in der Hüfte können heute durch technische Ersatzteile ausgeglichen werden. Organfunktionen werden durch elektronische Kleinstgeräte wiederhergestellt.

Die Verlängerung des Lebens durch Wissenschaft und biomedizinische Technik ruft eine symbolische Außerkraftsetzung des Todes hervor. Dies hat letztendlich zu einer Diskriminierung des Alters geführt.

1.0 Zwei Biographien

Sterben im Spital: Maria Mohler (1777–1852)

1.0.01
Skelett einer 74jährigen Frau, die an Altersschwäche (Marasmus senilis) starb
Gestorben 1852, Grabung 1988/89
Naturhistorisches Museum Basel

Der Spitalfriedhof St. Johann in Basel konnte durch eine anthropologische Ausgrabung rekonstruiert werden. Die Knochenfunde und die Krankenhausakten dokumentieren die körperliche Befindlichkeit von alten Menschen Mitte des 19. Jahrhunderts wie kaum eine andere Sammlung. Der Befund am vorliegenden Skelett lautet: arbeits- und altersbedingte Knochenveränderungen. Die Lebensqualität dieser Frau war dadurch erheblich eingeschränkt. Sie hat bereits Jahre vor ihrem Eintritt ins Spital Schmerzen gelitten. Siehe auch die Biographie von Maria Mohler, S. 42.

1.0.02
›Ersatzteilmensch‹, Plexiglasmodell mit künstlichen Organen und Gelenken
1987; Metall, Kunststoff
235 x 103 x 60 cm
Technische Universität Berlin, Institut für Biomedizinische Technik, Berlin

Es bestehen heute umfangreiche Möglichkeiten, nicht funktionierende oder schmerzende Körperfunktionen durch anorganische Nachbildungen zu ersetzen. Hier werden die wesentlichen bisher verwirklichten Implantate gezeigt: Schädelplatte aus Kunststoff, Nase, Unterkiefer, Speiseröhre, Hörgerät, Gefäßersatz, Herzschrittmacher Diplos 04, Kunstherz, Herzklappen, Nervenschrittmacher, Insulinpumpe, Gallengang, Darmausgang, Blasenausgang, Schultergelenk, Ellbogengelenk, Unterarm mit elektromechanischer Kunsthand, Handgelenk, Daumengrundgelenk, Fingergrundgelenk, Hüftgelenk, Kunstbein mit Aktiv-Schaft, Kniegelenk, oberes Sprunggelenk, Zehengrundgelenk, Hoden, Schwellkörper.

Technisch ist das Modell heute schon nicht mehr auf dem neuesten Stand.

Gutes Aussehen bis ins Alter: Marianne A. (geboren 1935)

1.0.03
a) Trägertop, pinkfarben changierend
1995; Seide
62 x 53 cm
b) Sommershorts, apricotfarben
1995; Baumwolle
56 x 66 cm
c) Bunte Sommerkombination, Mieder mit Shorts
1997; Viskose
88 x 63 cm
alle Privatbesitz

Frau A. hat immer gerne kräftige Farben und Muster getragen. Die Sommerkombination hat sie im 60. Lebensjahr für einen Urlaub in Spanien gekauft. Das pinkfarbene Trägertop ist ein Andenken aus Bali, wohin sie mit 62 Jahren reiste. Siehe auch die Biographie von Marianne A., S. 52.

1.1 Das Bild vom Alter

Alt und gebrechlich, das ist bis heute unsere Vorstellung vom Alter. Im 19. Jahrhundert traf dieser Zustand zu. Die schlechten Wohn- und Ernährungsverhältnisse, die lebenslange körperliche Arbeit und die mangelnde Gesundheitsvorsorge hinterließen mit den Jahren ihre Spuren.

Trotz weniger Darstellungen des nackten Körpers ist dieses Bild vom Alter bis heute vorherrschend. Viele alte Frauen beklagen sich heute, daß sie unsichtbar geworden sind, weil sie für die anderen häßlich sind. Falten erscheinen in einer angespannten Gesellschaft als unordentlich.

Wir wollen alte Körper nicht sehen, weil sie uns an die eigene Sterblichkeit erinnern. Trotz aller Bemühungen um die Schönheit des jungen Körpers währt dieser Zustand nicht ewig. Wir wollen die Botschaft nicht lesen, die die Zeit auf die Haut alter Körper geschrieben hat.

1.1.01
Celle qui fut la belle Heaulmière (*Die einstmals schöne Helmschmiedin*)
Auguste Rodin (1840–1917)
1885; Bronze (Gipsabguß von 1999)
50 x 30 x 26,5 cm
Musée Rodin, Paris

Diese kleine Skulptur, betitelt nach einem Gedicht von Arthur Rimbaud, formuliert den Verfall von Schönheit drastisch. Sie steht in einer weit zurückreichenden Bildtradition, die das Alter der Frau zum Synonym von Häßlichkeit gemacht hat. Und doch zeigt sie, wieviel ›unklassische Schönheit‹ die Darstellung eines nackten alten Menschen in sich bergen kann.

1.1.02
Moulage einer Parkinsonkranken (Abb. S. 36)
Paul Richer (1849–1933)
1895; Gips (Kopie von 1989)
46 x 15,5 x 18 cm
École nationale supérieure des beaux-arts, Paris

Medizinisches Interesse und künstlerischer Ausdruck verbinden sich in den Arbeiten Richers. An der Pariser Klinik Salpetrière konnte er verschiedenste Krankheitsphänomene studieren und mit den Mitteln von Fotografie und Skulptur ausführlich dokumentieren.

1.1.03
Die Nacktheit (Abb. S. 36)
Richard Ungewitter
1907; Fotografie (Reproduktion)
Bayerische Staatsbibliothek, München

Ein neues Körperbewußtsein, verbunden mit Zivilisationskritik und einer schwärmerischen Hinwendung zur Natur, verbindet alle Nacktkultur-Propagandisten zu Beginn des 20. Jahrhunderts. Im Mittelpunkt steht dabei die Huldigung an den nackten, also natürlichen Körper. Hier handelt es sich um ein Porträt von Richard Ungewitter, einem der bekanntesten Streiter für eine neue Natürlichkeit.

1.1.04

Akte. Kunststudien über den nackten menschlichen Körper. 120 Lichtdrucktafeln
Heinrich Eickmann
um 1910; 3 Blätter Heliogravüren
44 x 32 cm
Fotomuseum im Münchner Stadtmuseum

Einen der seltenen Anlässe, alte Körper fotografisch zu dokumentieren, boten solche Aktaufnahmen zum künstlerischen Studium. Mit ihren klassischen Posen dienten sie als Vorlagen für malerische Bildkompositionen.

1.1.05

Barbara Jungo und Jacob Manuel, aus dem Sensebezirk FR (Abb. S. 40)
Joseph Reinhart (1749–1829)
1791; Öl auf grober Käseleinwand
79 x 57,7 cm
Schweizerisches Landesmuseum, Zürich

Die Jungfrau Barbara Jungo wird als 93jährige, Jacob Manuel als 105jähriger hier dargestellt. Nicht nur dieses außergewöhnliche Alter sollte im Bild festgehalten werden, sondern auch die Kleidung der beiden wurde im Rahmen einer gemalten Trachtenfolge dokumentiert.

1.1.06

»When I'm eighty-four«.
Modefotografien von Senior Models
(Abb. S. 38 und 39)
Matthias Ziegler
1997; 2 Fotografien
Matthias Ziegler, München

In dieser Fotostrecke für ein Modemagazin werden zwei Klischees aufgelöst: Mode muß nicht nur von jungen und schönen Menschen präsentiert werden, um interessant zu wirken. Alte Menschen müssen nicht automatisch langweiliger gekleidet sein als junge – Gegensätze ziehen sich an.

1.1.07

Budapest – The Lake (Abb. S. 54)
Andres Serrano
1994; Cibachrome
130 x 107,5 cm
Paula Cooper Gallery, New York

Tod und Sexualität sind die Themen Andres Serranos. Im Bild zweier nackter älterer Menschen aus seiner ›History of Sex‹ wird das Selbstbewußtsein und Ungezwungene der Dargestellten überzeugend vermittelt.

1.1.08

Akt: Inge – Für Franz
Hartmut Jahn
1994; Video betacam sp color
Jahn Filmproduktion, Wiesbaden

Dem verwelkten Leib wird nach gegenwärtiger Moral und Ästhetik Sexualität abgesprochen. Die Forschungen ergeben, daß der Körper bis ins höchste Alter empfindungsfähig ist. Sexualität besteht oft solange, wie Ehepaare bestehen. Sexualität wird hier verstanden als zufriedenes Leben mit dem jeweils geschlechtlichen Körper, auch als Zärtlichkeit. Inge erzählt hier auch von ihrer Befreiung von Empfängnisängsten nach der Menopause.

1.1.09

Body Study IV
Melanie Manchot
1996; Schwarzweißfotografie auf Leinwand, Sand, Kohle, Bleistift
149 x 115 cm
Melanie Manchot, London

Melanie Manchot versucht, hinter die Maske jugendlicher Schönheitsideale zu schauen. Mit ihrer Mutter als Modell beutet sie nicht den Leib einer älteren Frau optisch aus, sondern sie porträtiert den Körper als Begleiter eines Lebens. Sie hat so das Wesen des Alterns aufgespürt.

1.1.10

Mrs. Manchot with hands on hips
(Abb. S. 44)
Melanie Manchot
1997; Schwarzweißfotografie auf Leinwand, Sand, Kohle, Bleistift
143 x 107 cm
Melanie Manchot, London

Die alte Frau hat Blickkontakt aufgenommen. Sie zeigt ihren Körper, der die Mulden, Hügel, Polster und Falten der vielen Lebensjahrzehnte trägt, selbstbewußt, aber mit einer leisen Melancholie. Die Lichtführung zieht diesen Akt ins Dämonische und spielt mit der Bildtradition der alten Frau als Hexe.

1.1.11

Jack LaLanne, der Begründer des Bodybuilding, im Alter von 83 Jahren
(Abb. S. 46)
Daniel Josefsohn
1998; Farbfoto
Daniel Josefsohn, Hamburg

Jack LaLanne sagt: »Das Leben ist doch ganz einfach: Alte Menschen fühlen sich alt, sobald man ihnen sagt, daß sie es sind. Die Menschen sterben nicht aufgrund ihres hohen Alters, sie sterben aufgrund von Disziplinlosigkeit.«

1.2 Das Alter im Dunkeln

So sehr das Äußere des Körpers unsere Identität bestimmt, so wenig kennen wir sein Inneres. Auch das Innere altert, schwerwiegender in den Folgen für das Leben als die Falten, die uns gelegentlich so sehr beschäftigen.

Wie sieht ein gealterter Leib aus? Knochen, Muskeln und Gelenke, Gehirn, Herz und Kreislauf, Lunge, Verdauungssystem, Sinne und Fortpflanzungsorgane erfahren Veränderungen. Sie vergrößern sich, schrumpfen, werden porös, trocknen aus, verstopfen und werden langsamer.

Warum altern wir? Bisher gibt es dazu nur Hypothesen: Eine Theorie besagt, daß in unseren Genen eine bestimmte Lebensspanne festgelegt sein soll. Die andere Theorie besagt, daß sich alle Körperteile abnutzen und wir diesem Verschleiß eines Tages erliegen.

Der Alternsprozeß ist in den entwickelten Ländern heute das Hauptrisiko für Krankheit und Tod jenseits des 28. Lebensjahres. Deshalb werden umfangreiche Forschungen angestellt, um das Altern verzögern zu können. Bereits heute kommen wir durch die verbesserte medizinische Betreuung in den Genuß einer hohen Lebensqualität im Alter.

1.2.01

Skelett mit ›Altersbuckel‹, 43 Jahre alt
19. Jahrhundert; Knochen
Pathologisch-Anatomisches Bundesmuseum, Wien

Unter- oder Fehlernährung sowie schwere Arbeit noch im Alter führten bis in die Mitte des 20. Jahrhunderts dazu, daß die Knochen mit den Jahren den Körper nicht mehr tragen konnten und das Skelett sich stark verformte. Heute kennen wir als Alterserscheinung, daß der Knochenstoffwechsel abnimmt, die Wirbel zusammensinken und die Bandscheiben schmäler werden. Sichtbar ist dies an den Querfalten der Haut am Rücken, dem sog. Tannenbaum-Phänomen.

1.2.02

Deformation der Wirbelsäule – Ganzkörper-Röntgenaufnahme
(Abb. S. 35)
Prof. Dr. Robert Janker (1894–1964)
1936; Röntgenfilm
184 x 59,2 cm
Deutsches Röntgen-Museum, Remscheid

Die typische Knochenerkrankung des 19. Jahrhunderts bis in die Zwischenkriegszeit hinein ist die Knochenerweichung bzw. Rachitis. Die Krankheit wirkt sich auf die Wachstumsfugen aus, woraufhin die Gelenke schief wachsen. Knochenerweichung im Erwachsenenalter führte zu Siechtum aufgrund von Knochenschmerzen und Muskelschwäche sowie zu Knochenverbiegungen an Wirbelsäule und Becken. Heute kann die Krankheit ganz beseitigt werden. Die Diagnose mit Hilfe eines Röntgenbildes des ganzen Skelettes war technisch erst um 1930 möglich.

1.2.03

Kopf eines Alten, Myologie des Gesichts, Schädel teilweise freigelegt
Gaetano Zumbo
1701; Wachs
Musée National d'Histoire Naturelle, Paris

Im 17. und frühen 18. Jahrhundert gab es eine Art ›Renaissance‹ der Anatomie. Das Interesse am menschlichen Körper und an der Frage nach seinem Funktionieren wurde von Anatomen wie Zumbo auch mit großem künstlerischem Anspruch realisiert.

1.2.04

Gesicht mit Schmetterlingsflechte (Erythematodes discoides chronicus)
1956; Gipsabformung
19 x 13 x 90 cm
Sammlung des Deutschen Hygiene-Museums, Dresden

Diese Krankheit des Gefäß-Bindegewebsystems tritt bei der 59jährigen Patientin um die Augen auf und konterkariert die natürliche Faltenbildung. Die Schmetterlingsflechte wird durch die im Alter auftretende Hautaustrocknung begünstigt.

1.2.05

Gesicht mit abschälender Hauttuberkulose (Abb. S. 37)

Gipsabformung, Kopie nach einem Abguß von 1950
18 x 13 x 10 cm
Sammlung des Deutschen Hygiene-Museums, Dresden

Diese chronische Infektionskrankheit äußert sich in plastischen Veränderungen, hier an der Nase. Die Anfälligkeit der Haut erhöht sich im Alter. Viele Krankheiten können nicht mehr ausgeheilt werden und bleiben chronisch. Tuberkulose war bis in die Nachkriegszeit eine bedrohliche Krankheit infolge von verminderter Abwehr, die häufig auch bei alten Menschen auftritt. Seit der Entdeckung des Penicillin in den 1940/50er Jahren kann Tuberkulose geheilt werden.

1.2.06
Gesicht mit Altershaut (Abb. S. 36)
E. Stoiber
1963; Wachsmoulage
Moulagensammlung Universitätsspital Zürich

Die Haut ist das größte Organ des Körpers und durchläuft wie alle Organe Veränderungen entsprechend dem Lebensalter. Bereits ab dem 30. Lebensjahr nehmen die elastischen Fasern in der Haut ab. Die Haut verliert mit den Jahren an Speicherfähigkeit für Wasser. Dadurch nimmt ihr Volumen ab, und Falten entstehen.

1.2.07
Senile Atrophie der Mandibula einer 68jährigen Frau
1919; Kieferknochen
Pathologisch-Anatomisches Bundesmuseum, Wien

Gewebeschwund ist im Alter überall anzutreffen: in Knochen, Muskeln und Haut. Im Unterkiefer führt er zu Zahnverlust und daraufhin zu einer Veränderung der Kopfform, die lange Zeit typisch für alte Menschen war.

1.2.08
Röntgenaufnahme des Unterkiefers von Sigmund Freud mit Prothese (Abb. S. 58)
1939; Reproduktion
Freud Museum, London

Bereits todkrank, ließ sich Sigmund Freud (1856–1939) 1939 mehrfach röntgen, um den Sitz seiner Prothese zu kontrollieren, die an die Stelle seines vom Krebs zerfressenen Unterkiefers eingesetzt worden war.

1.2.09
Herz mit Fettsucht (Obesitas)
Dr. Henning
1922; Wachsmoulage
Pathologisch-Anatomisches Bundesmuseum, Wien

Viele Menschen nehmen im Alter an Gewicht zu. Entsprechend wird auch das Herz verfettet. Das hat nicht zwangsläufig eine Funktionseinschränkung zur Folge. Allgemein nimmt die Belastbarkeit aller Organe im Alter ab.

1.2.10
Herz mit Hypertonieinfarkt eines 50jährigen Mannes
Feuchtpräparat
Pathologisch-Anatomisches Bundesmuseum, Wien

Das Altersherz ist durch die Veränderungen am Herzmuskel in seiner Funktion eingeschränkt. Starke altersbedingte Veränderungen können zu einem Herzinfarkt führen, der tödlich sein kann.

1.2.11
Herz mit Bypass, 64 Jahre alt
Feuchtpräparat
Pathologisch-Anatomisches Bundesmuseum, Wien

Der Blutdurchfluß im Herzen wird durch einen Klappenapparat mit vier verschiedenen Ventilen gesteuert. Innerhalb von 90 Sekunden hat das gesamte Blut des Körpers einmal das Herz passiert. Der Blutkreislauf ist bei einem Klappenfehler gestört. Das Blut fließt dann in die falsche Richtung zurück. Die Leistungsfähigkeit wird vermindert. Heilung durch einen künstlichen Ersatz gibt es erst seit den 1960er Jahren.

1.2.12
Arterienverkalkung (Abb. S. 37)
a) Normale Arterie, teilweise aufgeschnitten
Wachsmodell
Sammlung des Deutschen Hygiene-Museums, Dresden
b) Verkalkte Arterie, teilweise aufgeschnitten
Kopie nach Modell von 1930; Wachsmodell
45 x 85 x 40 cm
Sammlung des Deutschen Hygiene-Museums, Dresden

Die Verkalkung der Arterie (Schlagader) nimmt mit den Jahren zu, weil an den Innenwänden während des permanenten Blutstromes Kalk angeschwemmt wird und sich einlagert. Durch den geringeren Durchmesser des Gefäßes ist das Herz schlechter durchblutet. Die Herzfunktionen sind dadurch eingeschränkt. Es können auch Gedächtnis- und Konzentrationsschwächen auftreten.

1.2.13
Herz mit Herzschrittmacher eines 63jährigen
1992; Feuchtpräparat
Pathologisch-Anatomisches Bundesmuseum, Wien

Unregelmäßigkeiten des Herzrhythmus werden im Alter immer häufiger. Gefährliche Herzleiden können durch das Einpflanzen eines künstlichen Impulsgebers ausgeglichen werden. Der erste Herzschrittmacher wurde 1958 eingesetzt, heute sind es in Deutschland 10 000 pro Jahr. Der Herzschrittmacher bringt aber nicht nur eine Vermischung von Technik und Lebendigem, er läßt den Körper im Gleichklang mit der Maschine funktionieren. Das bedeutet den Verlust des Privilegs des individuellen Körpers.

1.2.14
Gefäßprothese
1998; Polyester
15 x 3 cm
Sulzer Medica AG, Winterthur

Diese Y-Prothese wird als Bypass für Beckenarterien eingesetzt. Bei der Einengung von Bauchschlagader, Becken oder Beingefäßen kann es zu Durchblutungsstörungen und sogar zu einem Gefäßverschluß kommen.

1.2.15
Brustkrebs (Carcinoma mammae)
Wachsmoulage im Schaukasten
11,5 x 33,5 x 46 cm
Sammlung des Deutschen Hygiene-Museums, Dresden

Brustkrebs blieb seit den 1950er Jahren bei Frauen die häufigste Krebserkrankung. Für den Tod ist er nur noch in wenigen Fällen verantwortlich. Jede 10. bis 16. Frau und ein bis zwei Prozent der Männer in Deutschland sind davon betroffen. Er tritt am häufigsten zwischen dem 45. und 50. und dem 60. und 65. Lebensjahr auf.

1.2.16
Magenkrebs
Wachsmoulage im Schaukasten
Sammlung des Deutschen Hygiene-Museums, Dresden

Krebs ist seit den 1950er Jahren die zweithäufigste Todesursache bei 65- bis 74jährigen. Krebserkrankungen haben bei Männern seither um 30 bis 50 Prozent zugenommen, bei Frauen um 10 Prozent abgenommen. In Westeuropa und USA hat der Magenkrebs wegen der Änderung der Nahrungsgewohnheiten seit 1930 kontinuierlich abgenommen.

1.2.17
Arteriosklerose der Aorta bei einem 87jährigen Mann
1990; Feuchtpräparat
Pathologisch-Anatomisches Bundesmuseum, Wien

Arteriosklerose ist die Ursache für viele Krankheiten im Alter. Sie wird durch das Verhalten in der Jugend beeinflußt: Nikotin und fettreiche Ernährung begünstigen ihr Auftreten.

1.2.18
Arthrose der Hüfte bei einer 46jährig verstorbenen Frau
Knochen
Pathologisch-Anatomisches Bundesmuseum, Wien

Die Gelenke nutzen sich mit den Lebensjahren ab, begünstigt noch durch hohes Körpergewicht (bei jedem Schritt wirkt auf das Hüftgelenk die Kraft des 3,5fachen Körpergewichtes). Dadurch entsteht eine Fehlstellung der Gelenke, die zu Bewegungseinschränkung bis hin zu einer Versteifung und zu Schmerzen führt. Arthrose der Hüfte schränkt nicht nur die Lebensqualität stark ein, sondern kann durch die Immobilität zu einem früheren Tod führen.

1.2.19
Künstliches Hüftgelenk ›Alloclassic Hüftprothesensystem‹ (Abb. S. 45)
1998; Titanlegierung, Kobaltlegierung, Polyethylen, Metallgleitfläche, Reintitan
21 x 11 cm
Sulzer Medica AG, Winterthur

Seit den 1940er Jahren kann die Hüftarthrose durch einen Gelenkersatz behandelt werden. Versuche dazu sind seit Anfang des 19. Jahrhunderts nachgewiesen. Europaweit werden heute 400 000 Hüftgelenke pro Jahr implantiert. Das operative Einsetzen ist ein Routineeingriff. Er dauert ein bis zwei Stunden. Nach wenigen Monaten kann sogar wieder Sport getrieben werden.

1.2.20

Knieimplantat F/S Integral
1998; CoCr, Titan, Polyethylen
12 x 9 cm
Sulzer Medica AG, Winterthur

Wird das Implantat vom Körper angenommen, hat es eine durchschnittliche Lebensdauer von zehn Jahren. Es verschleißt wie die natürlichen Gelenke auch, und es kann sich lockern. Dann muß ein neuer Ersatz eingepflanzt werden. Trotz der guten Erfolge mit Metallen und Kunststoffen im Körper ist jedes Implantat doch ein Fremdkörper. Ein echter medizinischer Fortschritt wird von der Biotechnologie erwartet: Es sollen Stoffe entwickelt werden, die Knorpel und Gefäße wieder wachsen lassen.

1.2.21

Senile Osteoporose mit Bruch bei einer 77jährigen Frau
1915; Knochen
Pathologisch-Anatomisches Bundesmuseum, Wien

Ab dem 70. Lebensjahr sind Männer wie Frauen gleichermaßen von der sog. Senilen Osteoporose betroffen. Es handelt sich um einen Knochenmassenverlust bis hin zu Glasknochen. Er wird durch Bewegungsmangel hervorgerufen. Leichte Stürze führen bereits zu Knochenbruch, der nur schwer verheilt. Immobilität ist die Folge, die zu raschem Abbau führt. 85 Prozent aller Osteoporosekranken sind jedoch Frauen im Klimakterium. Von ihnen erleiden 25 Prozent aufgrund des Östrogenmangels Ermüdungsbrüche.

1.2.22

Röntgenaufnahme der Oberschenkelhalsfraktur von Rudolf Virchow
1912; Fotoabzug
Berliner Medizinhistorisches Museum, Berlin

Rudolph von Virchow war Pathologe und schuf eine berühmte anthropologische Sammlung mit Charakteristika und Anomalien des menschlichen Körpers aus der ganzen Welt. Bis zu seinem Tod im Alter von 81 Jahren arbeitete er an seinen medizinischen Präparaten in der Charité in Berlin. Die typische Alterskrankheit Oberschenkelhalsbruch verschuldete seinen Tod.

1.2.23

Arthritis deformans des linken Kniegelenkes eines 62jährigen Mannes
1916; Knochen auf Brett montiert
Pathologisch-Anatomisches Bundesmuseum, Wien

Es handelt sich um eine chronisch entzündliche Systemerkrankung, die Gelenke und Organe befällt und zerstört. Sie tritt ab dem vierten Lebensjahrzehnt auf, bei Frauen sehr viel häufiger als bei Männern. Sie ist sehr schmerzhaft und bis heute nicht heilbar. Wegen der Invalidisierung der Gelenke und Organe ist die Lebenserwartung vermindert.

1.2.24

Prostata-Vergrößerung bei einem 72 Jahre alten Mann
1954; Feuchtpräparat
Pathologisch-Anatomisches Bundesmuseum, Wien

Bei 60 Prozent der Männer über dem 50. Lebensjahr ist die Prostata vergrößert. Diese gutartige Geschwulst drückt den Harnleiter ab, und die Blase kann nicht mehr vollständig entleert werden. Das verursacht Schmerzen in der Blase und aufsteigende Infektionen in der Niere.

1.2.25

Hände mit Altersflecken (Abb. S. 37)
L. Volger
1942; Wachsmoulage
Moulagensammlung Universitätsspital Zürich

Altersflecken sind Pigmentveränderungen, die genauso wie Falten mit der natürlichen Alterung der Haut zusammenhängen. Sie schmerzen nicht und schädigen nicht die Gesundheit. Unbedeckte Körperstellen (Gesicht und Hände) altern durch Umwelteinflüsse rascher.

1.2.26

Atrophia cutis
Sign. Dr. Henning
1905; Wachsmoulage
Pathologisch-Anatomisches Bundesmuseum, Wien

Merkmal der Altershaut: Die Adern werden deutlich sichtbar.

1.2.27

Krampfadern am Bein einer 60jährigen (Abb. S. 37)
nach 1950; Moulage im Schaukasten
12,5 x 39 x 69 cm
Sammlung des Deutschen Hygiene-Museums, Dresden

Ab dem 50. Lebensjahr sind bei 45 Prozent aller Menschen die Venen erweitert. Diese Krampfadern widersprechen nicht nur den Schönheitsanforderungen an weibliche Beine, sie verursachen im fortgeschrittenen Stadium auch Schmerzen. Gehen und Stehen sind eingeschränkt. Schönheitsinstitute bieten ein sehr schmerzhaftes Verätzen der Adern an, das viele Frauen meist auf eigene Kosten über sich ergehen lassen.

1.2.28

Krampfadern mit Ulcus cruris
Wachsmoulage
Pathologisch-Anatomisches Bundesmuseum, Wien

Das sog. Offene Bein ist ein Hautgeschwür, bei dem verletztes Gewebe nicht mehr heilt. Es ist oft Folge von Diabetes mellitus und von Krampfadern. Das Gehen ist wegen der heftigen Schmerzen stark eingeschränkt. Im fortgeschrittenen Stadium ist eine Beinamputation nötig.

1.2.29

Zehengangrän bei Diabetes mellitus
Sign. Dr. Henning
1904; Wachsmoulage
Pathologisch-Anatomisches Bundesmuseum, Wien

Ab dem 40. Lebensjahr kann Altersdiabetes auftreten, weil die Glukoseverwertung in der Zelle gestört wird. Als Folge kann Gewebe wie hier am Zehen absterben. Diese Komplikation tritt auch heute noch häufig auf und bereitet vor allem bei der häuslichen Pflege Probleme.

1.3 Der Kopf und der Tod

Das Leben im Ruhestand ist trotz aller Aktivitäten und Gestaltungsmöglichkeiten, die es heute gibt, begleitet von Gedanken an den Tod. Für das Individuum hat der Tod die Bedeutung eines im voraus erlebten Ereignisses. Jedes Subjekt schafft sich einen Mythos über sein Ende, wie es auch einen Mythos über seinen Ursprung braucht.

Welche Vorstellungen vom Tod haben alte Menschen heute? Tod war in der christlichen Welt eine Station in einem Prozeß, der in der Vereinigung mit Gott endete. Uns sind viele Bilder aus dieser Vorstellungswelt überliefert: Der Sensenmann, der Teufel, die Engel, der Gekreuzigte. Diese haben nur noch für wenige Sterbende heute Bedeutung. Unsere moderne Idee vom Tode wird sehr stark durch das Bild der Maschine und des Funktionierens bestimmt.
Der Tod selbst ist heute eine Sache der Medizin und des Arztes. Der Sterbende gibt seine Verantwortung an die weltliche Institution ab. Der Tod ist marginalisiert und ein Geheimnis, er gehört nicht zum Leben. Schließlich müssen wir zulassen, die Kontrolle über Körper und Kopf verloren zu haben. Für andere Kulturen ist der Tod eine Nuance des Lebens, nicht der Endpunkt.

1.3.01

Der Tod und der Doctor
Anton Sohn
nach 1822; Terrakotta, bemalt
13,2 x 8,7 cm
Badisches Landesmuseum, Karlsruhe

Plastische Umsetzung des berühmten Baseler Totentanzes aus dem 15. Jahrhundert. Er ist Ausdruck der Angst vor einem unvorbereiteten Tod und soll stets auf die eigene Sterblichkeit hinweisen.

1.3.02

»Ach Mensch kehr dich zu Gott
Es zielet schon der Todt [...]« (Abb. S. 40)
Paulus Fürst
um 1750; Kupferstich
60,5 x 45 cm
Bayerisches Nationalmuseum, München

Die häufige Darstellung des Todes im 18. und 19. Jahrhundert verweist auf seine damalige Präsenz im Alltag. Das Bild des Knochenmannes unterstreicht die körperliche Vergänglichkeit und drückt den Schrecken beim Ende eines Lebens ohne Glauben aus.

1.3.03

a) Klappbild: Memento mori
2. Hälfte 18. Jahrhundert; Kupferstich
15,5 x 9,3 cm
Bayerisches Nationalmuseum, München
b) Klappbild: Memento mori
2. Häfte 18. Jahrhundert;
Federzeichnung, handkoloriert
21,3 x 16,5 cm
Bayerisches Nationalmuseum, München

Diese Klappbilder zeigen mit einem Handgriff die erschütternde Vergänglichkeit des Körpers, der unter den prunkvollen Kleidern liegt. Memento mori bedeutet: »Bedenke, daß Du sterblich bist!« In der christlichen Tradition ist der Tod nicht das Ende des Sterbens, sondern Teil des Lebens. »Und lerne weil Du lebst auf Erden, wie Du wilst ewig selig werden.«

1.3.04
Bemalter menschlicher Schädel
1857; Bein, farbig bemalt
17 x 15 x 20 cm
Bayerisches Nationalmuseum, München

In katholischen Regionen wurden in ›Beinhäusern‹ als Memento mori exhumierte Gebeine aufbewahrt. Damit wird dem Betrachter ein persönlicher Zugang zum Thema Vergänglichkeit ermöglicht.

1.3.05
Meret Oppenheim 1913-2000
Meret Oppenheim
1964/1981; Fotobearbeitung nach einem Röntgenbild
40,2 x 30,4 cm
Dr. Karin Frank von Maur, Rudersberg

Mit der medizinischen Technik der Röntgenfotografie variiert die Künstlerin ein traditionelles religiöses Motiv, das Memento mori. Ohrringe und anderer Schmuck konkurrieren mit dem Blick auf das sonst unsichtbare Innere eines Menschen, auf das Häßliche hinter dem Schönen.

1.3.06
Würfelspiel: ›Zeitlichkeit – Ewigkeit‹
1. Hälfte 19. Jahrhundert; Druck, handkoloriert
45 x 60,5 cm
Bayerisches Nationalmuseum, München

In diesem Spiel sind mehrere Motive zum Thema Lebensalter vereint: Die Lebensuhr wird der Ewigkeit gegenübergestellt, die Lebensstufen vom Säugling bis zum Greis sowie Allegorien des Alltags und der christlichen Grundwerte aufgeführt. Wie der Spieler im Leben den richtigen Weg finden kann und Gewinner wird, ist nicht mehr rekonstruierbar.

1.3.07
a) *Der Tod des Gerechten* (Abb. S. 40)
2. Hälfte 19. Jahrhundert; Chromolithographie
19,5 x 26 cm
Bayerisches Nationalmuseum, München
b) *Der Tod des Sünders* (Abb. S. 40)
2. Hälfte 19. Jahrhundert; Chromolithographie
19,5 x 26 cm
Bayerisches Nationalmuseum, München

Dieser Wandschmuck, ein frühes Massenmedium, soll in jedem Haushalt zur richtigen Lebensführung mahnen.
Die Konsequenzen eines Lebens ohne christliche Grundwerte für die Sterbestunde und das Leben nach dem Tod werden in einer sehr plakativen Bildsprache aufgezeigt.

1.3.08
Kleines Andachtsbild: *Tod Josephs*
1. Hälfte 20. Jahrhundert; Farbdruck
11 x 6,5 cm
Bayerisches Nationalmuseum, München

Das Andachtsbildchen zeigt die Sterbestunde des hl. Joseph. Er stirbt einen sanften Tod, ohne sichtbare Schmerzen, ist nicht allein und geht dem Licht entgegen. Katholiken hoffen auf solch einen glücklichen Tod, wenn sie in der Sterbestunde den hl. Joseph um Beistand anrufen.

1.3.09
Haarbild: »Andenken von meiner lieben Mutter Anna B., gestorben im 40. Lebensjahr, und von meiner lieben Großmutter Anna Gnann, gestorben im 60. Lebensjahr«
um 1900; Haar, Papier, Glas
26,5 x 20 x 13 cm
Privatbesitz

Zur sehr innigen Erinnerung an Verstorbene wurden bis zur Mitte des 20. Jahrhunderts Wandbilder und Schmuck aus deren Haaren kunstvoll angefertigt. Damit überdauert ein Teil des Körpers den Tod in der nächsten Nähe der Hinterbliebenen. Von einem besonderen Verhältnis zu Körper und Sterben zeugt die Tatsache, daß die Haare noch kurz vor dem Tod abgeschnitten werden müssen, um verarbeitet werden zu können. Später werden sie brüchig.

1.3.10
Aufgebahrte Bürgersfrau
1763; Miniaturmalerei auf Papier
10 x 13,5 cm
Bayerisches Nationalmuseum, München

Einen fließenden Übergang zwischen Leben und Tod gewährleistet die Präsentation des Toten in der Öffentlichkeit. Der Verstorbene ist sichtbarer Teil des Lebens, solange es sein Körper zuläßt. Die Tote wurde in der vorliegenden Darstellung sogar noch in ihrem Zustand für die Lebenden festgehalten. Dieses Bild dient der Erinnerung und zugleich der Vorbereitung auf die eigene Todesstunde, die so deutlich an Schrecken verliert.

1.3.11
Rudolf Virchow (1821–1902) auf dem Totenbett
1902; Fotografie (Reproduktion)
Berliner Medizinhistorisches Museum, Berlin

Rudolf Virchow war als Führer der Fortschrittspartei Mitglied des preußischen Abgeordnetenhauses und heftiger Gegner Bismarcks. Er gehörte den Kreisen an, in denen die Darstellung des Todes der Tradition entsprach und ein Post-mortem-Porträt von der Gesellschaft erwartet wurde.

1.3.12
Post-mortem-Fotografie: Häusliche Aufbahrung in Altötting
Hans Strauss
um 1920; Fotografie
17 x 23 cm
Fotomuseum im Münchner Stadtmuseum

Fotografien von Verstorbenen erfreuten sich seit der Mitte des 19. Jahrhunderts wegen der geringen Kosten auch bei der Mittel- und Unterschicht großer Beliebtheit. Sie lösten sich von spezifisch religiösen Konnotationen. Viele Fotografen waren auf dieses Thema spezialisiert. Nach dem Massensterben des Ersten Weltkriegs, möglicherweise auch durch das Verbot der häuslichen Aufbahrung Verstorbener, gibt es nur noch wenige Post-mortem-Fotografien, meist aus dem ländlichen Raum.

1.3.13
Post-mortem-Fotografie
August Sander
um 1927; Fotografie
20,2 x 25,3 cm
Fotomuseum im Münchner Stadtmuseum

1.3.14
»The Soul hovering over the Body reluctantly parting with Life«
William Blake
1808; Kupferstich zu Robert Blair: ›The Grave‹
City of Westminster Archives Center, Kerrison Preston Library, London

William Blakes Illustrationen zu einem Gedichtband von Robert Blair variieren das Thema Tod und Sterben auf vielfältige Weise. Dabei treten explizit christliche Motive gelegentlich in den Hintergrund.

1.3.15
Arme Seelen: Bekrönung eines Almosenkastens
19. Jahrhundert; Metall, farbig gefaßt
31,5 x 16 x 7 cm
Bayerisches Nationalmuseum, München

Das Fegefeuer versinnbildlicht die qualvolle Reinigung von den Sünden. Durch die enorme Abschreckung dient das Motiv der ›Armen Seelen‹ der Einhaltung christlicher Regeln. Und nur ein Sünder muß sich solch schreckliche Vorstellungen vom Tod machen.

1.3.16
Fotoalbum eines Fotografen über das Sterben seiner Frau
1980er Jahre; Fotografien (Reproduktionen)
Fotomuseum im Münchner Stadtmuseum

Der Fotograf hat die Etappen der letzten Lebensphase seiner Frau dokumentiert. Nach ihrem Tod stellte er die Bilder von zu Hause und aus der Klinik in einem Album zusammen.

1.3.17
Untitled – Einäschern einer Leiche
(Abb. S. 41)
Sue Fox (geboren 1963)
1996; Farbfotografie
Sue Fox, Manchester

Die junge Künstlerin beschäftigt sich mit einem Tabu unserer heutigen Gesellschaft: der Darstellung des Todes. Das Motiv aus dem Krematorium hat Bezüge zu religiösen Darstellungen des 19. Jahrhunderts. Sie begann ihre Arbeit mit der Erforschung der eigenen Angst vor dem Tod. Sie will zeigen, daß die Körper nicht unsterblich sind, sondern letztlich zu Asche und Gas werden. Angst vor dem Tod rührt von der Verneinung des Todes als Übergang zu etwas Neuem her.

1.3.18
Untitled – Einäschern einer Leiche
(Abb. S. 41)
Sue Fox (geboren 1963)
1996; Farbfotografie
Sue Fox, Manchester

»Ich denke, es ist wichtig für die Menschen, den Tod ins Auge zu nehmen. Wir können jederzeit sterben, heute, morgen, also lebe ich jetzt wirklich? Ich hoffe, die Menschen werden aufgerüttelt und versuchen, ihr Leben zu genießen.« (Sue Fox)

2 Die eigenen vier Wände

Das Bedürfnis nach den eigenen vier Wänden gewinnt im Alter besondere Bedeutung, finden doch 80 Prozent der Tagesaktivitäten von über 70jährigen in der Wohnung statt. Die meisten alten Menschen leben heute allein oder zu zweit in ihrer eigenen Wohnung. In Alten- und Pflegeheimen, die viele mit Wohnen im Alter verbinden, lebt dagegen nur ein geringer Teil.

Auch vor 200 Jahren lebten alte Menschen selbständig in eigenen Haushalten, mit Ausnahme der ledigen und verwitweten Alten. Alleine lebten aber auch die alten Paare nicht. Gesinde oder Dienstboten, Untermieter oder unverheiratete Kinder gehörten zum Haushalt.

Mit der Schaffung des materiell abgesicherten Ruhestands sind die eigenen vier Wände für ledige und verwitwete alte Menschen selbstverständlich und bezahlbar geworden. Die Intimisierung des Wohnens hat Zwei-Personen- und Single-Haushalte auch bei alten Menschen zur Regel gemacht. Kinder in Wohnortnähe sind durch steigende Berufsmobilität seltener geworden. Die Entwicklung der Haushalttechnik hat die Alten in vielen Alltagsbereichen von Hilfe unabhängig gemacht. Hilfen, der Einsamkeit zu entkommen, wurden jedoch wichtiger.

2.0 Zwei Biographien

Letzte Zuflucht Armenhaus: Johann Friedrich Wiesing (1761–1834)

2.0.01
Glocke des städtischen Armenhauses Bremen
1698; Bronze, gegossen, Holz, Eisen
59 x 45,5 cm
Focke-Museum/Bremer Landesmuseum, Bremen

Die Glocke rief Johann Friedrich Wiesing mehrmals am Tag zum Gebet und den Mahlzeiten in den Eßsaal. Sie erinnert an die starke Reglementierung des Lebens der Armenhausbewohner und -bewohnerinnen.

2.0.02
›Verhaltungsregeln für die im Armenhause aufgenommenen Personen‹
1831; Papier (Kopie)
Staatsarchiv Bremen

36 Regeln bestimmten Verhalten und Tagesablauf im Armenhaus. Von 7 Uhr morgens bis 9 Uhr abends (Bettruhe) war der Tag mit Beten, Essen und Arbeiten angefüllt. Vier Stunden am Tag waren frei, davon durften 1,5 Stunden außerhalb des Armenhauses verbracht werden.

2.0.03
Weserfront des Armenhauses
2. Hälfte 19. Jahrhundert;
Bleistiftzeichnung auf Papier
16,5 x 23 cm
Focke-Museum/Bremer Landesmuseum, Bremen

2.0.04
Grundriß des Armenhauses der Stadt Bremen
1738–1757; Doppelseite aus der Handschrift von Giselbert von Warn (Reproduktion)
52 x 72cm
Universitätsbibliothek Bremen

Das 1698 eröffnete Armenhaus bot etwa 300 Menschen Raum. Schon ein Jahr später beschränkte die Stadt wegen des starken Zulaufs die Aufnahme auf »zur Arbeit unbequeme höchst benöthigte alte Leute«. Seitdem war das Armenhaus faktisch ein Altenheim.

2.0.05
Bürgerrechtsangelegenheit Johann Friedrich Wiesing: Erteilung des Bürgerrechts durch den Senat
1829; Papier (Fotokopie)
Staatsarchiv Bremen

In das städtische Armenhaus wurden nur Bürger und Bürgerinnen der Stadt Bremen aufgenommen. Wer das Bürgerrecht nicht durch Geburt besaß, mußte es käuflich erwerben. Dies war für arme Stadtbewohner unerschwinglich. Deshalb stellte Johann Friedrich Wiesing einen Antrag auf Schenkung des Bürgerrechts beim Senat der Stadt Bremen.

2.0.06
Bürgerrechtsangelegenheit Johann Friedrich Wiesing: Empfehlungsschreiben des letzten Dienstherren
1829; Papier (Fotokopie)
Staatsarchiv Bremen

Der ehemalige Dienstherr unterstützte Johann Friedrich Wiesing beim Antrag um Aufnahme in das städtische Armenhaus. Er führte die »Altersschwäche« des 68jährigen Antragstellers und die damit einhergehende Erwerbsunfähigkeit als Hauptgrund an. Mit der geringen Militärpension könne er »keine 365 Tage sein Leben fristen«.

2.0.07
Sterberegister der Stadt Bremen
1834; Papier, gebunden
Staatsarchiv Bremen

Johann Friedrich Wiesing starb nach fünf Jahren im Armenhaus im Alter von 73 Jahren. Seine Frau lebte noch weitere elf Jahre dort.

Leben in der Wohngemeinschaft: Rožà Erb (geboren 1915) und ihre Mitbewohnerinnen

2.0.08
Wohngemeinschaft Heizenholz (WG Höngg) am Eßtisch, Zürich
Donat Stuppan
1999; Schwarzweißfotografie
Schweizerisches Landesmuseum, Zürich

Fester gemeinsamer Bestandteil des WG-Alltags ist das Mittagessen. Reihum ist eine der Frauen für den Einkauf und das Kochen verantwortlich.

2.0.09
Porträtserie der Mitglieder der Wohngemeinschaft Heizenholz
Lotti Belz, Emmi (Luzi) Bühler-Nöthiger, Verena Diener, Rožà Erb, Erika Rellstab, Annelies Wyss
Donat Stuppan
1999; 6 Schwarzweißfotografien
30 x 40 cm
Schweizerisches Landesmuseum, Zürich

»Nicht alleine wohnen« war das Hauptmotiv der sechs Frauen, beim Wohn-Projekt der Stadt Zürich mitzumachen. Die Stadt stellt das Haus zur Verfügung. Die Organisation des WG-Alltags liegt allein in den Händen der Bewohnerinnen.

2.0.10
Erinnerungsstücke

a) ›Amalie Dietrich. Ein Leben erzählt von Charitas Bischof‹
1913; G. Grothe'sche Verlagsbuchhandlung Berlin
Emmi Bühler-Nöthiger, Zürich
b) Die Eltern vor dem Schweizerischen Landesmuseum
um 1920; Schwarzweißfotografie, gerahmt
Verena Diener, Zürich
c) Sonntagsservice, Tasse und Unterteller, Kaffeelöffel, Dessertteller, Gebäckschale
um 1910; Porzellan
Rožà Erb, Zürich
d) Erklärung betreffend den Verzicht auf ein Erinnerungsstück
1999
Erika Rellstab, Zürich
e) ›Riga‹
um 1920; Fotoalbum
Annelies Wyss, Zürich
f) ›Schweizerisches Familienkochbuch‹
Marie Imhoof
o.J.; Verlag von Gustav Grunau, Bern
Lotti Belz, Zürich

Für den Umzug in die Wohngemeinschaft mußte jede WG-Bewohnerin ihren Haushalt schrumpfen lassen. Von Rožà wurde das als Befreiung empfunden. Nur die wichtigsten Erinnerungsstücke konnten in dem einen Zimmer Platz finden, das jede bewohnt.

2.1 Mythos Großfamilie

Das Zusammenleben von Großeltern mit Kindern und Kindeskindern in einem Haushalt war auch früher eine Ausnahme. Die Chance, das Erwachsenwerden der Enkel zu erleben, war nur wenigen vergönnt.

Auf dem Land gründeten Kinder durch Einheirat auf anderen Höfen eigene Haushalte. Der eigene Hof wurde in der Regel erst beim Tod eines Elternteils an den Erben weitergegeben. Bis dahin führte das alte Paar den Hof selbst und teilte sich die Wohnräume mit nicht verwandten Haushaltsmitgliedern wie dem Gesinde. Noch unverheiratete Kinder lebten ebenfalls mit ihnen. Hilfe im Notfall war damit in der Nähe.

Nach einer Hofübergabe behielt der verwitwete Elternteil eine Schlafstube mit einfacher Einrichtung, die sogenannte Altenteilerstube. Nur die Witwe oder der Witwer erlebten vielleicht noch kurze Zeit ihre ersten Enkel unter demselben Dach. Harmonisch war diese Wohnform selten. Bis ins Detail des Wohnalltags gehende Übergabeverträge zeugen von Mißtrauen und unausweichlichen Konflikten im Zusammenleben.

2.1.01
Familienszene (Abb. S. 62)
Rudolf Hausleithner (1840–1918)
1894; Öl auf Leinwand
74,3 x 100 cm
Niederösterreichisches Landesmuseum, St. Pölten

Bilder erzählen Geschichten, die in unseren Köpfen zu Wirklichkeit werden. Die idealisierenden Familiendarstellungen des 19. Jahrhunderts sind zu unserem Bild vom Wohnen alter Menschen in vergangener Zeit geworden. In Wirklichkeit war im städtischen Raum, wie er hier durch Interieur und Kleidung angezeigt ist, das Zusammenleben von drei Generationen unter einem Dach noch seltener als auf dem Land.

2.1.02

Bauernhaus mit Altenteilerstube,
Melverode (heute Stadt Braunschweig)
1663; Modell (1937)
48 x 183 x 117 cm
Historisches Museum Hannover

Eine kleine, sonnenlose Kammer im Erdgeschoß bezog die ehemalige Hausherrin Dorothee Müller 1884 nach dem Tod ihres Mannes. Zu diesem Zweck wurde die ehemalige Milchkammer auf 11 qm vergrößert und ein neuer Kamin errichtet. 1888 zog die gesamte Familie um. Die neuen Besitzer Heinrich und Wilhelmine Fleige lebten ohne alte Eltern im Haus. Erst 1933 wurde wieder ein Altenteil eingerichtet, das die Witwe Wilhemine Fleige bis zu ihrem Tod 1940 bewohnte.

2.1.03

Grundriß Bauernhaus mit Altenteilerstube, Melverode (heute Stadt Braunschweig)
1663; Bauaufnahme (1937)
44 x 62 cm
Historisches Museum Hannover

Eine feste Altenteilerstube oder gar ein eigenes Gebäude für die Altbauern haben nur wenige größere Bauernhäuser besessen. Die Umnutzung eines Raumes zur Einrichtung einer Altenteilerstube, wie hier mit der Milchkammer geschehen, war üblich. Im 19. Jahrhundert nahm die Einrichtung solcher Altenteilerstuben zu. Die Höfe konnten aufgrund der Agrarkonjunktur leichter zwei Familien ernähren. Mehr Menschen erreichten ein hohes Lebensalter. Deshalb mußte auf den Höfen häufiger als früher über eine Altenteilregelung nachgedacht werden.

2.1.04

Idealtypisches Bauernhaus mit Stöckli,
Berner Seeland
1834; Modell
17,5 x 23,5 x 21 cm (Bauernhaus)
15,5 x 11 x 14,8 cm (Stöckli)
Berner Historisches Museum, Bern

Das ›Stöckli‹ als eigens errichteter Alterssitz ist eine Erscheinung des 19. Jahrhunderts und vorwiegend im Kanton Bern beheimatet. Bis dahin wohnten die ›Schleissnehmer‹ mit den Erben im gleichen Haus oder bezogen umgenutzte Wirtschaftsgebäude wie das Ofenhaus oder den Speicher. Die Lockerung der Baubestimmungen im 19. Jahrhundert, die es einem bestehenden Hof erlaubte, Neubauten mit Feuerrecht zu errichten, beförderte die Zunahme der Stöcklis.

Selbständigkeit im Alter – Alltag ohne Großfamilie

2.1.05

a) Alte Bauersfrau beim Wasserholen
(Abb. S. 62)
Heinrich Baumann
1906; Schwarzweißfotografie
(Reproduktion)
Stadtarchiv und Landesgeschichtliche
Bibliothek, Bielefeld
b) Alter Handweber bei der Arbeit
Heinrich Baumann
1904; Schwarzweißfotografie
(Reproduktion)
Stadtarchiv und Landesgeschichtliche
Bibliothek, Bielefeld
c) Altes Paar auf Korbstühlen
um 1925; Schwarzweißfotografie
(Reproduktion)
Stadtarchiv und Landesgeschichtliche
Bibliothek, Bielefeld
d) Alter Bauer, Zeitung lesend
Heinrich Baumann
1900; Schwarzweißfotografie
(Reproduktion)
Stadtarchiv und Landesgeschichtliche
Bibliothek, Bielefeld
e) Alte Frau am Spinnrad
Heinrich Baumann
um 1910; Schwarzweißfotografie
(Reproduktion)
Stadtarchiv und Landesgeschichtliche
Bibliothek, Bielefeld
f) Altes Paar in Bauernstube
1906; Schwarzweißfotografie
(Reproduktion)
Stadtarchiv und Landesgeschichtliche
Bibliothek, Bielefeld
g) Altes Kötterpaar an der Tür
Heinrich Baumann
1913; Schwarzweißfotografie
(Reproduktion)
Stadtarchiv und Landesgeschichtliche
Bibliothek, Bielefeld
h) Alte Frau im Alkoven
Schwarzweißfotografie (Reproduktion)
Historisches Museum Hannover
i) Alter Mann am Ofen
Schwarzweißfotografie (Reproduktion)
Historisches Museum Hannover

Selbständige Haushaltsführung bis ins hohe Alter war auch früher Wunsch und Wirklichkeit alter Menschen. Dies bedeutete Arbeiten bis zum Lebensende. Wer keine Dienstkräfte oder noch unverheiratete Kinder im Haushalt hatte, mußte auch die schweren Hausarbeiten wie Wasserholen, Feuermachen und Wäschewaschen selber verrichten.

Großfamilie ohne Idylle

2.1.06

Leibzuchtvertrag
1841; Papier (Reproduktion)
Wilhelm Niederröhrmann, Bielefeld

Das Zusammenleben ehemaliger Hofbesitzer mit ihren Erben barg Konfliktstoff. Mit diesem Übergabevertrag hoffte die Witwe Margaretha Kramme einen Platz am Eßtisch behalten zu können. Außerdem ließ sie sich Kleidung, eine Wohnstube und die Nutzung des Apfelbaums an der Ecke des Gartens zusichern.

2.1.07

Gemeinsames Arbeiten auf dem Hof
um 1910; Schwarzweißfotografie
(Reproduktion)
Landschaftsverband Rheinland –
Medienzentrum Rheinland, Düsseldorf

2.1.08

Fast eine Großfamilie (Abb. S. 61)
um 1920; Schwarzweißfotografie
(Reproduktion)
Württembergisches Landesmuseum
Stuttgart – Landesstelle für Volkskunde

Das Foto zeigt die Bewohner des Hauses: Die Eltern eingerahmt von ihren Töchtern und Söhnen. Am rechten Rand der Gruppe eine ältere Cousine des Familienvaters mit einem Nachbarskind. Die Witwe bewohnte eine Stube und ein Schlafzimmer im abgebildeten Haus. Sie benutzte die Küche mit, kochte aber selbst und besaß ein eigenes Schüsselbrett am zweiten Küchenfenster. Alte Menschen wohnten weitaus häufiger mit Dienstkräften oder entfernteren Verwandten zusammen als mit den direkten Nachkommen und deren Kindern.

2.1.09

Drei Generationen in einer Ein-Raum-Kellerwohnung in Breslau
1906; Schwarzweißfotografie
(Reproduktion)

Aus der Denkschrift zur ersten Wohnungs-Enquête der Ortskrankenkasse in Breslau. Der Wohnraummangel in den Großstädten während der Industrialisierung führte bei Arbeiterfamilien zu beengtem Zusammenleben von alten Menschen mit den Familien ihrer Kinder.

2.1.10

Heimarbeiterfamilie im Erzgebirge
Schwarzweißfotografie (Reproduktion)
Michael Nowak, Dresden

2.2 Im Heim

Nur drei Prozent der 65- bis 80jährigen leben in Alten- oder Pflegeheimen, der Gedanke daran beschäftigt hingegen viele, zumeist mit Sorge.

Bis ins 19. Jahrhundert war der Begriff ›Altenheim‹ gleichbedeutend mit ›Armenhaus‹, das zusammen mit dem Wohnstift die historische Wurzel heutiger Altenheime darstellt. Bis heute steht das Heim für fremdbestimmtes Wohnen und Leben im Alter. Es bedeutet eingeschränkte Privatsphäre, einen streng organisierten Alltag, Anonymität und wenig Abwechslung.

Trotz neuer Heim-Architektur und neuer Heim-Konzepte während des gesamten 20. Jahrhunderts ist das Heim für alte Menschen letzte Lösung geblieben, wenn sie unvorbereitet von Pflegebedürftigkeit betroffen sind oder durch Wohnungssanierungen aus ihren Wohnungen vertrieben werden. Von den über 80jährigen leben 17 Prozent in Alten- oder Pflegeheimen.

Der Umzug ins Heim, der auch mehr Kontakte und mehr Sicherheit bedeuten kann, bleibt ein schwerer Schritt.

2.2.01

Altmännerstube in Kraiburg (Oberbayern) (Abb. S. 63)
Lovis Corinth (1858–1925)
1892; Öl auf Leinwand
93,5 x 103 cm
Staatsgalerie Stuttgart

Mitten im Schlafraum, dem intimsten Rückzugsbereich eines jeden, befinden wir uns beim Betrachten dieses Gemäldes. Die Darstellungsweise hält uns jedoch auf Distanz und läßt damit den nur spärlich ausgeprägten Privatcharakter des Heimzimmers verstärkt hervortreten.

2.2.02

Altenheim St. Josef in München
1927; Modell (1925)
30,5 x 90 x 84 cm
Altenheim St. Josef, München

Die mit der Inflation der 1920er Jahre geschrumpften Sparvermögen versetzten gerade alte Menschen in Armut. Aus diesem Anlaß wurden in München und in Frankfurt neue Altersheime gebaut. Der klosterartige Münchner Bau für 700 Personen strahlt trotz zentralbeheizter Zwei-Bett-Zimmer die Strenge früherer Arbeits- und Armenhäuser aus.

2.2.03

Zwei-Bett-Zimmer im Altenheim St. Josef
1929; Schwarzweißfotografie (Reproduktion)
Stadtarchiv München

Das liebevoll eingerichtete Zwei-Bett-Zimmer verliert seine heimelige Wirkung, wenn man weiß, daß sich diese Möblierung hinter den Fenstern noch 240mal verbirgt. Außerdem gab es 50 Mehrbettzimmer mit drei bis sechs Betten.

2.2.04

Speisesaal im Altenheim St. Josef
1929; Schwarzweißfotografie (Reproduktion)
Stadtarchiv München

Einer der fünf Speisesäle. Morgenkaffee mit Brot um 7 Uhr, Mittagsmahlzeit um 12 Uhr, Nachmittagskaffee mit Brot um 3 Uhr, Abendessen ½ 6 Uhr. Bier und Extrabrot bei der Bierschenke im Erdgeschoß. Zwischenfrühstücke konnten in den Gaskochküchen zu bestimmten Zeiten selbst bereitet werden.

2.2.05

Innenansicht der katholischen Kirche im Altenheim St. Josef
1929; Schwarzweißfotografie (Reproduktion)
Stadtarchiv München

Die Emporen konnten von den jeweiligen Obergeschossen aus erreicht werden, so daß keiner zum Gottesdienstbesuch Treppen steigen mußte.

2.2.06

Wo wohnen alte Leute
Elisabeth Bergmann-Michel
Film über das Henry u. Emma Budge-Heim
1930; s/w, stumm (Kopie)
Eidgenössische Technische Hochschule Zürich, Institut für Geschichte und Theorie der Architektur

Unter dem Schlagwort ›Befreites Wohnen‹ versuchten die Architekten Mart Stam, Werner Moser und Ferdinand Kramer 1928/29 ein Altersheim für 100 Personen zu bauen, das »weitab liegt von dem üblichen Geruch der Altersheime«. Einzelzimmer mit Balkon oder Gartenstück, fließendem Wasser und Zentralheizung gehörten zum Standard des Budge-Heims. Für die moderne Licht-Luft-Sonne-Bauweise wurde mit modernen Mitteln wie dem Film Werbung gemacht.

2.2.07

Prospect des Königlichen Invaliden-Hauses zu Berlin
Johann David Schleuen
um 1745; Radierung (Reproduktion)
Stadtmuseum Berlin

Erstes Invalidenhaus für ehemalige Soldaten in Preußen 1748 für 600 Männer, von Friedrich dem Großen gestiftet. Mit dem Haus für arbeitsunfähige Soldaten zeigte sich der Staat verantwortlich für die in seinem Dienst zu Krüppeln gewordenen Staatsdiener. Damit wurde zum ersten Mal für eine ausgewählte Berufsgruppe eine Art Rechtsanspruch auf Altersversorgung formuliert.

2.2.08

»Typen aus dem Armenhause«
August Grienwaldt
1908; Serie von Fotopigmentdrucken (Reproduktion)
Focke-Museum/Bremer Landesmuseum, Bremen

Die letzten Bewohner im 1698 errichteten Armenhaus der Stadt Bremen. Nach 1912 war hier das Focke-Museum untergebracht.

2.2.09

Beim Kegelspiel im Hof des Bremer Armenhauses
um 1910; Schwarzweißfotografie (Reproduktion)
Focke-Museum/Bremer Landesmuseum, Bremen

2.2.10

Pförtner beim Läuten der Glocke des Bremer Armenhauses (Abb. S. 68)
um 1910; Schwarzweißfotografie (Reproduktion)
Focke-Museum/Bremer Landesmuseum, Bremen

2.2.11

Upmannstift, Außenansicht
1876; Schwarzweißfotografie, um 1960 (Reproduktion)
Stadtarchiv und Landesgeschichtliche Bibliothek, Bielefeld

Die Wohnstifte sind neben den Armenhäusern die zweite Wurzel heutiger Alten- und Pflegeheime. Eintritt ins Upmannstift war nur »unbescholtenen Damen des gebildeten Standes und christlicher Konfession« möglich, die ein Einkaufsgeld in Höhe von 750 Mark aufbringen konnten. Stifte boten vor allem älteren alleinstehenden Frauen mit einem bescheidenen, aber gesicherten Einkommen eine Wohnmöglichkeit.

2.2.12

Upmannstift, Zimmer einer Bewohnerin
1916; Schwarzweißfotografie (Reproduktion)
Stadtarchiv und Landesgeschichtliche Bibliothek, Bielefeld

Fräulein Jüngst bewohnte wie ihre 17 Hausgenossinnen ein Wohn- und ein Schlafzimmer, die sie selbst möbliert hatte. Das Mittagessen nahm der überschaubare Kreis im gemeinschaftlichen Speisezimmer ein. Daneben gab es keine festen Zeitvorgaben im Tagesablauf. Putz- und Heizdienste sowie Krankenpflege waren im jährlichen Pensionsgeld inbegriffen, Sonderdienste mußten extra abgegolten werden.

2.2.13

»L'Asile de vieillards pauvres et malheureux«
vor 1914; 15 Schwarzweißfotografien (Reproduktionen)
Archiv La Rozavère, Etablissement médico-social, Lausanne

Das Altenheim in Lausanne galt 1914 als vorbildlich. Die Fotografien wurden im Jahre 1914 auf der Schweizerischen Landesausstellung in Bern gezeigt.

2.2.14

Bewohnerinnen des ersten Altenheims in Bielefeld
um 1900; Schwarzweißfotografie (Reproduktion)
Evangelisches Johanneswerk e.V. – Geschichtsschreibung, Bielefeld

Das 1873 umgenutzte Marienstift war das erste Altenheim in Bielefeld. Es war selbstverständlich, daß die Bewohnerinnen zur Mitarbeit in der im selben Haus eingerichteten Volksküche angehalten wurden.

2.2.15

Mehrbettzimmer im neuen AWO-Altenheim Rosenhöhe
1952; Schwarzweißfotografie (Reproduktion)
Stadtarchiv und Landesgeschichtliche Bibliothek, Bielefeld

Auch in der zweiten Hälfte des 20. Jahrhunderts waren Mehrbettzimmer in Neubauten nichts Ungewöhnliches.

2.2.16

Altenheim in einem ehemaligen Gefängnis (Laufen/Salzach)
1963; Schwarzweißfotografie (Reproduktion)
Bilderdienst Süddeutscher Verlag, München

Das Zusammenleben mit fremden Menschen nach einem vorgegebenen Zeitplan mit wenig Fluchtmöglichkeiten ist gefängnisähnlicher Alltag im Altenheim. Die tatsächliche Einrichtung eines Altenheims in einem ehemaligen Gefängnis zeigt den gesellschaftlichen Stellenwert, der dem Wohnen alter Menschen nicht nur in Laufen an der Salzach beigemessen wurde.

2.2.17

Altenzentrum Matthias-Claudius-Haus im Evangelischen Johanneswerk e.V.
Ditha Menzel, Ulrich Froreich, Ulrich Huck
1980er Jahre; Fotoserie (Reproduktionen)
Evangelisches Johanneswerk e.V. – Geschichtsschreibung, Bielefeld

Beispiel für das seit Ende der 1950er Jahre als vorbildlich betrachtete Drei-Stufen-Modell: Altenwohnungen, Altenheim und Pflegestation in einem Gebäudekomplex vereint.

Damit sollte beim Wechsel von einer Wohnform zur anderen die Umgebungsveränderung vermieden werden. Das große Haus macht das Angebot eines Therapiebades möglich, verstärkt bei 144 Bewohnern aber auch die Anonymität und das Gefühl, nur noch mit alten Menschen zusammenzusein. Beste pflegetechnische und therapeutische Ausstattung war in den 1970er Jahren oberstes Ziel der Altenpflege.

2.2.18

»Frau Hornbruch zieht ins Altenheim«
(3 Abb. S. 64)
Hermine Oberück
1988; kommentierte Fotogeschichte (Reproduktionen)
Hermine Oberück, Bielefeld

Der Schritt, vor dem wir alle Angst haben. Die 76jährige Anna Hornbruch kommentiert Aufnahmen, die vor und nach ihrem Umzug ins Altenheim entstanden sind.

a) »Ich habe gern im Saronweg gelebt. Es war schön dort. Ich war gerne da. Aber das ist jetzt nicht mehr mein Zuhause. Wenn ich jetzt dort zu Besuch bin, gehe ich auch gerne wieder weg.«

b) »Hier überlege ich: Soll ich dies mitnehmen in das kleine Zimmer? Man hat immer gesammelt und gesammelt, einmal muß man alles wieder abgeben.«

c) »Das war das Wohnzimmer in der Wohnung. Hier haben wir schöne Geburtstage gefeiert, und ich wurde auch viel besucht. Dann saßen wir hier. Die Sessel, die zum Sofa passen, habe ich mitgenommen ins Altenheim.«

d) »Ach ja, meine Küche! Alle Urlaubskarten hat meine Tochter an den Schrank geklebt. Ich habe viel und gerne gekocht, auch immer für die anderen Kinder. Ich vermisse meine Küche jetzt eigentlich gar nicht. Nein, ich gehe immer gerne an den gedeckten Tisch.«

e) »Ja, da kommen alte Erinnerungen. Hier sitze ich am Wohnzimmertisch und schaue alte Fotoalben an. Alte Bilder aus der Heimat; das ist lange, lange her. Diese Bücher will ich auch im Marienstift haben. Die müssen noch in mein Zimmer gebracht werden.«

f) »Mein großer Kaktus hat eine Krankheit, er muß hin und wieder besprüht werden. 20 Jahre ist er alt und steht im Zimmer meiner Tochter. Ich hatte viele Blumen und Pflanzen. Aber in einer so kleinen Wohnung, wie ich sie jetzt habe, ist längst nicht für alle Platz.«

g) »Ja, jetzt lebe ich im Altenheim! Hier bin ich mit schwerem Herzen zum ersten Mal hingegangen. Aber als ich im Hause Menschen traf und Kontakte bekam, da war das Eis gebrochen. Und jetzt bin ich gerne hier.«

h) »Das ist ein eigenartiges Foto, aber typisch. Da gehe ich jetzt nicht mehr aus meiner Wohnung, da gehe ich jetzt aus dem Altenheim zum Spaziergang. Das ist anders als im Saronweg.«

i) »Dies ist mein Zimmer, hier habe ich es gut. Da sind meine Möbel, und da hängt der Spruch, der mich immer begleitet hat. Ich fühle mich nicht allein hier. Ich fühle mich von allen angenommen.«

j) »In dem großen Speisesaal sind wir vier an unserem Tisch eigentlich für uns alleine. Zuerst war der große Raum und waren die vielen Menschen sehr bedrückend für mich. Aber oft denke ich jetzt, ich bin zur Kur hier mit all den anderen Menschen, obwohl das eigentlich schöner ist als in der Kur. Denn das kenne ich auch.«

k) »Hier spiele ich ›Mensch ärgere dich nicht‹ mit meiner Nachbarin. Das ist unsere Beschäftigung, wenn wir nicht rausgehen können. Wir machen viel miteinander, und das ist gut. Gut für uns beide. Man muß wirklich nicht einsam sein.«

l) »Das ist mein Bett in der Nische. Ich schlafe gut hier, gleich von der ersten Nacht an. Anfangs hatte ich morgens so ein Heimwehgefühl. Da dachte ich: Ach, du mußt jetzt hier immer bleiben. – Aber das hat sich verloren, jetzt ist dies hier wirklich mein Zuhause. Das kann längst nicht jeder verstehen, aber es ist so.«

2.2.19
Mittagessen im Speiseraum eines Altenheims in Bonn
1994; Farbfotografie (Reproduktion)
Bilderdienst Süddeutscher Verlag, München

Zuhause und doch öffentlich, das Appartement sorgfältig abgeschlossen. Draußen und doch ohne Mantel und Handtasche. Die eigenen Serviettenklammern und doch Kantinenessen mit Maggigeschmack: Ambivalenz des Heimalltags.

2.2.20
Pflegeheim-Neubau in Stargard
1998; Farbfotografie (Reproduktion)
Architekt: Heinle, Wischer und Partner Freie Architekten GbR, Berlin

Kleinere Baueinheiten und ein Standort im Ortskern sind die neuen Leitlinien beim Bauen von Alten- und Pflegeheimen. Ein wirtschaftlicher Verbund mit einem zweiten Pflegeheim in der Nähe ermöglicht die wirtschaftliche Führung des kleinen Hauses. Ein öffentliches Café im Gebäude soll das Haus in das Leben des Stadtquartiers einfügen.

2.3 Leeres Nest

Die Haushalte alter Menschen sind von der Personenzahl betrachtet kleiner, intimer geworden. Nicht verwandte Personen wie Dienstkräfte oder Lehrlinge leben nicht mehr mit in den Haushalten ihrer Dienstherren. Kinder gebären und aufziehen nimmt im Lebenslauf von Eltern weniger Zeit ein. Die erwachsenen Kinder gründen auch unverheiratet eigene Haushalte.

Die Verbesserung der Wohnstandards und die Entwicklung der Haushalttechnik haben ein langes Leben im leeren Nest möglich gemacht. Wohnraumanpassungen eröffnen die Freiheit, auch bei körperlichen Einschränkungen in den eigenen vier Wänden zu bleiben.

Das verlassene Elternpaar im leeren Nest ist wieder auf sich selbst zurückgeworfen. Etwas mehr als die Hälfte aller über 65jährigen führt ein Single-Leben. Wohnung und Einrichtung sind geblieben. Das oft fast unveränderte Kinderzimmer gibt Gästen und dem intensiver betriebenen Hobby neuen Raum. Die Wohnungen alter Menschen erzählen vom Leben mit den Erinnerungen.

2.3.01
10 Fotografien aus der Fotoserie ›Das deutsche Wohnzimmer‹
Herlinde Koelbl
1980; Reprint
40 x 50 cm
Herlinde Koelbl, Neuried

a) Rosa A., 75, Rentnerin (Abb. S. 70)
»So schön wie jetzt hatte ich es noch nie in meinem Leben.«

b) Valentina L., Hausfrau
»Es ist merkwürdig, vielleicht ein Tick. Aber es gehört zu meinem Wohnglück, daß ich mit Hilfe meiner Nachbarn ständig meine Möbel umstelle. Immer ein neues Bild, wie bei einer Reise.«

c) Hermann H., 67, Rechtsanwalt und Politiker
»Zum Einrichten hatte ich gar keine Zeit. Meine Frau hat das alles gemacht. Sie versteht es auch besser. Ich hab dann Ja und Amen gesagt.«

d) Gegenstände auf dem Fernseher von Franziska B., Zeichnerin

e) Egon F., 61, Sozialhilfeempfänger, arbeitslos
»Wenn man so allein haust, ist das Leben nicht schön. Ich war jetzt wegen Schwarzfahren ein Vierteljahr im Gefängnis. Den Strom hat man mir gesperrt, weil ich nicht mehr zahlen konnte. Ich bastle, koche und schlafe hier.«

f) Eduard O., 63, Rentner
»Mir ist nie langweilig, ich habe meine Kreuzworträtsel, den TSV und die Wandergruppe.«
Magdalena O., 62, Rentnerin

g) Bruno N., 71, Geschäftsmann
Käthe N., 71, Geschäftsfrau
»Nach Krieg und Flucht haben wir erstmal unser Geld in den Aufbau unseres Geschäftes gesteckt und dann erst das Wohnzimmer eingerichtet. Wir haben dann auch alles so gelassen.«

h) Magdalene G., 85, Altbäuerin
»Früher war dieses Zimmer noch stilechter eingerichtet, aber ich habe bereits meinen Kindern Sachen und Möbel gegeben. Ich war schon immer diejenige in der Familie, die die Tradition gehütet hat.«

i) Edd O., Rentner
»Sex is' nicht mehr drin. Hab' ich abgegeben, hab' ich verkauft.«
Lotte O., Rentnerin
»In meinem Nachtgewand fühl' ich mich am wohlsten.«

j) Johann-Baptist S., 78, Bauer
»Ich habe sechs Kinder großgezogen, aber im Alter bin ich doch allein. Keiner will mehr die Arbeit hier machen.«

2.3.02
Werkbundsiedlung Neubühl
1928–32; Modell (1929)
30 x 176 x 124 cm
Genossenschaft Neubühl, Zürich

Die Konzeption der Siedlung zielte unter anderem darauf ab, auch den alternden Bewohnern einen Platz in der Siedlung zu sichern. Damit setzte sie sich gegen konzentrierte Alterssiedlungen ab. $1\frac{1}{2}$-Zimmer-Wohnungen waren für ledige Mieter oder ›überlebende Ehepartner‹ vorgesehen. Tatsächlich aber blieben die älteren Leute bei gesichertem Alterseinkommen lieber in ihren gewohnten großen Wohnungen.

2.3.03
Collage ›Leeres Nest‹
1999; Siebdruck
zusammengestellt aus Fotos von:
Baugenossenschaft Freie Scholle eG, Bielefeld
Donat Stuppan, Zürich
Werek, Bilderdienst Süddeutscher Verlag, München (Abb. S. 70)
Privates Geburtstagsalbum ›Henni wird 69!‹ (Abb. S. 63), Die Sammlung Hansen, Berlin

Die eigenen vier Wände tragen die eigene Handschrift, atmen Erinnerung und Geborgenheit. Mit wenigen baulichen Veränderungen kann heute die liebgewonnene Wohnung neuen körperlichen Bedürfnissen angepaßt werden. Wohnberatungen helfen dabei. ›Essen auf Rädern‹ ist heute der Oldie unter den abrufbaren Serviceangeboten, deren Bedeutung mit der Zunahme allein lebender alter Menschen stetig wächst.

2.3.04

»Nur noch zu Hause, in meinem täglichen Trott, fühle ich mich wohl.«
Luis Buñuel (1900-1983)
1983; Textauszug aus: Luis Buñuel: *Mein letzter Seufzer*. Königstein/Ts. 1987

Der 82jährige Luis Buñuel beschreibt seinen Tagesablauf.

2.3.05

›Paul und Clémence‹
Marcel Imsand
1970–1980; 8 Schwarzweißfotografien zw. 22 x 32 cm und 35 x 24 cm
Musée de L'Elysée, Lausanne

a) »Clémence kochte das Teewasser auf dem Herd.«

b) »Sie frühstückten in der Küche: über dem Feuer geröstetes Brot, Butter und Käse. ›Keine Konfitüre, das schadet den Zähnen‹, sagte Paul.«

c) »Man verschwendete nichts. Die Asche wurde als Dünger auf die Felder gestreut.«

d) »Paul rasierte sich vor seinem Spiegelschrank. Danach reinigte er vorsichtig sein Rasiermesser.«

e) »Im ersten Stock das intellektuelle Universum von Paul Leiser, gelesene und wieder gelesene Bücher, manchmal gar auswendig gelernt.«

f) »Abendessen. Man spürt die Nacht, die Kälte. Clémence, die das Mittagessen am Tischende einnahm, setzt sich jetzt gegenüber Paul, um näher am Feuer zu sein. Es gibt keine andere Heizung.«

g) »›Natürlich bin ich gläubig!‹ hat mir Clémence in ihrem Zimmer gesagt.«

h) »Pauls Nächte.«

Zehn Jahre lang besuchte der Fotograf Marcel Imsand monatlich den Hof, in dem der ehemalige Pianist Paul Leiser und seine Magd fast wie ein altes Ehepaar lebten. Das zurückgezogene und unkonventionelle Leben zwischen Zeitungsstapeln, Büchern und Krempel beeindruckte den Fotografen wegen der Entschiedenheit der Wahl.

2.3.06

Monats-Kalenderblätter
Architekt Dr.h.c. Hans Leuzinger
Jahrgänge 1920–1971, Farbstifte und Wasserfarbe auf Papier
21 x 14,5 cm
Hans G. Leuzinger, Zollikon

Jeden Monat legte Hans Leuzinger ein Kalenderblatt an, das er mit einer Zeichnung verzierte. Seine Frau trug die Ereignisse der Familie ein. Die Bilder erzählen von Reisen, Bauprojekten und den Kindern. In seinen letzten Lebensjahren verließ Hans Leuzinger immer weniger das Haus, ein wichtiges Sujet wurde der Baum vor seinem Arbeitszimmer.

2.4 Wohnexperimente

Wohnen im Alter passiert nicht einfach. Inzwischen wird es von den Alten selbst ebenso wie von Bauträgern, Dienstleistern, Architekten und Altenhilfeträgern als Aufgabe wahrgenommen.

Der Aufbruch ins Ausland, der bislang am Beginn einer Berufs- oder Aussteigerkarriere stand, reizt heute auch ältere Menschen, die den Beruf hinter sich gelassen haben. Ein besseres Klima, aber auch die Abenteuerlust zieht viele in den sonnigen Süden.

Auch im Inland wird Neues ausprobiert: Singles schließen sich zu Wohngemeinschaften zusammen, um dem Alleinsein zu entgehen. Alte und Junge gründen gemeinsam Hausgemeinschaften. Sie suchen bewußt nach einer Nachbarschaft mit gegenseitiger Verantwortung, die allen ein selbstbestimmtes Leben möglich macht. Das Zusammenleben von Menschen in verschiedenen Lebensphasen unter einem Dach befördern in jüngster Zeit auch engagierte Bauträger, die barrierefreie Wohnkomplexe mit unterschiedlichen Wohnungstypen errichten.

Neueste Experimente im Bereich Haushalttechnik versuchen die Möglichkeiten zu einer selbständigen Haushaltsführung bis ins hohe Alter zu verlängern.

2.4.01

»Die Sonne macht uns fit« – Wohnen in Spanien (Abb. S. 65)
30 Blätter aus den Ordnern von Elfriede Goretzki
1970er–1990er Jahre
Germanisches Nationalmuseum, Nürnberg

Im warmen Süden den ›Ruhestand‹ zu verbringen, gehört zu den späten Freiheiten heutiger Rentner und Rentnerinnen. Fast 60 Prozent der Auslandsimmobilien gehören Menschen, die am Ende ihres Berufs- und Familienlebens stehen oder schon im Ruhestand sind. Elfriede Goretzki (geb. 1909) ist nach dem Berufsende 1970 zusammen mit ihrem Ehemann nach Nerja in der Nähe von Malaga gezogen. Sie hat während ihres gesamten Lebens Fotos, persönliche Dokumente, Zeitungsausschnitte und Briefe in Alben und Ordnern gesammelt. In Spanien begann sie, monatlich einen Ordner zu füllen.

2.4.02

Barrierefreie Küche
1995, Handentwurf
Horst Pichert, TU München/Freising-Weihenstephan

Nur wenige Wohnungen, die von älteren Menschen bewohnt werden, sind auf die gesundheitlichen Einschränkungen ihrer Bewohner zugeschnitten. An der TU München wird im Fachgebiet Haushalttechnik an der Entwicklung ›barrierefreier‹ Geräte gearbeitet. Ziel ist es, die Geräte so zu gestalten, daß sie eine breite Akzeptanz bei Jung und Alt finden und damit Einzug halten in jede Wohnung.

2.4.03

Touch-Screen des Home-Electronic-System
1999; Graphik
Siemens-Electrogeräte GmbH, München

HES ist ein Management-System für den privaten Haushalt, mit dem alle technischen Funktionen im Haus wie Heizung, Waschmaschine, Alarmanlage, Jalousie, Fernseher, Herd, Licht und vieles mehr gesteuert und kontrolliert werden können. Der ›intelligente Haushalt‹ bietet besonders in den Bereichen Sicherheit, Alltagsorganisation und Kommunikation Unterstützung. Sozialforscher betrachten HES deshalb als geeignetes Mittel zur Aufrechterhaltung einer selbständigen Haushaltsführung für ältere Menschen, sobald die angeschlossenen Geräte bedienerfreundlicher geworden sind.

3 Mobil, mobil

Mobilität beginnt im Alltag und setzt sich fort mit Reisen nach nah und fern. Taschen und Koffer als unentbehrliche Begleiter auf Achse beschreiben, wie sich das Unterwegssein in den letzten 150 Jahren grundlegend verändert hat.

Alte Menschen waren im 19. Jahrhundert nicht mobil. Nur wer auch im Alter sein Auskommen durch eigene Arbeit finden mußte, war gezwungen, seinem Gelderwerb buchstäblich nachzugehen.

Für Reisen gab es kaum eine Notwendigkeit und nur selten eine Gelegenheit. Erst die Eisenbahn vereinfachte in der zweiten Hälfte des 19. Jahrhunderts das Reisen schlagartig. Der Bewegungsradius vergrößerte sich. Begüterte ältere Damen und Herren reisen nun komfortabler als je zuvor in die Kur- oder Seebäder.

Weit revolutionärere Folgen brachte 100 Jahre später das Auto mit sich: Zum Massenverkehrsmittel geworden, hat es jedem schier grenzenlose Beweglichkeit ermöglicht. Führerschein und Auto sind vor allem für ältere Menschen das Faustpfand ihrer Unabhängigkeit.

Und auch dies ist heute selbstverständlich: Wer sich nach südlicher Sonne sehnt, packt die Koffer und setzt sich ins Flugzeug. Nicht selten ist ein Aufenthalt in warmem Klima ein lebenslang gehegter Wunsch, zumal sich manches Leiden dort kurieren läßt. »Je öfter, um so besser«, heißt es dann. »Denn wer weiß schon, wie lange wir das noch machen können.«

3.0 Zwei Biographien

96 Jahre Häuslichkeit: Gudula Rothschild (1753–1849)

3.0.01

Altersporträt Gudula Rothschild mit Witwenhaube
um 1825 (?); Reproduktion nach einem Gemälde
The Rothschild Archive, London

3.0.02

Gruppenporträt von Gudula Rothschilds fünf Söhnen
1852; Reproduktion nach einer kolorierten Lithographie
The Rothschild Archive, London

3.0.03
Außenansicht des Rothschild-Stammhauses in der Judengasse, Frankfurt/M.
um 1900; Postkarte
14 x 9 cm
Jüdisches Museum der Stadt Frankfurt am Main

3.0.04
»Stammhaus der Familie Rothschild, Frankfurt/M.« Ansichten verschiedener Räume
1927; Postkarte nach einer Zeichnung von R. Enders
9 x 14 cm
Jüdisches Museum der Stadt Frankfurt am Main

3.0.05
Brief Gudula Rothschilds an ihren Sohn Salomon
17. April 1841; Papier (Reproduktion)
The Rothschild Archive, London

3.0.06
Inventarliste mit Kleidungsstücken aus Gudula Rothschilds Nachlaß
6. März 1849; Papier (Reproduktion)
The Rothschild Archive, London

3.0.07
Szene aus dem Film *The House of Rothschild*
1934; Filmstill
The Museum of Modern Art, New York

Von der Berufs- zur Freizeitmobilität im Ruhestand: Herr G. (geboren 1930)

3.0.08
Satteltasche für ein Rennrad
1997; Stoff, Leder
13 x 14 x 15 cm
Privatbesitz

3.0.09
Fahrradschlauch, Fahrradwerkzeug, Fahrradflickzeug
Metall, Kautschuk
Privatbesitz

3.0.10
Rucksack
1998; Polyäthylen
30 x 25 x 10 cm
Privatbesitz

3.0.11
Regenjacke, Geldbeutel, Lesebrille, Unterhemd, Trikot
Privatbesitz

3.0.12
Fahrradtrikot
1995; Polyamid, Polypropylen
75 x 80 cm
Privatbesitz

3.0.13
Kraftnahrung, Bananen
Privatbesitz

3.0.14
Lenkstangen-Thermotasche
1998; Polyäthylen
11 x 30 cm
Privatbesitz

3.0.15
Getränke, Taschentuch, Landkarte
Privatbesitz

3.1 Alt, arm und unbeweglich

Heute ist schwer vorstellbar, was bis weit in das 20. Jahrhundert Normalität war: ein Leben – und damit auch ein Alter – ohne Mobilität. Niemand war benachteiligt, nur weil er sich nicht auf Reisen begab. Eher war das Gegenteil der Fall. Menschen, die in Ausübung ihres Berufes unterwegs waren, genossen in vielen Fällen ein zweifelhaftes Ansehen. Als fahrende Händler, Korbflechter oder Tagelöhner standen sie am Rand einer Gesellschaft, in der man auch sozial an seinem Platz blieb.

Armut war aber der Hauptgrund, daß es für die Mehrzahl alter Menschen unmöglich war, sich von einem Ort zum anderen zu begeben. Die Verkehrsmittel waren teuer und unbequem, die Straßen zudem schlecht ausgebaut. Die durchschnittlich pro Tag zurückgelegte Entfernung pro Person betrug um 1850 etwa 100 Meter; heute sind es 30 Kilometer.

3.1.01
Wallfahrerin
um 1850; Radierung (Reproduktion)
8,3 x 6 cm
Privatbesitz

3.1.02
Bestickte Damenhandtasche
2. Hälfte 19. Jahrhundert; Textil
45 x 60 cm
Museumsdorf Bayerischer Wald, Tittling

3.1.03
Andachtszettel
2. Hälfte 19. Jahrhundert
Museumsdorf Bayerischer Wald, Tittling

3.1.04
Holzscheitelmadonna von der Wallfahrt zum heiligen Berg von Pribram
2. Hälfte 19. Jahrhundert; Weichholz
Höhe 20 cm
Museumsdorf Bayerischer Wald, Tittling

3.1.05
Korallen-Rosenkranz mit Pilgerzeichen
2. Hälfte 19. Jahrhundert; Korallen, Silber
Museumsdorf Bayerischer Wald, Tittling

3.1.06
Gebetbuch
2. Hälfte 19. Jahrhundert
Museumsdorf Bayerischer Wald, Tittling

3.1.07
Damenlederschuhe
2. Hälfte 19. Jahrhundert; Leder
Museumsdorf Bayerischer Wald, Tittling

3.1.08
Wachsstöckel »Andenken«
2. Hälfte 19. Jahrhundert; Wachs, bemalt
4 x 16 x 6 cm
Museumsdorf Bayerischer Wald, Tittling

3.2 Das Privileg des bürgerlichen Reisens

Moden gab es schon im 19. Jahrhundert. Der Besuch mondäner Badeorte am Meer und nobler Kurorte zählte dazu. Wer dorthin reiste, tat es nicht nur der Gesundheit wegen. Es war geradezu eine gesellschaftliche Verpflichtung, von der das Alter niemanden entband, der es sich leisten wollte und konnte.

Größe wie Zahl der Koffer, Truhen und Körbe erscheinen dem heutigen Reisenden wie ein Alptraum. Vom Schrankkoffer über unzählige Hutkoffer bis hin zur Reiseapotheke im Lederetui fehlte nichts im Gepäck der Reisenden. Ohne die Begleitung durch zahlreiches Hauspersonal und Bedienstete war dieses Reisen undenkbar.

Der wohlhabende Reisende blieb zumeist Wochen, manchmal Monate an seinem Urlaubsort. Reisen war noch so umständlich, daß der enorme Aufwand sich lohnen mußte – wenn man es schon mal auf sich nahm.

3.2.01
Reichskanzler Otto von Bismarck bei der Ankunft in Bad Kissingen (Abb. S. 86)
Paul Kallenbach
1892; Fotografie (Reproduktion)
10 x 22 cm
Stadtarchiv Bad Kissingen, Fotosammlung

3.2.02
Otto von Bismarck bei der Promenade in Bad Kissingen, umgeben von Passanten (Abb. S. 86)
Atelier Kallenbach
1893; Fotografie (Reproduktion)
16 x 10 cm
Stadtarchiv Bad Kissingen, Fotosammlung

3.2.03
Reisekoffer
um 1870; Leder, Weide, Leinen, Eisen, Baumwolle, Messing
57 x 69 x 49 cm
Stiftung Schleswig-Holsteinische Landesmuseen, Schloß Gottorf

3.2.04
Koffertruhe
vor 1900; Kiefer, außen mit Leinen bezogen, innen mit Stoff verkleidet
86 x 62,5 x 51 cm
Historisches Museum Bielefeld

3.2.05
Flachdeckeltruhe mit einem Hotelaufkleber »Hotel Terminus Baden-Baden«
vor 1900; Fichte, außen mit Leinen bezogen, innen tapeziert
53,5 x 90 x 55 cm
Historisches Museum Bielefeld

3.2.06
Reisetasche mit Messingbügel und bestickter Vorderseite
um 1870; Leder, Stramin, Messing
40 x 51 x 13 cm
Historisches Museum Bielefeld

3.2.07
Hutschachtel
England, nach 1870; Leder, Pappe, Messing, Seide
38 x 36,5 x 34,5 cm
Stiftung Schleswig-Holsteinische Landesmuseen, Schloß Gottorf

3.2.08
Faltfernglas
Frankreich, nach 1880
5 x 11 x 9 cm
Stiftung Schleswig-Holsteinische Landesmuseen, Schloß Gottorf

3.2.09
Necessairebox
England, um 1890; Holz, Leder, Seide, Birkenholz, Bein, Messing, Glas, Eisen, Papier
20,5 x 13 x 8,5 cm
Stiftung Schleswig-Holsteinische Landesmuseen, Schloß Gottorf

3.2.10
Frisiergerät
Frankreich, 2. Hälfte 19. Jahrhundert; versilbertes Messing, Eisen, Bein
5,5 x 17,5 x 11 cm
Stiftung Schleswig-Holsteinische Landesmuseen, Schloß Gottorf

3.2.11
Reisetasche mit integriertem Necessaire
England, um 1880; Leder, Messing, Glas, Ebenholz, Silber
30 x 40 x 23 cm
Stiftung Schleswig-Holsteinische Landesmuseen, Schloß Gottorf

3.3 Der tägliche Hindernislauf

Wer je einen älteren Menschen bei Besorgungen begleitet hat, mag eine Ahnung haben von den Tücken, die der Alltag für sie bereithält. Schon die täglichen Einkäufe werfen Fragen auf: Warum hat der Lebensmittelhändler am Eck sein Geschäft aufgegeben? Dort, wo man anschreiben lassen konnte und ein freundlicher Verkäufer die schwere Einkaufstasche nach Hause tragen half. Wieso gibt es im Supermarkt, der drei Ecken weiter ist, nur abgepackte Portionen, die viel zu groß sind?

Ein Arztbesuch oder die Fahrt zu einem Begräbnis lehren, daß die Benutzung der neuen U-Bahn wesentlich schwieriger ist als eine Fahrt mit dem Omnibus, der hier nicht mehr verkehrt. Die Benutzung der Rolltreppe will ebenso gelernt sein wie der Umgang mit dem stummen Fahrkartenautomaten.

So wird das alltägliche Unterwegssein zu einer ständigen Herausforderung. Allgegenwärtige Veränderungen stellen hohe Ansprüche an die Lernbereitschaft älterer Menschen. Allzu oft bestätigt sich die Überzeugung: »Nicht alles, was neu ist, muß gleich besser sein.«

Truhe und Bettsack – Auf der Flucht

Unfreiwillige Mobilität durch Gewalt, politische Umwälzungen oder Kriege gibt es heute in Mitteleuropa nicht mehr. Im Deutschland der Jahre nach 1944 wurden jedoch mehrere Generationen vom Trauma der Flucht und Vertreibung heimgesucht. Egal ob jung oder alt, mehrere Millionen Menschen wurden aus Ost- und Südosteuropa vertrieben oder umgesiedelt.

Am schwersten getroffen wurden die älteren Menschen, die im hohen Alter ihre Heimat zu verlassen gezwungen waren und einer unsicheren Zukunft entgegengingen. Das Gepäck mußte auf ein absolutes Minimum beschränkt werden, da die Transportmittel meist nur Pferde- oder Handwagen waren. Da für die meisten der Aufbruch überraschend kam, war an eine planvolle Vorbereitung selten zu denken. So mußte improvisiert werden: Bettbezüge, Getreidesäcke oder andere provisorische Behälter bargen oftmals die wichtigsten persönlichen Habseligkeiten.

3.3.01
»Mit der letzten Habe auf der Flucht aus Hamburg«
Erich Andres
25. Juli 1943; Fotografie (Reproduktion)
Rheinisches Landesmuseum, Bonn

3.3.02
Fluchttruhe
um 1945; Holz
57 x 92 x 54 cm
Sudetendeutsches Archiv, München

3.3.03
Fluchtkoffer einer 60jährigen Frau mit Inhalt
vor 1945; Leder, Pappe
18 x 66 x 40 cm
Sudetendeutsches Archiv, München

3.3.04
Leinensack
vor 1945; Leinen
140 x 85 cm
Sudetendeutsches Archiv, München

3.3.05
Rucksack als Fluchtgepäck
vor 1945; Leinen, Leder
60 x 60 cm
Sudetendeutsches Archiv, München

3.3.06
Fluchtgepäck: Bettwäsche
vor 1945; Leinen
Sudetendeutsches Archiv, München

Schwarze Damenhandtasche – Traurige Anlässe

Je älter man wird, um so häufiger hat man die traurige Verpflichtung, von Verwandten, Freunden, Bekannten, ehemaligen Kollegen oder Nachbarn Abschied zu nehmen und sie auf ihrem letzten Weg zu begleiten.

Beerdigungen, Seelenmessen und Gottesdienste sind Anlässe, bei denen unausgesprochen Einverständnis über die angemessene Kleidung herrscht. So hat bis heute die schwarze Damenhandtasche ihren festen Platz in der weiblichen Kleiderordnung für Trauerfeiern. Sie birgt nicht nur Nützliches wie Kamm, Handspiegel, Taschentuch und Geldbörse, sondern – dem Anlaß angemessen – ein Gebetbuch, ein »Sterbebild« des Verstorbenen oder – bei Katholiken – einen Rosenkranz für das gemeinsame Gebet.

3.3.07
Weihnachten auf dem Friedhof
(Abb. S. 87)
Carl Rickelt (1857–1919)
1887; Grisaille-Gouache (Reproduktion)
44,5 x 32,6 cm
Münchner Stadtmuseum, Graphiksammlung

3.3.08
Schwarze Damenhandtasche
um 1970; Lackleder, Metall
40 x 30 cm
Privatbesitz, München

3.3.09
Damenhandschuhe
um 1970; Leder
Privatbesitz, München

3.3.10
Sterbebilder
1970–1990
10 x 7 cm
Privatbesitz, München

3.3.11
Taschentuch
um 1970; Baumwolle
22 x 22 cm
Privatbesitz, München

3.3.12
Geldbörse
um 1970; Kunstleder
6 x 10 cm
Privatbesitz, München

3.3.13
Gebetbuch
um 1970
15 x 10 cm
Privatbesitz, München

3.3.14
Taschenspiegel
Glas
8 x 5 cm
Privatbesitz, München

Verlorene Taschen aus dem Alltag – Endstation Fundbüro

Was in öffentlichen Verkehrsmitteln wie U-Bahn, Bus oder Tram vergessen wird, landet im Fundbüro. Nicht abgeholte Taschen werden später versteigert. Die meisten Taschen erlauben über den Inhalt Rückschlüsse auf ihren Eigentümer, auf Alter und Geschlecht. Darüber hinaus ist es möglich, ihren Verwendungszweck aus den mitgeführten Utensilien zu bestimmen – hier sind es ältere Menschen gewesen, die eine Tasche irgendwo liegengelassen haben.

3.3.15
Am Standes- und Versicherungsamt der Gemeinde Pasing bei München
(Abb. S. 87)
um 1930; Fotografie (Reproduktion)
Stadtarchiv München

3.3.16
›Beuteltasche‹: Schwarze Herren-Umhängetasche mit Baumwolltaschen und gefalteten Plastiktüten zum Einkauf von Sonderangeboten (Abb. S. 86)
1990er Jahre; Kunststoffgewebe
35 x 26 x 17 cm
Städtisches Fundbüro, München

3.3.17
›Friedhofstasche‹: Henkeltasche mit abgebrannten und neuen ›ewigen Lichtern‹ für den Grabbesuch (Abb. S. 86)
1980er Jahre; Baumwolle
43 x 33 x 14 cm
Städtisches Fundbüro, München

3.3.18
›Geschenktasche‹: Tasche mit einem verpackten Weihnachtsgeschenk
(Abb. S. 86)
1970er Jahre; Kunstleder
50 x 28 x 10 cm
Städtisches Fundbüro, München

3.3.19
›Elegante Tasche‹: Damenhandtasche für besondere und festliche Anlässe mit Krokoleder-Geldbörse, Spiegel, Kosmetika und faltbarer Einkaufstasche
(Abb. S. 87)
1960er Jahre; Leder
16 x 32 x 6 cm
Städtisches Fundbüro, München

3.3.20
›Allzweckhandtasche‹: Damenhandtasche für alle alltäglichen Erledigungen mit Geldbörse, Schirm und Plastiktüte (Abb. S. 87)
1950er Jahre; Leder

35 x 30 x 16 cm
Städtisches Fundbüro, München

3.3.21
›Herrenreisetasche‹ für den Tagesausflug zum Oktoberfest mit drei Bierkrügen, zwei Oktoberfest-Shirts, einer Bierdose, Medikamenten, einer Brille, Zigaretten und einer Bahnfahrkarte Chemnitz–München (Abb. S. 86)
1980er Jahre; Kunstleder
34 x 29 x 20 cm
Städtisches Fundbüro, München

Umhängetaschen – Unterwegs bei der Arbeit

Sie sind im Morgengrauen bei Wind und Wetter unterwegs, damit andere zu Hause bleiben können. Die Rede ist von Zeitungsausträgern und -austrägerinnen. Ihre Tätigkeit kennt keine Altersgrenze mit 60 oder 65 Jahren. Viele junge Frauen üben diesen Beruf aus, weil er bei einer Arbeitszeit von 4.00 bis 6.00 Uhr morgens ›kindergerecht‹ ist. Später garantiert er ein eigenes Einkommen, auf das man auch im Alter nicht gerne verzichten möchte.

Mit dem Handwagen oder einem Fahrrad versorgen sie die Zeitungsabonnenten sechs Tage in der Woche mit den Neuigkeiten des Vortages. Taschen und Gepäckträger sind beladen mit schwerer Fracht, die pünktlich zugestellt sein muß. Mit den Jahren stieg der Umfang der Zeitungen und damit auch ihr Gewicht. Was früher in eine Tasche paßte, erfordert heute gleich zwei. Für ältere Austräger wird damit die Tätigkeit immer anstrengender, wenn auch die eigenen Kräfte langsam nachlassen.

Maria Mandlinger hat diesen Beruf fast 50 Jahre ausgeübt. 1952 fängt sie an, weil ihre Kinder schulpflichtig sind. Anfangs trägt sie für 138 Abonnenten die Zeitung aus, in den 70er Jahren sind es etwa 400. Zu Beginn der 90er Jahre verschlechtern sich die Arbeitsbedingungen, weil sie nun ihre Zeitungen nicht mehr angeliefert bekommen soll, sondern selbst mit dem Fahrrad zwei Kilometer entfernt abholen soll. Als Gewerkschaftsmitglied organisiert sie einen Streik, um auf die schlechten Arbeitsbedingungen in ihrem Beruf aufmerksam zu machen. Mit über 70 Jahren wird Maria Mandlinger zur Leitfigur dieses Streiks. 1997, im Alter von 75 Jahren, muß sie ihre Tätigkeit aus gesundheitlichen Gründen aufgeben.

3.3.22
Maria Mandlinger beim morgendlichen Zustellen von Tageszeitungen
Werner Bachmeier
1992; Fotografie (Reproduktion)
Werner Bachmeier, Ebersberg

3.3.23
Zeitungstasche von Maria Mandlinger
1980er Jahre; imprägniertes Leinen
30 x 40 x 50 cm
Maria Mandlinger, München

3.3.24
Tourenbuch von Maria Mandlinger
1980er Jahre; wasserfester Einband, Papier, Cellophan
12 x 15 cm
Maria Mandlinger, München

3.3.25
Schlüsselbund von Maria Mandlinger
1980er Jahre; Metall
Maria Mandlinger, München

3.3.26
Heuler
1980er Jahre; Metall, Lederhülle
8 x 5 cm
Maria Mandlinger, München

Arbeitstasche – Business ehrenamtlich

Der ›Beruf‹ nach dem Beruf ist für viele Ältere Gelegenheit, ihre im Berufsleben erworbene und praktizierte Kompetenz im Rahmen einer ehrenamtlichen Tätigkeit der Gesellschaft weiterhin zur Verfügung zu stellen. Dabei ist es egal, ob sie im kirchlichen, karitativen oder sportlichen Bereich aktiv sind. Nicht selten ermöglichen spezielle Fortbildungen die Erlangung neuer Kompetenzen.

Mancher ist dabei mehr unterwegs, als er es während seines Berufslebens war. War man dort als Führungskraft mit Sekretärin und Mitarbeitern ausgestattet, so ist man jetzt seine eigene Sekretärin. Viele Dinge sind selbst zu bewältigen: Schreiben, Telefonieren, Termine verwalten, Fahrkarten besorgen. So kommt es, daß das Erlernen des Umgangs mit einem Computer, der ebenfalls mobil sein muß, eine späte, aber nicht unlösbare Herausforderung darstellt.

Rolf G. ist nach seinem Vorruhestand mit 60 und einem Herzinfarkt in kirchlichen Belangen unterwegs. Zweimal im Jahr ist er an den Vorbereitungen für Landessynoden beteiligt, organisiert Arbeitsgruppen, bereitet Diskussionspapiere vor. Dazwischen ist er seelsorgerisch tätig, als Betreuer von Kranken in einem Münchner Krankenhaus. Im Schnitt ist er so etwa 20 Stunden in der Woche auf Achse.

3.3.27
Ehrenamtlich unterwegs
1999; Farbfotografie (Reproduktion)
Privatbesitz, München

3.3.28
Tragetasche mit Notebookfach
1985
60 x 40 cm
Privatbesitz, München

3.3.29
Notebook
1990er Jahre
38 x 24 cm
Privatbesitz, München

3.3.30
Terminplaner
1999
12 x 7 cm
Privatbesitz, München

3.3.31
Notizblock
1990er Jahre
30 x 21 cm
Privatbesitz, München

3.3.32
Mobiltelefon
1999
Siemens AG, München

3.3.33
Neues Testament
1980er Jahre
Privatbesitz, München

3.3.34
Medikamente
1999
Privatbesitz, München

3.3.35
›Lesestoff für unterwegs‹: Wochenzeitungen
1999
Privatbesitz, München

3.4 Automobiler Ruhestand

Beim Gang in den Ruhestand trennt sich kaum einer von seinem Auto. In einer Welt, die auf dieses Verkehrsmittel immer stärker zugeschnitten ist, käme dieser Schritt einer sozialen Kapitulation gleich. In Deutschland besitzen fast 10 Millionen Senioren und Seniorinnen einen Führerschein – Tendenz stark steigend. Sind es heute mit 80 Prozent überwiegend Männer, so wird sich das Verhältnis binnen kurzem angleichen.

Alltägliche Fahrten sind mit dem eigenen PKW rasch zu erledigen. Tüten, Taschen, Koffer und Haustiere lassen sich unkompliziert von Tür zu Tür transportieren. Reisen jeder Art bedürfen kaum der Planung. Kinder, Verwandte, Freunde sind schnell besucht. So bleibt die Freude am Unterwegssein erhalten, und die Pensionierung führt nicht ins soziale Abseits. Wer dennoch über kein eigenes Auto verfügt, nutzt Busreisen. Sie sind preisgünstig und bieten in der Reisegruppe Geselligkeit und Betreuung.

Die Schattenseiten der Auto-Mobilität sind bekannt: Der Verkehr ist für Senioren eine nicht zu unterschätzende Gefahrenquelle. Experten weisen neuerdings darauf hin, daß ältere Menschen nicht nur Opfer des Straßenverkehrs sind, sondern selbst auch immer häufiger als Unfallverursacher in Erscheinung treten.

3.4.01
Kofferraum eines Kleinwagens mit Utensilien zur Enkelbetreuung: Kinderwagen, Decke, Spielzeug, Kinderkleidung
1990er Jahre

3.4.02
Kofferraum eines Mercedes Benz mit Gütern alltäglichen Bedarfs: Sporttasche, Baumarkteinkäufe, Getränkekästen
1990er Jahre

Duty-free-Plastiktüte – Beschaffungsreisen

Man betritt sie im Flughafen: die Duty-free-Shops. Dort sind sie aber nur Nebensache bei Auslandsreisen. Bei den im Volksmund sogenannten Butterfahrten hingegen werden sie ausdrücklich zum Reiseanlaß. Aber Butter ist längst nicht mehr im Angebot. Das Sortiment ist heutigen Eß- und Trinkgewohnheiten angepaßt.

Wer sich an diesen Tagesreisen beteiligt, nimmt an einem Ritual teil: Bezugscoupons sammeln und Einkaufen: Kaffee, Zigaretten, Hochprozentiges für den Eigenverbrauch oder Freunde und Enkel. Schließlich sollen alle etwas davon haben. Geselligkeit ist garantiert beim Essen, Trinken, Tanzen. Man lernt Gleichgesinnte - egal ob jung oder alt - kennen und tauscht nicht nur Adressen aus. So hat man eine billige Einkaufsmöglichkeit, Gesellschaft, Unterhaltung, Abwechslung vom Alltag und meint, ein wenig ›Traumschiff-Feeling‹ zu verspüren.

Die geräumige Umhängetasche füllt sich mit Zollfreiem, was nicht mehr reingeht, übernimmt der Marlboro-Mann in seine Tüte. Zuhause wird der Einkauf verteilt. Wenn alles weg ist, geht man wieder auf Fahrt - Spaß muß sein.

3.4.03
Duty-free-Einkäuferin auf einem Schiff
1980er Jahre; Farbfotografie (Reproduktion)
Die Sammlung Hansen, Berlin

3.4.04
Umhängetasche
1980er Jahre; Kunstleder
Privatbesitz, München

3.4.05
Duty-free-Plastiktüten mit Werbeaufdrucken
1999; Plastik
Privatbesitz, München

3.4.06
Zigarettenstangen
1999
Privatbesitz, München

3.4.07
Alkoholische Getränke
1999
Privatbesitz, München

3.4.08
Kaffeepackung
1999
Privatbesitz, München

3.4.09
Werbegeschenke (Sporttasche, Schraubenzieher-Set)
1999
Privatbesitz, München

3.4.10
Geldbörse
1990er Jahre; Kunstleder
Privatbesitz, München

3.4.11
Bezugscoupons
1999
Privatbesitz, München

3.4.12
Notizzettel mit getauschten Adressen
1999
Privatbesitz, München

3.4.13
Reiseandenken
1999
Privatbesitz, München

3.4.14
Tischblumen
1999
Privatbesitz, München

Verlorene Taschen aus der Eisenbahn – Endstation Fundbüro

Reisen mit der Bahn ist für ältere Menschen eine Alternative zum Auto: Man reist komfortabel und sicher. In der Reisegruppe ist schon die Fahrt eine gesellige Veranstaltung.

3.4.15
Koffer und Reisetaschen aus dem Fundbüro des Züricher Bahnhofs
1980er/1990er Jahre
Fundbüro der Schweizerischen Bundesbahn, Zürich

Pilgern mit der Handtasche

War einst beim Pilgern und Wallfahren auch der Weg das Ziel und die Mühsal des Fußmarsches notwendiges Übel, um göttlichen Zuspruches am Ende des Marsches teilhaftig zu werden, so kann das Seelenheil heute - ein wenig überspitzt formuliert - pauschal im Reisebüro erworben werden.

Für viele ältere Menschen sind Pilgerreisen Gelegenheiten, im Kreise Gleichgesinnter fremde Länder zu erkunden und intensiver dem nachzugehen, was zuvor im Berufsleben nicht im Vordergrund stand: Spiritualität und innere Einkehr.

Für eilige Wallfahrer gibt es auch passende Angebote. Manche Reiseveranstalter bieten inzwischen Eintagesflüge nach Rom oder Lourdes an.

3.4.16
Verstauen von Koffern auf einem Omnibus
1958; Fotografie (Reproduktion)
Rotel Tours, Tittling

3.4.17
Pilgerreisegruppe in Rom
1952; Fotografie (Reproduktion)
Rotel Tours, Tittling

3.4.18
Umhängetasche, Papiertragetüte ›Roma‹
1980er Jahre; Kunstleder, Papier
Privatbesitz, München

3.4.19
Flugticket nach Rom
1999
Privatbesitz, München

3.4.20
Gebetbuch
1980er Jahre
Privatbesitz, München

3.4.21
Kirchenführer Rom
Herbert Rosendorfer
1999; Broschur
20 x 13 cm
Privatbesitz, München

3.4.22
Betende Madonna
1990er Jahre; Kunststein, bemalt
15,5 x 4,5 x 4 cm
Privatbesitz, München

3.4.23
Rosenkranz in Schatulle: »Roma S. Pietro – Jubilaeum 2000«
1999; Silber, Messing, Emaille
Privatbesitz, München

3.4.24
Zwei Pilgerzeichen von S. Peter mit dem Bild von Papst Johannes Paul II. und zum heiligen Jahr 2000
1999; Silber
Privatbesitz, München

3.4.25
Rosenkranz mit Kreuzanhänger in Kunststoffschatulle mit dem Bild des Papstes
1999; Kunststoff, Holz, Silber
Privatbesitz, München

3.5 Senior Global Players

Was jedem modernen Unternehmen heutzutage recht ist, erscheint den Angehörigen der ›dritten Generation‹ nur billig. Globales Denken und Handeln, Reisen und Wohnen ist kein Privileg weniger wohlhabender Rentiers mehr. Mobilität und Wohnortwechsel gegen den Kreislauf der Jahreszeiten stehen jedem offen. Drei Monate Vollpension in Spanien inklusive Flug für etwa 4 000 DM machen es möglich.

Längst hat sich die Tourismusbranche auf die neue Kundschaft mit den grauen Schläfen eingestellt. Sie sorgt dafür, daß die Träume von den späten Freiheiten sich verwirklichen lassen. Die ›neuen Alten‹ sind voll auf der Höhe der gesellschaftlichen Entwicklung. Mehr noch, sie bestimmen die Trends selbst: Sehr hohe berufliche Mobilität wird in Zukunft der Normalfall sein. Häufige Wohnortwechsel werden enge soziale Bindungen immer weniger dauerhaft machen. Wenn dann auch noch die eigenen Kinder früh auf eigenen Beinen stehen, gibt es vermutlich genug Gründe, sich anderswo niederzulassen: auf Zeit, auf Dauer?

Fernwehkoffer – Flugreisen

3.5.01
Älteres Ehepaar mit Gepäckwagen und Koffern
1990er Jahre; Fotografie (Reproduktion)
Privatbesitz, München

3.5.02
Kofferinstallation ›Flugreise‹: 12 Koffer, Reisetaschen, Rucksäcke, Rollwagen
1990er Jahre

3.5.03
Zwei Fototeller ›Mallorca‹
1997; Steingut
Ø 13 cm
Privatbesitz, München

3.5.04
Immobilienbeilage einer spanischen Tageszeitung
1999
40 x 25 cm
Privatbesitz, München

3.5.05
Werbegeschenke von Fluggesellschaften: Weihnachtsmann-Anstecker, aufblasbarer Wasserball, Werbezeitschriften
1999
Privatbesitz, München

4 Der Draht zur Welt

Kommunikation ist immer und überall. Als Grundvoraussetzung menschlichen Zusammenlebens zielt sie auf soziale Teilhabe, die zu den wichtigsten Bedürfnissen alter Menschen gehört.

Bis weit ins 20. Jahrhundert hinein bestimmten lokale, engräumige Lebenswelten die Kontakte alter Menschen. Familie und Nachbarschaft boten die Themen, sie waren gleichzeitig Partner im Austausch von Alltagserfahrungen, Wissen und Lebensweisheiten. Auch die Arbeitswelt prägte die Kommunikation. Denn das finanziell ungesicherte Alter ließ in vielen Fällen nur eine Überlebensstrategie zu: das lebenslange Arbeiten.

Seit der Mitte des 20. Jahrhunderts werden alte Menschen mobiler. Der finanziell abgesicherte Ruhestand ermöglicht die freie Verfügungsgewalt über Raum und späte Lebenszeit. Im Freizeitbereich erschließen sich alte Menschen viele neue Felder der Kommunikation. Telefon, Fernsehen, in jüngster Zeit das Internet spannen die ›Drähte zur Welt‹.

Gewinne später Freiheiten werfen aber auch Schatten des Verlustes. Isolation und Passivität im Alter sind in der ›Kommunikationsgesellschaft‹ nicht aufgehoben. Das abrupte Ende des Berufslebens ist mit Kompetenzverlusten verbunden. Rasante technische Entwicklungen entwerten berufliche Erfahrungsschätze, die in früheren Zeiten an nachfolgende Generationen weitergegeben wurden.

4.0 Zwei Biographien

Arbeit ist das ganze Leben: ›Meister Timpe‹

4.0.01
Drechselbank mit Fußantrieb
um 1850, Nachbau 1999; Holz
(Schattenwurf auf Projektionsfläche)
Historisches Museum Bielefeld

4.0.02
Vertonte Dialoge nach dem Roman *Meister Timpe* an Hörstationen:
Dialog I) Meister Timpe stellt einen neuen Lehrling vor, zeigt ihm die Werkstatt und erklärt ihm den Gebrauch einiger Drechslerwerkzeuge.
Dialog II) Der Fabrikant und Nachbar Ferdinand Friedrich Urban unterhält sich mit Meister Timpe über den Verkauf der Drechslerwerkstatt und des Grundstücks.
Dialog III) Meister Timpe trifft in der Eckkneipe die alten Handwerkskollegen aus dem Stadtviertel. Gesprächsthema ist die industrielle Konkurrenz.
Jürgen Büschenfeld, Historisches Museum Bielefeld

Neue Kontakte im Internet: Hilla W. (geboren 1918)

4.0.03
Medieninstallation zu Internetkontakten von Hilla W.: digitalisierte E-mails, digitalisierte Fotos von Internet-Partnerinnen
1999
Wolfgang Käppner, Jan Sturm, Karlsruhe

4.1 Historische Familienbande

Waren die Familienbeziehungen in historischer Zeit enger, intensiver und stabiler als heute? Würde man diese Frage uneingeschränkt bejahen, folgte man womöglich einem unrealistischen Idealbild von den historischen Zeiten. Aber dennoch, aus den Überlieferungen und Erzählungen älterer Generationen gewinnt man diesen Eindruck, der vordergründig auch von den historischen Rahmenbedingungen gestützt wird: Historische Gesellschaften waren nur wenig mobil, materielle Abhängigkeiten zwangen oft zu einer räumlichen Nähe und damit zur Konzentration auf die Familie und ihre Kommunikationsstrukturen. Aber waren die engen Familienbeziehungen auch immer gewollt? Diese Frage steht auf einem anderen Blatt.

4.1.01
4.1.02
Titelblätter *Die Gartenlaube*
1853; 1884; Fotografien
(Diaprojektionen)

4.1.03
Der erste Zahn
1834; Federlithographie (Diaprojektion)
Bildarchiv Preußischer Kulturbesitz, Berlin

4.1.04
Frühstück im Familienkreise
Thomas Webster
um 1850; Stahlstich (Diaprojektion)
Bildarchiv Preußischer Kulturbesitz, Berlin

4.1.05
Familie vor der Gartenlaube (Abb. S. 104)
um 1925; Fotografie (Diaprojektion)
Bildarchiv Preußischer Kulturbesitz, Berlin

4.1.06
Kaffeetrinken im Garten
um 1915; Fotografie (Diaprojektion)
Westfälisches Freilichtmuseum Detmold
Bildsammlung: Bildsuchaktion der Volksbanken und Spar- und Darlehenskassen

4.1.07
Großvater im Kreis der Enkelkinder
um 1940; Fotografie (Diaprojektion)
Westfälisches Freilichtmuseum Detmold
Bildsammlung: Bildsuchaktion der Volksbanken und Spar- und Darlehenskassen

4.1.08
Großvater mit Enkelkind am Sandkasten
1930; Fotografie (Diaprojektion)
Westfälisches Freilichtmuseum Detmold
Bildsammlung: Bildsuchaktion der Volksbanken und Spar- und Darlehenskassen

4.1.09
Großmutter liest aus Zeitschriften vor
Josef Jeiter
ca. 1940; Fotografie (Diaprojektion)
Michael Jeiter, Morschenich

4.1.10
Großmutter mit Enkelkind in den Armen
Josef Jeiter
ca. 1950; Fotografie (Diaprojektion)
Michael Jeiter, Morschenich

4.1.11
Die Oma feiert Geburtstag. Die Enkelkinder ziehen sie im geschmückten Handkarren und singen ihr ein Ständchen
1940; Fotografie (Diaprojektion)
Westfälisches Freilichtmuseum Detmold
Bildsammlung: Bildsuchaktion der Volksbanken und Spar- und Darlehenskassen

4.1.12
Hausarbeiten der Großmutter; Betreuung der Enkelin (Abb. S. 110)
1949; Fotografie (Diaprojektion)
Bildarchiv Preußischer Kulturbesitz, Berlin

4.1.13
Besuch bei den Großmüttern in einem Wohnstift
1931; Fotografie (Diaprojektion)
Stadtarchiv und Landesgeschichtliche Bibliothek Bielefeld

4.1.14
Familienfest. Der Besuch des Großvaters an Weihnachten
1939; Fotografie (Diaprojektion)
Westfälisches Freilichtmuseum Detmold
Bildsammlung: Bildsuchaktion der Volksbanken und Spar- und Darlehenskassen

4.1.15
Familienfest. Die Goldene Hochzeit
1929; Fotografie (Diaprojektion)
Bildarchiv Preußischer Kulturbesitz, Berlin

4.1.16
Hausmusik: Großmutter, Mutter (Klavier) und Enkeltöchter
um 1910; Fotografie (Diaprojektion)
Bildarchiv Preußischer Kulturbesitz, Berlin

4.1.17
Großvater mit Familie. Kaffeetrinken im Wohnzimmer
1926; Fotografie (Diaprojektion)
Stadtarchiv und Landesgeschichtliche Bibliothek Bielefeld

4.2 Arbeitszeit und Mußestunden

Bis weit ins 20. Jahrhundert hinein prägte in einer Zeit des finanziell ungesicherten Alters vor allem das Arbeitsumfeld die Kommunikation alter Menschen. Unter den Bedingungen des noch langsamen wissenschaftlich-technischen Wandels kam dem Wissenstransfer und der Weitergabe von Lebenserfahrung vom alten auf den jungen Menschen eine große Bedeutung zu.

Erst seit den 1950er Jahren wird der materiell abgesicherte Ruhestand zur Voraussetzung für die zunächst langsame Entwicklung und Erweiterung der Kommunikationsfelder. Der Abbruch der Arbeitsbeziehungen setzte Kräfte und Zeit zur Intensivierung und Ausweitung von Freizeitbeziehungen frei. Wie diese Kräfte, etwa für Sport, Weiterbildung, Kunst, Reisen sowie für soziales und politisches Engagement, sinnvoll einzusetzen sind, ist Gegenstand eines langen Lernprozesses, der bis heute andauert.

4.2.01
Lokomotivmontage in den Berliner Borsig-Werken
Paul Friedrich Meyerheim
1875/76; Öl auf Kupfer (Diaprojektion)
Deutsches Technikmuseum, Berlin

4.2.02
Unfall in einer Maschinenfabrik
Johann Bahr
1889; Holzschnitt nach einer Zeichnung in der *Leipziger Illustrierten Zeitung*
(Diaprojektion)
Deutsches Museum, München

4.2.03
Alter Holzschuhmacher bei der Arbeit
ca. 1930; Fotografie (Diaprojektion)
Landesbildstelle Westfalen, Münster

4.2.04
Alter Holzschuhmacher und Mitarbeiter
(Abb. S. 104)
ca. 1930; Fotografie (Diaprojektion)
Landesbildstelle Westfalen, Münster

4.2.05
Alter Meister und Geselle in der Goldschmiedewerkstatt
1953; Fotografie (Diaprojektion)
Landschaftsverband Rheinland – Medienzentrum Rheinland, Düsseldorf

4.2.06
Hufschmied und Mitarbeiter
(Abb. S. 105)
1959; Fotografie (Diaprojektion)
Landschaftsverband Rheinland – Medienzentrum Rheinland, Düsseldorf

4.2.07
Zigarrenfabrikant und Familie
um 1950; Fotografie (Diaprojektion)
Westfälisches Freilichtmuseum Detmold
Bildsammlung: Bildsuchaktion der Volksbanken und Spar- und Darlehenskassen

4.2.08
Zigarrenfabrikant mit der Belegschaft des Betriebes
um 1950; Fotografie (Diaprojektion)
Westfälisches Freilichtmuseum Detmold
Bildsammlung: Bildsuchaktion der Volksbanken und Spar- und Darlehenskassen

4.2.09
Kooperation der Generationen bei der Flachsbearbeitung
ca. 1940; Fotografie (Diaprojektion)
Westfälisches Freilichtmuseum Detmold
Bildsammlung: Bildsuchaktion der Volksbanken und Spar- und Darlehenskassen

4.2.10
Auf dem Lande unentbehrlich: die Hilfe der älteren Generation bei der Ernte
1939; Fotografie (Diaprojektion)
Westfälisches Freilichtmuseum Detmold
Bildsammlung: Bildsuchaktion der Volksbanken und Spar- und Darlehenskassen

4.2.11
Pause bei der Ernte. Zeit für Gespräche
1935; Fotografie (Diaprojektion)
Westfälisches Freilichtmuseum Detmold
Bildsammlung: Bildsuchaktion der Volksbanken und Spar- und Darlehenskassen

4.2.12
Altenteiler bei der Arbeit
1950; Fotografie (Diaprojektion)
Stadtarchiv und Landesgeschichtliche Bibliothek Bielefeld

4.2.13
Altenteiler vor der Deelentür (Abb. S. 103)
ca. 1930; Fotografie (Diaprojektion)
Westfälisches Freilichtmuseum Detmold
Bildsammlung: Bildsuchaktion der Volksbanken und Spar- und Darlehenskassen

4.2.14
Alte Frauen beim Federlesen
ca. 1960; Fotografie (Diaprojektion)
Westfälisches Freilichtmuseum Detmold
Bildsammlung: Bildsuchaktion der Volksbanken und Spar- und Darlehenskassen

4.2.15
Alte und junge Frau beim Waschtag am Fluß
Gewande
1936; Fotografie (Diaprojektion)
Bildarchiv Preußischer Kulturbesitz, Berlin

4.2.16
Unterbrechung der Haus- und Handwerksarbeit. Zank im Hinterhof
V. Bartonek
ca. 1880; Holzstich nach einem Gemälde (Diaprojektion)
Bildarchiv Preußischer Kulturbesitz, Berlin

4.2.17
Gespräche auf der Parkbank
Hans G. Casparius
1931; Fotografie (Diaprojektion)
Bildarchiv Preußischer Kulturbesitz, Berlin

4.2.18
Mußestunde alter Handwerker
Erich Günther
1939; Fotografie (Diaprojektion)
Bildarchiv Preußischer Kulturbesitz, Berlin

4.2.19
Gespräche an der Deelentür
ca. 1950; Fotografie (Diaprojektion)
Westfälisches Freilichtmuseum Detmold
Bildsammlung: Bildsuchaktion der Volksbanken und Spar- und Darlehenskassen

4.2.20
Fußbad im See
Germin
1968; Fotografie (Diaprojektion)
Bildarchiv Preußischer Kulturbesitz, Berlin

4.2.21
Zeit für Gefühle: Alter Mann überreicht alter Frau einen kleinen Blumenstrauß
(Abb. S. 112)
Will McBride
1956; Fotografie (Diaprojektion)
Bildarchiv Preußischer Kulturbesitz, Berlin

4.2.22
Vom aktiven Sport zur Geselligkeit. Die Veteranen eines Bielefelder Turnvereins
(Abb. S. 105)
1961; Fotografie (Diaprojektion)
Stadtarchiv und Landesgeschichtliche Bibliothek Bielefeld

4.2.23
4.2.24
Sportliche Betätigung bis ins hohe Alter: Turner der »Altersriege« des TSVE v. 1890 Bielefeld e.V.
1974; Fotografien (Diaprojektionen)
Jürgen Büschenfeld, Bielefeld

4.2.25
Sportliches Alter: Ehrung für eine 86jährige Schwimmerin
G. Rudolf
1978; Fotografie (Diaprojektion)
Stadtarchiv und Landesgeschichtliche Bibliothek Bielefeld

4.2.26
Senioren-Gymnastikgruppe
1978; Fotografie (Diaprojektion)
Stadtarchiv und Landesgeschichtliche Bibliothek Bielefeld

4.2.27
Die ›Teutoburger Jäger‹ bitten zum Tanz
1977; Fotografie (Diaprojektion)
Stadtarchiv und Landesgeschichtliche Bibliothek Bielefeld

4.2.28
›Ein geselliger Nachmittag‹ (Abb. S. 105)
1976; Fotografie (Diaprojektion)
Stadtarchiv und Landesgeschichtliche Bibliothek Bielefeld

4.2.29
Freizeitaktivitäten im Kleintierzuchtverein
1977; Fotografie (Diaprojektion)
Stadtarchiv und Landesgeschichtliche Bibliothek Bielefeld

4.2.30
Freizeit in der Kleingartenanlage
Möller
um 1960; Fotografie (Diaprojektion)
Stadtarchiv und Landesgeschichtliche Bibliothek Bielefeld

4.2.31
4.2.32
4.2.33
›Ein Altenklub feiert Karneval‹
1977; Fotografien (Diaprojektionen)
Stadtarchiv und Landesgeschichtliche Bibliothek Bielefeld

4.3 Themenvielfalt später Freiheit

Gibt es heute eine Kommunikationskultur, die speziell auf den alten Menschen zugeschnitten ist? Oder besteht der Zugewinn an später Freiheit nicht vor allem darin, daß die Kommunikationsfelder im Alter auch bunter und vielfältiger geworden sind? Erobert sich der alte Mensch womöglich seine mit dem Ruhestand verlorene aktive Rolle in der Gesellschaft über die Art der Freizeitgestaltung in der späten Lebenszeit zurück?

Zwar bleibt die Familie auch in der Gegenwart der wichtigste Kommunikationspartner. Zwar gibt es nach wie vor eindeutige Rollenzuweisungen im Verhältnis Eltern-Kinder-Enkelkinder. Aber ansonsten scheinen die Grenzen zwischen Jung und Alt zu verschwimmen. Reisen im Alter sind nicht mehr gleichzusetzen mit Kaffee- und Butterfahrten. Auch die Fernreise steht auf dem Programm. Die Nutzung moderner Computertechnik bleibt nicht länger Privileg der Jungen. Und längst ist es eine Selbstverständlichkeit geworden, wenn sich eine ›graue Flotte‹ von ›Studierenden ab 50‹ an den Hochschulen tummelt, das Gespräch mit jungen Studierenden sucht und findet. Fazit: Der an Jahren alte Mensch kommuniziert vielfältig, aber immer weniger altersspezifisch. Das Besondere an einer Kommunikationskultur alter Menschen besteht offenbar darin, daß sie keinen starren Mustern folgt, sondern daß sie – entsprechend der jeweiligen Interessen – immer wieder neu erfunden werden kann.

4.3.01
Interaktive Medieninszenierung zur aktuellen Kommunikation alter Menschen. Themen u.a.: Ehepaar beim Bridge; Urlaubsfilme; Gespräche über Bücher; alter Mann erklärt die Nutzung seines Computers (Abb. S. 106/107)
1999; Videofilme und Dias auf gegenüberliegenden Projektionsflächen (Medienboxen)
Wolfgang Käppner, Jan Sturm, Karlsruhe

5 Freiheit durch Sicherung

Jahrhundertelang war die Existenzsicherung im Alter beschwerlich, unsicher und konfliktreich. Die Mehrheit war darauf angewiesen, ›bis ins Grab‹ auf Höfen und in Handwerksbetrieben mitzuarbeiten. Das Leben im Alter unterschied sich kaum von dem der übrigen Erwachsenen. Als Merkmal des Alters kam allein das Nachlassen der Arbeitskraft in den Blick.

In den letzten 200 Jahren hat sich hier ein fundamentaler Wandel vollzogen. Das Erreichen des Rentenalters ist heute für viele zu einem Ziel geworden, auf das sie ihr ganzes erwachsenes Leben hin planen. Im Alter möchte man den Lohn eines entbehrungsreichen Arbeits- und Familienlebens genießen.

Die gesetzliche Rentenversicherung stellt gegenwärtig die wichtigste Voraussetzung dafür dar, daß diese Rechnung für viele auch aufgeht. Ergänzt durch betriebliche Altersrenten, Lebensversicherungen, Bildung von Vermögen und Wohneigentum ist es möglich geworden, mit dem Leben im Alter weniger Sorge als vielmehr Wünsche und Hoffnungen zu verbinden. Heute ist es selbstverständlich, daß mit Erreichen des Rentenalters noch einmal ein neuer Lebensabschnitt beginnt: die versicherte Freiheit.

5.0 Zwei Biographien

Ein typisches Arbeiterschicksal im 19. Jahrhundert: Hans F. (1841–1901)

5.0.01
Dreifuß
um 1900; Eisen
18 x 14 x 14,5 cm
Ruhrlandmuseum, Essen

5.0.02
Zangenschere
um 1900; Eisen
ca. 5 x 23 cm
Ruhrlandmuseum, Essen

5.0.03
Paket ›Original Schwelma Stiefeleisen‹
ca. 1900–1940; Karton, Eisen
5 x 15 x 12 cm
Ruhrlandmuseum, Essen

5.0.04
Ein Paar halbhohe, beschlagene Herrenschuhe
Ruhrlandmuseum, Essen

5.0.05
Nähmaschine
ca. 100 x 120 x 55 cm
Historisches Museum Bielefeld

5.0.06
Arbeitshemd
um 1900
Ruhrlandmuseum, Essen

Arbeitsplatzverlust und Vorruhestand nach der Wende: Gisela S. (geboren 1937)

5.0.07
Lebensversicherungspolice der Allianz-Versicherung
1990; Papier (Farbkopie)
3 Seiten DIN A4
Privatbesitz

5.0.08
Anlage zum Antrag auf Gewährung von Altersübergangsgeld vom 11. März 1992
1992; Papier
1 Seite DIN A4
Privatbesitz

5.0.09
Änderungsbescheid über das Altersübergangsgeld vom 1. Februar 1993
1993; Papier
1 Seite DIN A4
Privatbesitz

5.0.10
Bewilligungsbescheid über das Altersübergangsgeld vom 26. März 1997
1997; Papier
1 Seite DIN A4
Privatbesitz

5.0.11
Rentenbescheid vom 19. März 1997
1997; Papier
1 Seite DIN A4
Privatbesitz

5.0.12
Handschriftlicher Widerspruch gegen den Rentenbescheid, eingereicht am 10. April 1997
1997; Papier
2 Seiten DIN A4
Privatbesitz

5.0.13
Eingangsbestätigung der Bundesversicherungsanstalt für Angestellte bezüglich des Widerspruchs, ausgefertigt am 22. April 1997
1997; Papier
1 Seite DIN A4
Privatbesitz

5.0.14
Zwischenbescheid der Bundesversicherungsanstalt für Angestellte bezüglich des Widerspruchs, ausgefertigt am 6. Mai 1997
1997; Papier
1 Seite DIN A4
Privatbesitz

5.0.15
Bescheid der Bundesversicherungsanstalt für Angestellte über die Ablehnung des Widerspruchs, ausgefertigt am 26. Mai 1997
1997; Papier
1 Seite DIN A4
Privatbesitz

5.0.16
Rentenerhöhungsbescheid 7/98
1998; Papier
1 Seite DIN A4
Privatbesitz

5.0.17
Schriftwechsel zum Rechtsstreit über die Nachzahlung der Freiwilligen Zusatzrentenversicherung
1997; Papier
12 Seiten DIN A4
Privatbesitz

5.0.18
Rentenbescheid vom 1. Juli 1999
1999; Kopie
1 Seite DIN A4
Privatbesitz

5.0.19
Kaufvertrag über ein Brockhaus-Lexikon in 35 Bänden
1991; Papier
2 Seiten DIN A4
Privatbesitz

5.1 In der erzwungenen Gemeinschaft (19. Jahrhundert)

Jahrhundertelang konnten die Menschen nur unter günstigsten Umständen auf ein materiell abgesichertes Alter hoffen. Durch Alter oder Krankheit bedingte Not erschien als Schicksal. Gegenüber dem Staat oder der Gesellschaft konnte man keine Ansprüche geltend machen. Letztlich entschieden persönliche Besitz- und Machtverhältnisse über Wohl und Wehe alter Menschen.

Auf Höfen und in Handwerksbetrieben mußten die Menschen in der Regel bis ins hohe Alter arbeiten und waren zusätzlich auf die Solidarität ihrer unmittelbar Nächsten angewiesen: auf die eigene Familie, auf Hof- und Dorfgemeinschaften. Das Maß an Mitleid und Hilfsbereitschaft in den ländlichen Gemeinschaften war dabei begrenzt. Ihr dürftiger Reichtum stellte die Solidarität auf eine dauernde Probe. Um die Anteile an den Erträgen wurde hart gekämpft. ›Altenteilverträge‹ mit den eigenen Kindern konnten diese in den Ruin treiben. Gab es keine solchen Vereinbarungen, lebten die Älteren oft unter ärmlichsten Bedingungen.

5.1.01
The last Furrow (*Die letzte Furche*)
(Abb. S. 130)
Henry Herbert La Thangue (1859–1929)
um 1895 (Reproduktion)
220 x 223,5 cm
Oldham Art Gallery & Museums, Oldham, UK (OLD 37292)
Bridgeman Art Library, London

5.1.02
Bäuerliche Altenteilverträge
a) Altenteilvertrag
1904; Papier
34 x 22 cm
b) Altenteilvertrag
1952; Papier
29,5 x 21 cm
c) Altenteilvertrag
1988; Papier
29,5 x 21 cm
Familie Haslbeck, Weigendorf

Vor der Entstehung des Wohlfahrtsstaates konnten alte Menschen nur ihrer eigenen Familie gegenüber Ansprüche geltend machen. Altenteilverträge waren dabei eines der frühesten und wichtigsten Mittel, um einen geregelten Ausgleich zwischen Jung und Alt zu gestalten. Noch heute werden bei der Übergabe mancher Höfe an die Kinder Altenteilverträge geschlossen. Sie sind jedoch in aller Regel nicht mehr die einzige Quelle der Altersversorgung. Die Art der Leistungen gegenüber den ausscheidenden Eltern haben sich entsprechend verändert.

5.1.03
Verteidigungsschrift aus dem Prozeß gegen Johann Jacob Riesenmann

10. August 1819; Papier, Karton
ca. 33 x 20,5 cm
Staatsarchiv Ludwigsburg

In dem Prozeß gestand Johann Jacob Riesenmann einen zusammen mit seiner Frau begangenen Giftmord an Carl Sartori, dem Schullehrer von Fachsenfeld (bei Aalen), dessen Position Riesenmann gegen die Verpflichtung übernommen hatte, Sartori eine Pension von 150 Gulden zu zahlen. Als Motiv (das die Verteidigung zugleich zur Entlastung geltend machte) konnten beide Eheleute überzeugend darlegen, daß sie die Pension für Sartori nicht aufzubringen vermochten - und Riesenmanns Frau schon fürchtete, daß, »wenn er noch länger bei so schlechter Kost, die ich ihm geben mußte, so streng arbeiten müsse, er mir wegsterben könnte ...«. Die Eheleute gaben übereinstimmend an, daß Riesenmann ihrem Opfer ein »Gift für Mäuse« - in eine geräucherte Leberwurst gemischt - verabreicht hätte. Wobei die Gattin ihren Mann noch damit zu beruhigen versuchte, daß ihre Schwester dasselbe Gift auch »für die Mücken« verwende: »Es gehe nicht so schnell, schwäche nur die Gesundheit und töte nicht auf einmal« (Vernehmungsprotokoll).

5.1.04
Beitrag im *Westphälischen Anzeiger*
Erster Band 1798; Autor anonym
(Reproduktion)
Bibliothek des Kammergerichts, Berlin

Die Probleme der traditionell rein privat organisierten Alterssicherung zwang immer wieder, auch nach einer staatlich-gesellschaftlichen Verantwortung in dieser Hinsicht zu fragen. Der Autor dieses Artikels schlägt unter anderem eine Schlichtungsinstanz - Sittengerichte in allen deutschen Dörfern - vor, um weitere Eskalationen der Streitigkeiten über die Leibzucht (das Altenteil) zwischen Bauernkindern und ihren Eltern zu verhindern.

5.1.05
Zwei Nachweisbüchl der Einleger
Michael Gruber und Johann Rest
(Abb. S. 128)
a) um 1930; Papier, Pappe, Bänder
20 x 13 x 5 cm
Gemeindearchiv Marktgemeinde
Tamsweg (Österreich)
b) um 1930; Papier, Pappe, Bänder
21 x 18 x 3 cm
Gemeindearchiv Marktgemeinde
Tamsweg (Österreich)

Einleger, verarmte Alte, mußten von Hof zu Hof ziehen. Meist schliefen sie im Stall. Die Höfe wurden zur Aufnahme der Alten gezwungen - zur Begleichung ihrer Steuerschuld bei der Gemeinde. Die Bücher dienten dem Nachweis ihr gegenüber.

5.1.06
Sammeln und Horten von Lebensmitteln als Altersvorsorge: eingemachte Lebensmittel u.a.
1938-1960; Glas, Pappkartons
Höhe 20 cm
Raimund Beck, München

Nach dem Tod von Frau H. (geboren 1911) im Jahre 1998 lösten die Erben ihren Haushalt auf. Dabei fanden sie im Keller einen Vorratsschrank, der eingemachte Lebensmittel enthielt, die aus den Jahren 1938 bis 1960 stammten. Aus der Kriegserfahrung von Armut und Hunger hatte sie auch als relativ wohlhabende Rentnerin immer mit der Angst vor einer neuen Armut (durch Geldverfall etwa) gelebt und einen Grundstock an Naturalien im Hause gehortet.

5.2 Zwischen Gemeinschaft und Gesellschaft (1900-1955)

Im Zuge der Industrialisierung nahm die Bedeutung traditioneller Gemeinschaftsbindungen ab. Wer in die Industriestädte ging, verlor leicht jeden Kontakt zu seiner Herkunft.

Arbeiter wurden aber oft schon mit 50 Jahren entlassen. Ihnen blieb dann nur, sich für den Rest ihres Lebens mit wechselnden und schlecht bezahlten Tagelöhnerarbeiten durchzuschlagen. Bettelnde alte Menschen gehörten bald zum Stadtbild.

Die ersten Sozialversicherungssysteme konnten die neue Altersarmut zunächst nicht beseitigen. Die ausgezahlten Renten reichten zur Deckung des Lebensunterhalts nicht aus. Wirtschaftskrisen und Inflation schwächten die Versicherungen zusätzlich. Viele Bevölkerungsgruppen wurden von der Versicherungspflicht außerdem zunächst gar nicht erfaßt. Auf dem Land bestanden traditionelle Formen der Alterssicherung daher fort. Private Vorsorgemöglichkeiten wie die Lebensversicherung konnten noch keinen ausreichenden Ersatz schaffen.

5.2.01
Buch-Ausgabe des Versicherungsgesetzes für Angestellte von 1911
1912; Papier
21 x 13,5 cm
Bundesversicherungsanstalt für Angestellte, Berlin

5.2.02
Handbücher zur Versicherungspflicht
a) *Handbuch zur Versicherungspflicht, mit volkstümlichen Erläuterungen*
1900; in Leder gebunden
15 x 11 cm
Bundesversicherungsanstalt für Angestellte, Berlin
b) *Handbüchlein für Arbeitgeber und Angestellte über die wichtigsten Bestimmungen der Angestelltenversicherung nach dem neuesten Stande der Gesetzgebung*
1925; Papier, kartoniert
20 x 12 cm
Bundesversicherungsanstalt für Angestellte, Berlin

Da einiges zu beachten war, wollte man nicht unnötig Ansprüche gegenüber der Versicherung verlieren oder zuviel Beiträge zahlen, brachte die neue Institution eine umfangreiche Ratgeberliteratur hervor. Immer neue Nachbesserungen der Gesetze erforderten außerdem immer neue Erläuterungen. Das eigentliche Problem zu lösen - die zu geringen Leistungen -, gelang aber nur unzureichend.

5.2.03
›Nachweissystem‹ zur Versicherungspflicht
a) Anweisungen des stellvertretenden Reichskanzlers zu den Versichertenkarten
1911; Papier, kartonierter Ordner
38 x 48 cm
Bundesversicherungsanstalt für Angestellte, Berlin
b) Versicherungskarte des Handlungsgehilfen Franz Weidemann
1912; Pappe, Papier
17,5 x 19 cm
Deutsches Historisches Museum, Berlin
c) Bescheinigungsbuch des Wilhelm Hülsmann
1931; Papier, Pappe
10 x 16,5 cm
Historisches Museum Bielefeld
d) Gewährung einer Witwenrente für Justine Reineke
1916; Papier (Reproduktion)
29,5 x 21 cm
Stadtarchiv und Landesgeschichtliche Bibliothek, Bielefeld
e) Berechnung der Witwenrente von Justine Reineke
1916; Papier (Reproduktion)
29,5 x 21 cm
Stadtarchiv und Landesgeschichtliche Bibliothek, Bielefeld
f) Zustelltasche für Geldbriefträger
zw. 1930 und 1950; Leder
Museum für Post und Kommunikation, Berlin
g) Zustelltasche für Geldbriefträger mit zwei Geldbörsen
1967; Leder
Museum für Kommunikation, Bern
h) Auszahlung der Rente durch den Geldbriefträger - Fotografien aus der Reportage der Alters- und Hinterbliebenen-Versicherung, AHV
1956; 4 Schwarzweißfotografien (Reproduktion)
Museum für Kommunikation, Bern

Die Versicherungspflicht (landläufig ›Klebepflicht‹ genannt) führte zunächst zu einem auch für den Einzelnen nicht unerheblichen bürokratischen Aufwand. Klebemarken für die Versicherungskarten mußten bei Postämtern besorgt, monatlich durch Stempel oder handschriftlich entwertet werden - und wenn sie voll waren, mußte man die dokumentierten Beiträge schließlich noch in ein Bescheinigungsbuch übertragen lassen.

5.2.04
Aus Geschäftsberichten der ›Reichsversicherungsanstalt für Angestellte für das gesamte Reichsgebiet‹
a) 1925; Papier (2 Exemplare)
29 x 21,5 cm
b) 1929; Papier (2 Exemplare)
29 x 21,5 cm
c) 1933; Papier (2 Exemplare)
29 x 21,5 cm
Bundesversicherungsanstalt für Angestellte, Berlin

5.2.05
Pensionsberechtigung bei der Pensions-, Witwen- und Waisenkasse der Firma Siemens
a) Statut der Pensions-, Witwen- und Waisen-Kasse, §5
1872; Faksimile
29,8 x 20 cm
Siemens Archiv, München
b) Statut der Pensions-, Witwen- und Waisen-Kasse, §5
1891; Papier
21,6 x 14,3 cm
Siemens Archiv, München

c) Statut der Pensions-, Witwen- und Waisen-Kasse
1900; Papier
22 x 14,5 cm
Siemens Archiv, München
d) Stiftungsurkunde der »Pensions, Witwen und Waisen Casse«
1872; Faksimile
DIN A4
Siemens Archiv, München
e) Abschrift des Briefs von Werner von Siemens an seinen Bruder Karl, den Pensionsfonds betreffend
17.7.1868; Papier
DIN A4
Siemens Archiv, München

5.2.06

Spardosen, Sparmarkenhefte, Sparbücher zur privaten Altersvorsorge
ca. 1890–1960
a) ›Heimsparkasse‹ mit Bienenkorb
Aufdruck »Junges Blut erspar dein Gut. Im Alter dir's oft nötig tut!«
zw. 1890/1950; Metall
8,2 x 6,5 x 4,3 cm
Karl Heinz Felten (Mitglied der European Money Bank Collectors EMBC), Köln
b) ›Heimsparkasse‹ mit Mutter und Kind
Aufdruck »Wer in der Jugend spart, hat im Alter sein Auskommen«
zw. 1890/1950; Metall
7,3 x 7,8 x 4,2 cm
Karl Heinz Felten (Mitglied im EMBC), Köln
c) ›Bügeleisenkasse‹ der Sparkasse (rot)
zw. 1890/1950; Metall
7,2 x 9 x 5,1 cm
Karl Heinz Felten (Mitglied im EMBC), Köln
d) ›Bügeleisenkasse‹ der Sparkasse (weiß)
zw. 1890/1950; Metall
7,2 x 9 x 5,1 cm
Karl Heinz Felten (Mitglied im EMBC), Köln
e) ›Bügeleisenkasse‹ einer Versicherung (schwarz)
zw. 1890/1950; Metall
7,2 x 9 x 5,1 cm
Karl Heinz Felten (Mitglied im EMBC), Köln
f) ›Bügeleisenkasse‹ (schwarz)
(Abb. S. 131)
Aufdruck »Spare in der Zeit, so hast du in der Not«
zw. 1890/1950; Metall
7,2 x 9 x 5,1 cm
Karl Heinz Felten (Mitglied im EMBC), Köln
g) ›Bügeleisenkasse‹ einer Versicherung (metallisch)
zw. 1890/1950; Metall
7,2 x 9 x 5,1 cm
Karl Heinz Felten (Mitglied im EMBC), Köln
h) ›Bügeleisenkasse‹ der Sparkasse
zw. 1890/1950; Metall
7,2 x 9 x 5,1 cm
Karl Heinz Felten (Mitglied im EMBC), Köln
i) Runde Spardose mit Sparspruch
zw. 1890/1950; Metall
Ø 6,6 cm, Höhe 7,5 cm
Karl Heinz Felten (Mitglied im EMBC), Köln
j) Sparuhr der Victoria-Versicherung
(Abb. S. 131)
2. Hälfte 20. Jahrhundert; Metall/Kunststoff
10,5 x 11,9 x 6 cm
Karl Heinz Felten (Mitglied im EMBC), Köln
k) Taschenkalender-Dose der OVA
zw. 1890/1950; Metall
10 x 10 x 7,3 cm
Karl Heinz Felten (Mitglied im EMBC), Köln
l) Spar-›Kiste‹ der Phönix Versicherung mit Schloß (frontal)
zw. 1890/1950; Metall
7,8 x 12,4 x 9 cm
Karl Heinz Felten (Mitglied im EMBC), Köln
m) Eckige Spardose der Phönix Versicherung
zw. 1890/1950; Metall
10,7 x 8,5 x 5,4 cm
Karl Heinz Felten (Mitglied im EMBC), Köln
n) Runde Spardose ›Säule‹
zw. 1890/1950
Ø 6,6 cm, Höhe 11,8 cm
Karl Heinz Felten (Mitglied im EMBC), Köln
o) Runde Spardose
Aufdruck »Wer den Pfennig nicht ehrt, ist des Thalers nicht werth«
zw. 1890/1950; Metall
Ø 7,1 cm, Höhe 7,5 cm
Karl Heinz Felten (Mitglied im EMBC), Köln
p) Spardose
Aufdruck »Sparen hilft Ziele erreichen«
zw. 1890/1950; Metall
Ø 6,6 cm, Höhe 7,5 cm
Karl Heinz Felten (Mitglied im EMBC), Köln
q) Eckige Spardose für Kinder
zw. 1890/1950; Metall
8,2 x 5 x 4,2 cm
Karl Heinz Felten (Mitglied im EMBC), Köln

5.2.07

Sparbücher zur privaten Altersvorsorge
ca. 1890–1960
a) Beitragsbuch Preuss. Lebens- und Garantie-Versicherungs-AG ›Friedrich Wilhelm‹ (Abb. S. 129)
Karl Heinz Felten (Mitglied im EMBC), Köln
1894; Papier
20,5 x 13,4 cm
Gerling Versicherungs-Beteiligungs-AG, Köln
b) Beitragsbuch Preuss. Lebens- und Garantie-Versicherungs-AG ›Friedrich Wilhelm‹ (Umschlag)
1894; Papier
13,3 x 21,1 cm
Karl Heinz Felten (Mitglied im EMBC), Köln
c) Sparmarkenbuch der Kreissparkasse Siegburg
1941; Papier
15 x 10,6 cm
Karl Heinz Felten (Mitglied im EMBC), Köln
d) Sparbuch der Kreissparkasse Altenkirchen
1940; Papier
14,7 x 10,4 cm
Karl Heinz Felten (Mitglied im EMBC), Köln
e) Sparbuch der Thüringischen Staatsbank
1942; Papier
18 x 11,1 cm
Karl Heinz Felten (Mitglied im EMBC), Köln
f) Sparbuch der Kreissparkasse Zeitz
1936; Papier
19 x 8,6 cm
Karl Heinz Felten (Mitglied im EMBC), Köln
g) Sparbuch der Herzoglich Braunschweigischen Landessparkasse
1920; Papier
18,8 x 12 cm
Karl Heinz Felten (Mitglied im EMBC), Köln
h) Sparbuch der Landessparkasse zu Oldenburg
1947; Papier
17,5 x 11,3 cm
Karl Heinz Felten (Mitglied im EMBC), Köln
i) Deutsches Sparkassenbuch der Hansestadt Köln
1943; Papier
18,2 x 12 cm
Karl Heinz Felten (Mitglied im EMBC), Köln
j) Rentensparbuch (Dresden)
1935; Papier
20,3 x 14,4 cm
Karl Heinz Felten (Mitglied im EMBC), Köln

Die Lebensversicherung drang erst in breite Bevölkerungsschichten ein, als sie sich mit kleinsten Beiträgen, wöchentlichem Inkasso und Klebemarken auch den finanziellen Möglichkeiten von Arbeitern anpaßte.

Altersarmut in der Stadt

5.2.08

»Elend dicht am Glanzboulevard – altes Paar an der Budapester Straße«
(Abb. S. 127)
Friedrich Seidenstücker
1931; Schwarzweißfotografie (Reproduktion)
Bildarchiv Preußischer Kulturbesitz, Berlin

5.2.09

»Ein alter Mann verkauft Streichhölzer am Kurfürstendamm« (Abb. S. 134)
Friedrich Seidenstücker
1928; Schwarzweißfotografie (Reproduktion)
Bildarchiv Preußischer Kulturbesitz, Berlin

5.2.10

»Eine Wolldecke schützt vor der schlimmsten Kälte – eine obdachlose alte Frau in Berlin« (Abb. S. 133)
Friedrich Seidenstücker
um 1930; Schwarzweißfotografie (Reproduktion)
Bildarchiv Preußischer Kulturbesitz, Berlin

5.2.11

»Ein alter obdachloser Mann gibt seine letzten Pfennige für ein bißchen Obst«
(Abb. S. 131)
Friedrich Seidenstücker
um 1930; Schwarzweißfotografie (Reproduktion)
Bildarchiv Preußischer Kulturbesitz, Berlin

5.2.12

»Almosen für einen kriegsblinden Bettler mit seinem Hund« (Abb. S. 130)
Friedrich Seidenstücker
um 1932; Schwarzweißfotografie (Reproduktion)
Bildarchiv Preußischer Kulturbesitz, Berlin

5.2.13

»Straßenmusikant am Alexanderplatz«
Herbert Hensky
April 1946; Schwarzweißfotografie (Reproduktion)
Bildarchiv Preußischer Kulturbesitz, Berlin

5.2.14

»Verarmte Jüdinnen in der Grenadierstraße in Berlin«
Friedrich Seidenstücker
um 1930; Schwarzweißfotografie (Reproduktion)
Bildarchiv Preußischer Kulturbesitz, Berlin

5.2.15
»Eine alte Frau muß sich ihr Brot mit Singen und Tanzen verdienen«
(Abb. S. 134)
H. Hoffmann
1928; Schwarzweißfotografie (Reproduktion)
Bildarchiv Preußischer Kulturbesitz, Berlin

5.2.16
»Eine alte Frau verkauft Zeitungen am Straßenrand«
Friedrich Seidenstücker
1931; Schwarzweißfotografie (Reproduktion)
Bildarchiv Preußischer Kulturbesitz, Berlin

5.2.17
»An der Berliner Kronenstraße verkauft eine alte Frau Streichhölzer«
(Abb. S. 130)
Friedrich Seidenstücker
1928; Schwarzweißfotografie (Reproduktion)
Bildarchiv Preußischer Kulturbesitz, Berlin

5.2.18
»Ein alter Mann bettelt auf dem Kurfürstendamm«
Friedrich Seidenstücker
1948; Schwarzweißfotografie (Reproduktion)
Bildarchiv Preußischer Kulturbesitz, Berlin

5.2.19
»Altenspeisung in Othmarschen«
Germin
1947; Schwarzweißfotografie (Reproduktion)
Bildarchiv Preußischer Kulturbesitz, Berlin

5.2.20
Plakate der Stiftung ›Pro Senectute‹ Schweiz (Abb. S. 138–142)
1921–1997; Reproduktionen
Plakatsammlung des Museums für Gestaltung, Zürich
Pro Senectute, Schweiz

5.2.21
Reformbedarf für die Rentenversicherung
a) Reformerfordernisse aus Sicht verschiedener Interessengruppen
1947–1951; 17 Seiten (Reproduktion)
Bundesarchiv Koblenz
b) Korrespondenz zu einem Härtefall (Abb. S. 129)
1958–1962; 15 Seiten (Reproduktion)
Bundesarchiv Koblenz

Nach dem Zweiten Weltkrieg wurde der Reformbedarf der Rentenversicherung immer unübersehbarer. Die dokumentierten Schreiben und Forderungen verschiedener Interessenvertreter und -gruppen spiegeln einige der bestehenden Probleme wider. Ein Einzelfall dokumentiert beispielhaft, daß es auch nach der Reform von 1957 noch Härtefälle gab.

5.3 In der Versicherungsgesellschaft (1956 bis heute)

Erst in den Wohlstandsgesellschaften der Nachkriegszeit hatte die neue Form der Alterssicherung eine Chance. Mehr Einzahler und stetiges Wirtschaftswachstum garantierten der Rentenversicherung hohe Einnahmen.

In fast allen europäischen Ländern sollte die Rente nun den Lebensunterhalt sichern. Das zu verwirklichen, ist in verschiedenen Ländern unterschiedlich gut gelungen. In der Schweiz etwa erhielt die Hälfte aller Rentner 1998 umgerechnet mindestens 2000 DM monatlich, die Mindestrente betrug umgerechnet fast 1200 DM. In Deutschland lag die Mindestrente dagegen zwischen 250 DM (Ost) und 290 DM (West).

Insgesamt aber wurde die Alterssicherung überall so planbar und zuverlässig wie nie zuvor. Der Automatismus von Abzügen und Rentenanpassungen machte persönliche Aushandlungsprozesse und autarke Versorgungsgemeinschaften überflüssig. Wegen zusätzlicher Betriebsrenten und zahlreicher Vermögensbildungsmöglichkeiten konnte das Alter in materieller Hinsicht für viele zu einer sorgenfreien Lebensphase werden.

5.3.01
20 Rentenjahre von Heinrich Haber
1978–1998; Papier
21,5 x 29,5 cm (4 Blätter: 20,5 x 14,5 cm)
Privatbesitz

Heinrich Haber wurde 1913 geboren. 1978 ging er in den Ruhestand. Durch die jährliche Anpassung entsprechend der mittleren Steigerung der Vorjahreslöhne hat sich die Rente von Heinrich Haber von rund 1600 DM (1978) auf rund 3000 DM (1998) erhöht. Außerdem bezieht er noch eine betriebliche Pension in etwas geringerem Umfang. Er wohnt heute alleine im eigenen Haus, fährt noch selbst Auto und überweist sowohl seiner Tochter als auch seinem Enkel regelmäßig Beträge von mehreren hundert Mark.

Die dokumentierten Bescheide setzen den Rentenbezieher von der regelmäßigen Steigerung seiner Rente in Kenntnis. Es sind nur die Leistungen aus der gesetzlichen Rentenversicherung dokumentiert.

5.3.02
Abschiedsbild für einen Dürkopp-Arbeiter
1958; Bleistift auf Papier
30 x 36,5 cm
Historisches Museum Bielefeld

5.3.03
Ausschnitte aus *Datenverarbeitung in der Bundesversicherungsanstalt für Angestellte*
um 1980; Dokumentarfilm
Bundesversicherungsanstalt für Angestellte, Berlin

5.3.04
IBM-Großcomputermodelle einer Versicherungsgesellschaft
1960er Jahre
Firmenhistorisches Archiv der Allianz Versicherungs AG, München

5.4 In der alternden Gesellschaft

Wie alle Individuen, so hat die moderne Gesellschaft auch alte Menschen von traditionellen Abhängigkeiten befreit. Dafür ist ihre Versorgung nun um so abhängiger von der gesamtgesellschaftlichen Dynamik. Die Einnahmen der Sozialsysteme variieren je nach Wirtschaftswachstum und Beschäftigung. Gegenwärtig nimmt zudem der Anteil alter Menschen dramatisch zu.

Die Finanzierung der Renten gerät in Bedrängnis. Die Jungen müssen sich wieder mehr Sorgen um ein gesichertes Alter machen. Gleichzeitig werden sie aber mit immer höheren Beiträgen belastet. Vielen scheint es, als lebten die Alten heute auf Kosten der Jungen in Sicherheit und Wohlstand. Ein neuer Generationenkonflikt ist nicht mehr ausgeschlossen.

In ganz Europa werden darum Reformen der Rentenversicherungssysteme diskutiert. Viele möchten weniger in die gesetzliche Versicherung einzahlen – und das Geld lieber für die private Vorsorge verwenden. Private Kapitalbildung setzt allerdings eine stabile Erwerbsbiographie voraus. Gerade mit einer solchen können heute ebenfalls immer weniger Menschen rechnen. Andere favorisieren daher das Modell der Schweiz, in der alle Einwohner in die Rentenversicherung einzahlen.

5.4.01
›Rentenrechner‹
1998; Kunststoff
Ø 19,5 cm
Victoria-Versicherung, Düsseldorf

Benötigen Sie zusätzliche private Versicherungen, um Ihren Lebensstandard im Alter annähernd beibehalten zu können? Machen sie sich mit diesen Rentenrechnern einen Eindruck davon, was Sie im Alter erwartet!

5.4.02
»Eins ist sicher: Die Rente«
1984; Plakat (Reproduktion)

5.4.03
Der Lauf der Dinge
Juni 1987; Videokopie
Originalfassung ohne Dialoge, Farbe, 16 mm, 30 min.
Produktion: T&C Edition AG
Regie: Peter Fischli, David Weiss
Drehbuch: Peter Fischli, David Weiss
Kamera: Pio Corradi
Schnitt: Rainer M. Trinkler, Mirjam Krakenberger
Ton: Dieter Lengacher, Willi Kluth
T&C Edition AG, Zürich

In einer Lagerhalle wurde mit verschiedenen Gegenständen ein labiles Gebäude aufgebaut, linear, 20–30 Meter lang. Wird dies in Bewegung gesetzt, läuft eine Kettenreaktion ab. Feuer, Wasser, Schwerkraft und Chemie bestimmen den Lauf der Gegenstände, der Dinge. So entstand eine Erzählung über Ursache und Wirkung, Mechanismen und Artistik, Unwahrscheinlichkeit und Präzision, kurz: eine Metapher über das Leben.

Ausgewählte Literatur

Altwerden in der Bundesrepublik Deutschland. Geschichte – Situation – Perspektiven. Bd. 1. Hrsg. v. Deutschen Zentrum für Altersfragen e.V. Berlin 1982

Asam, Walter H./Altmann, Uwe/Vogt, Wolfgang: *Altsein im ländlichen Raum. Ein Datenreport.* (Kommunale Sozialpolitik 7) München 1990

Baltes, Margret/Montada, Leo (Hg.): *Produktives Leben im Alter.* Frankfurt/M., New York 1996

Baltes, Paul B./Mittelstraß, Jürgen (Hg.): *Zukunft des Alterns und gesellschaftliche Entwicklung.* (Berlin-Brandenburgische Akademie der Wissenschaften – Forschungsbericht; 5) Berlin, New York 1992

Beauvoir, Simone de: *Das Alter* [*La Vieillesse*]. Essay. Reinbek 1972

Beck, Ulrich: *Risikogesellschaft. Auf dem Weg in eine andere Moderne.* Frankfurt/M. 1986

Berg, Lilo (Hrsg.): *When I'm sixty-four. Alter und Altern in Deutschland.* München 1994

Berger, Ursel: *Bilder vom alten Menschen in der niederländischen und deutschen Kunst, 1550–1750.* Ausstellung im Herzog-Anton-Ulrich-Museum Braunschweig. Braunschweig 1993

Biegel, Gerd (Hg.): *Geschichte des Alters in ihren Zeugnissen von der Antike bis zur Gegenwart.* (Veröffentlichungen des Braunschweigischen Landesmuseums für Geschichte und Volkstum; 72) Braunschweig 1993

Blanckenburg, Christine v./Dienel, Hans-Liudger/Foerster, Cornelia/Hentschel, Beate/Zorn, Carsten (Hg): *Technik, Freundin des Alters. Vergangenheit und Zukunft später Freiheiten.* Stuttgart 1999

Borscheid, Peter (Hg.): *Alter und Gesellschaft. Marburger Forum Philippinum.* (Edition Universitas) Stuttgart 1995

Borscheid, Peter: *Geschichte des Alters.* Bd. 1: *16.–18. Jahrhundert.* Münster 1987

Bosch, Eva-Maria: *Ältere Menschen und Medien. Exkurs: Alter in der fiktiven Fernsehrealität – Eine Analyse der Konstruktion von Altersdarstellungen und ihrer Rezeption durch ältere Menschen.* In: *Media Perspektiven* (1987) H. 9, S. 131–161

Breuer, Bernd: *Ältere Menschen und ihr Wohnquartier.* In: Bundesforschungsanstalt für Landeskunde und Raumordnung (Hg.): *Aktuelle Forschungsfelder des Experimentellen Wohnungs- und Städtebaus. Eine Übersicht. Materialien zur Raumentwicklung,* Bd. 65. Bonn 1994, S. 13–19

Brock, Bazon/Simmen, Jeannot (Hg.): *Die Macht des Alters. Strategien der Meisterschaft.* Köln 1998

Brown Doress, Paula/Laskin Siegal, Diana: *Unser Körper – unser Leben. Über das Älterwerden. Ein Handbuch für Frauen.* Hamburg 1991

Bundesministerium für Familie, Senioren, Frauen und Jugend (Hg.): *Zweiter Altenbericht.* Bonn 1998

Bura, Josef/Kayser, Barbara: *Miteinander wohnen – Wohnprojekte für jung und alt. Dokumentation eines Sondergutachtens zum Forschungsfeld ›Ältere Menschen und ihr Wohnquartier‹ im Rahmen des experimentellen Wohnungs- und Städtebaus des Bundesministers für Raumordnung, Bauwesen und Städtebau.* Darmstadt 1992

Chvojka, Erhard: *Großmütter. Enkelkinder erinnern sich.* Wien 1992

Conrad, Christoph/Kondratowitz, Hans-Joachim (Hg.): *Zur Kulturgeschichte des Alters.* Berlin 1993

Conrad, Christoph: *Vom Greis zum Rentner. Der Strukturwandel des Alters in Deutschland zwischen 1830 und 1930.* Göttingen 1994

Conrad, Christoph/Kondratowitz, Hans-Joachim: *Gerontologie und Sozialgeschichte.* Berlin 1982

Deenen, Bernd van/Graßkemper, Anne: *Das Alter auf dem Lande. Ergebnisse einer empirischen Untersuchung 1989/90 in acht ehemals kleinbäuerlichen Dörfern.* Bonn 1993

Deutsche Gesellschaft für Hauswirtschaft e.V. (Hg.): *Familien- und seniorengerechter Haushalt. Neue Konzepte für Haushaltstechnik und Wohnen. Tagungsreader zur 46. Jahrestagung.* Ansbach 1996

Deutscher Verkehrssicherheitsrat (Hg.): *Ältere Menschen als Radfahrer und Radfahrerinnen.* Bonn 1992

Ebberfeld, Ingelore: *»Es wäre schon schön, nicht so allein zu sein«. Sexualität von Frauen im Alter.* Frankfurt/M., New York 1992

Ehmer, Josef: *Sozialgeschichte des Alters.* (Neue Historische Bibliothek) Frankfurt/M. 1990

Evers, Adalbert/Leichsenring, Kai/Pruckner, Birgit: *Alt genug, um selbst zu entscheiden. Internationale Modelle für mehr Demokratie in Altenhilfe und Altenpolitik.* Hrsg. vom Europäischen Zentrum für Wohlfahrtspolitik und Sozialforschung. Freiburg/Br. 1993

Farny, Dieter/Lütke-Bornefeld, Peter/Zellenberg, Gertrud (Hg.): *Lebenssituationen älterer Menschen. Beschreibung und Prognose aus interdisziplinärer Sicht.* Berlin 1996

Focke, Wenda: *Unterwegs zu neuen Räumen. Die Veränderung des Selbstbildes im Alter. Autobiographische und interdisziplinäre Essays.* Düsseldorf 1995

Förster, Hans Joachim: *Autoführen im Alter: Mobilität im Alter.* Ostfildern 1991

Fraunhofer Gesellschaft (Hg.): *Technik für Senioren: mehr Menschlichkeit für weniger Geld?* (Tagungsband, Fraunhofer-Forum, München, 19. November 1996.) München 1997

Friedan, Betty: *Mythos Alter.* Hamburg 1995

Friedrich, Klaus: *Intraregionale und interregionale Muster und Prinzipien der Mobilität älterer Menschen. Expertise für die Enquete-Kommission ›Demographischer Wandel‹ des Deutschen Bundestags.* Darmstadt 1994

Füsgen, Ingo: *Reisen im Alter. Urlaub und Kur für ältere und behinderte Menschen.* München 1983

Garden, Jackie: *Mobility and the elderly.* Mitcham 1974

Gather, Claudia/Gerhard, Ute/Prinz, Karin/Veil, Mechthild (Hg.): *Frauen-Alterssicherung. Lebensläufe von Frauen und ihre Benachteiligung im Alter.* Berlin 1993

Göckenjan, Gerd (Hg.): *Recht auf ein gesichertes Alter? Studien zur Geschichte der Alterssicherung in der Frühzeit der Sozialpolitik.* (Beiträge zur Sozialpolitik-Forschung; 5) Augsburg 1990

Göckenjan, Gerd/Kondratowitz, Hans-Joachim (Hg.): *Alter und Alltag.* Frankfurt/M. 1988

Gonnot, Jean-Pierre/Prinz, Christopher/Keilman, Nico: *Adjustments of Public Pension Schemes in Twelve Industrialized Countries: Possible answers to population ageing.* In: *European Journal of Population* (1995) 11, S. 371–398

Gugg, Eberhard: *Senioren auf Reisen. Touristischer Wachstumsmarkt Nr. 1. Eine Untersuchung zu Volumen und Struktur des zukünftigen Seniorenreisemarktes mit Marketingrichtlinien für die Tourismuswirtschaft und Hotellerie.* Bonn 1997

Hareven, Tamara K. (Hg.): *Aging and generational relations over the life course. A historical and cross cultural perspective.* Berlin 1996

Heinze, Rolf G./Eichener, Volker/Naegele, Gerhard/Bucksteeg, Mathias/Schauerte, Martin: *Neue Wohnung auch im Alter. Folgerungen aus dem demographischen Wandel für Wohnungspolitik und Wohnungswirtschaft.* (Schader-Stiftung, Schriftenreihe Gesellschaftswissenschaften Praxis) Darmstadt 1997

Heller, Geneviève (Hg.): *Le poids des ans. Une histoire de la vieillesse en Suisse romande.* Genève 1994

Höhn, Charlotte: *Bevölkerungsentwicklung und demographische Herausforderung.* In: Hradil, Stefan/Immerfall, Stefan (Hg.): *Die westeuropäischen Gesellschaften im Vergleich.* Opladen 1997, S. 71–95

Höpflinger, François/Stuckelberger, Astrid: *Demographische Alterung und individuelles Altern. Ergebnisse aus dem NFP 32 ›Altern‹.* Zürich 1999

Höpflinger, François: *Frauen im Alter – Alter der Frauen. Ein Forschungsdossier.* Zürich 1994 (2. Aufl. 1997)

Höpflinger, François: *Haushaltsformen bei Betagten – zwischen Selbständigkeit und Abhängigkeit.* In: Gräbe, Sylvia (Hg.): *Der private Haushalt im wissenschaftlichen Diskurs.* (Reihe Stiftung Der Private Haushalt, Bd. 17) Frankfurt/M., New York 1993, S. 255–280

Imhof, Arthur E.: *Reife des Lebens. Gedanken eines Historikers zum längeren Dasein.* München 1988

Jaeggi, Eva: *Viel zu jung, um alt zu sein. Das neue Lebensgefühl ab sechzig.* Hamburg 1996

Jürgens, Hans W.: *Untersuchung zum Bild der älteren Menschen in den elektronischen Medien.* Hrsg. von der Unabhängigen Landesanstalt für das Rundfunkwesen. Kiel 1994

Kade, Sylvia: *Individualisierung und Älterwerden.* Bad Heilbrunn 1994

Kaelble, Hartmut (Hg.): *Geschichte der sozialen Mobilität seit der industriellen Revolution.* Hanstein 1978

Kemper, Franz-Josef/Kuhls, Wolfgang: *Wanderungen älterer Menschen im ländlichen Raum am Beispiel der nördlichen Landesteile von Rheinland-Pfalz.* Bonn 1986

Kimbrell, Andrew: *Ersatzteillager Mensch.* Frankfurt/M. 1994

Koelbl, Herlinde: *Starke Frauen.* München 1996

Konrad, Helmut (Hg.): *Der alte Mensch in der Geschichte.* Wien 1982

Konrad, Helmut/Mitterauer, Michael (Hg.): *Und i sitz' jetzt allein. Geschichten mit und von alten Menschen.* Wien 1987

Kordey, Norbert: *Nutzung der Telekommunikation durch ältere Menschen. Qualitative Studie in ausgewählten Lebenslagen und sozialen Situationen.* Hrsg. Vom Wissenschaftlichen Institut für Kommunikationsdienste. Bad Honneff 1993

Kübler-Ross, Elisabeth: *Interviews mit Sterbenden.* Gütersloh 1996

Kundrun, Viola: *Alte Menschen auf dem Lande. Kultureller Wandel in einer Gemeinde im südlichen Niedersachsen.* Münster 1989

Lambert, Margitta: *Die kommunikative Etablierung von Nähe. Etholinguistische Untersuchungen der Kommunikation alter Frauen in Altentagesstätte und Altenheim.* Frankfurt/M. 1997

Laslett, Peter: *Das dritte Alter. Historische Soziologie des Alterns.* Weinheim, München 1995

Lehr, Ursula: *Psychologie des Alterns.* Heidelberg 1974

Lepenies, Annette (Hg.): *Alt & Jung. Das Abenteuer der Generationen.* Eine Publikation des Deutschen Hygiene-Museums Dresden [anläßlich der Ausstellung Alt & Jung im Deutschen Hygiene-Museum Dresden 18.12.1997–12.5.1998]. Basel, Frankfurt/M. 1997

Die letzte Reise. Sterben, Tod und Trauersitten in Oberbayern. Katalog der gleichnamigen Ausstellung im Münchner Stadtmuseum vom 4. Juli bis 9. September 1984. Hrsg. von Sigrid Metken. München 1984

Lohmann, Robin H.: *Images of Old Age in German Print Media: Empirical Investigation into Defining Principles and Patterns of Visual Representation.* Aachen 1997

Lorenz, Peter: *Planen und Bauen für das Alter. Wohnen im dritten Lebensabschnitt.* Leinfelden-Echterdingen 1994

Lübbig, Gisela/Schroedter, Nannette: *Horch, was kommt von draußen rein. Öffnung der Seniorenheime.* Hg. v. SPI Sozialpädagogisches Institut Berlin, Leben und Wohnen im Alter. Berlin 1995

Maeder, Christoph u.a. (Hg.): *Gesundheit, Medizin und Gesellschaft.* Zürich 1999

Manton, K. G./Stallard, E./Corder, L.: *Changes in the age dependence of mortality and disability: cohort and other determinants.* In: *Demography* (1997) 34, S. 135–157

Maukisch, H.: *Die alternden Autofahrer: Das Problem der Zukunft?* In: Nickel, W.-R. (Hg.): *Fahrverhalten und Verkehrsumwelt.* Köln 1990

Mayer, Karl-Ulrich/Baltes, Paul B. (Hg.): *Die Berliner Altersstudie.* Berlin 1996

Medina, John J.: *Die Uhr des Lebens. Wie und warum wir älter werden.* Basel, Boston, Berlin 1998

Meyer-Hentschel: *Senioren 1985–1994.* [Zusammenfassung von Veröffentlichungen von/zu Meyer-Hentschel Management Consulting, Kirchweg 28, 66133 Saarbrücken]

Minckwitz, Friedrich (Hg.): *Die Welt des Alters. Briefe, Reden, Betrachtungen und Erzählungen deutscher Dichter und Denker des 18. und 19. Jahrhunderts.* Weimar 1959

Mollenkopf, Heidrun/Flaschenträger, Pia: *Mobilität zur sozialen Teilhabe im Alter.* (Veröffentlichungen der Abteilung Sozialstruktur und Sozialberichterstattung des Forschungsschwerpunktes Sozialer Wandel, Institutionen und Vermittlungsprozesse des Wissenschaftszentrums Berlin für Sozialforschung WZB; 96, 401) Berlin 1996

Mrochen, Siegfried: *Alter in der DDR. Arbeit, Freizeit, materielle Sicherung und Betreuung.* Weinheim 1980

Neubauer, Erika: *Politik mit und für Senioren. Das Beispiel der Bundesarbeitsgemeinschaft der Senioren-Organisationen (BAGSO).* In: Verheugen, Günter: *60 plus: Die wachsende Macht der Älteren.* Köln 1994, S. 23–32

Pichert, Horst: *Behindertengerechte Gestaltung von Hausgeräten.* Teil 1: *Allgemeine Anforderungen.* In: *Hauswirtschaft und Wissenschaft* 39 (1991) Nr. 5, S. 197–204. Teil 2: *Gerätebeispiele.* In: *Hauswirtschaft und Wissenschaft* 39 (1991) Nr. 6, S. 265–270

Public policy opinion and the elderley, 1952–1978. A kaleidoscope of culture. New York 1987

Rees, Philip: *The elderly mobility transition. A case study of the United Kingdom.* Leeds 1991

Reimann, Helga/Reimann, Horst (Hg.): *Das Alter. Einführung in die Gerontologie.* 3. Aufl. Stuttgart 1994

Ristau, Malte/Mackroth, Petra: *Latente und aktive Altenmacht – Seniorenorganisationen, Gewerkschaften und Parteien.* In: *forum demographie und politik* (1993) H. 3 (Mai), S. 110–136

Rosenmayr, Leopold/Rosenmayr, Hilde: *Der alte Mensch in der Gesellschaft.* Reinbek 1978

Rosenmayr, Leopold: *Die späte Freiheit. Das Alter – ein Stück bewußt gelebten Lebens.* Berlin 1983

Rund ums Alter. Alles Wissenswerte von A bis Z. Hg. vom Kuratorium Deutsche Altershilfe. München 1996

Schaller-Steidl, Roberta: *Älter werden. Das subjektive Älterwerden mit seinen gesellschaftlichen und kulturellen Vernetzungen.* Frankfurt/M. 1995

Schelsky, Helmut: *Die Paradoxien des Alters in der modernen Gesellschaft.* In: Schelsky, Helmut: *Auf der Suche nach Wirklichkeit.* Köln 1965

Schlag, Bernhard: *Fahrverhaltensbeobachtungen bei jüngeren und älteren Kraftfahrern.* Meckenheim 1996

Seeger, K.: *Reisen im Alter. Ergebnisse einer Fragebogenaktion der Universität des 3. Lebensalters an der Johann-Wolfgang-Goethe-Universität.* Frankfurt/M. 1989

Sichelschmidt, Gustav: *Altersschicksale. Zehn biographische Skizzen.* Kiel 1994

Stauber, Manfred: *Versuche mit dem zukünftigen Menschen – die neue Reproduktionsmedizin.* In: Helmchen, Hanfried/Winau, Rolf (Hg.): *Versuche mit Menschen.* Berlin, New York 1986, S. 150–171

Steinhagen-Thiessen, E. (Hg.): *Das geriatrische Assessment.* Stuttgart 1998

Steffens, U./Willmes, G./Gawatz, R.: *Ältere Menschen als Fußgänger im Straßenverkehr. Eine Wirksamkeitsstudie zum DVR-Sicherheitsprogramm.* Bergisch Gladbach 1991

Stuck, A. E./Walthert, J. M./Nikolaus, T./Büla, C. J./Hohmann, C./Beck, J. C.: *Risk factors for functional status decline in community-living elderly people: a systematic literature review.* In: *Social Science & Medicine* (1999) 48, S. 445–469

Stuckelberger, Astrid/Höpflinger, François: *Vieillissement différentiel: hommes et femmes.* Zürich 1996

Tinetti, M. E.: *Performance-oriented assessment of mobility problems in elderly patients.* In: *Journal of the American Geriatrics Society* (1986) 34, S. 119–126

Tölle, Domenica: *Altern in Deutschland, 1815–1933. Eine Kulturgeschichte.* Grafschaft 1996 u. Stuttgart 1996

Tümmers, Hannelore: *Sexualität im Alter.* Köln 1976

Verheugen, Günter: *60 plus: Die wachsende Macht der Älteren.* Köln 1994

Das 4. Leben. Eine Dokumentation. In: *Instant* (1998) 7: Dokumentation des Architekturwettbewerbs ›Wohnkultur im Alter‹ der WK-Erwin-Hoffmann-Stiftung 1997

Volkssolidarität e.V. (Hg.): *Wer und was ist die Volkssolidarität?* Berlin 1995 [Broschüre]

Walz, Thomas/Blum, Nancee: *Sexual Health in Later Life.* Lexington 1987

Wehler, Hans-Ulrich (Hg.): *Sozialgeschichte des Alters.* In: *Geschichte und Gesellschaft. Zeitschrift für historische Sozialwissenschaft* 14 (1988) H. 4, S. 418–557

Wehrli-Schindler, Birgit: *Wohnen im Alter – zwischen Zuhause und Heim.* Zürich 1997

Die Herausgeber

Hans-Liudger Dienel

Studium der Geschichte, Philosophie und des Maschinenbaus in Hannover und München. Von 1990 bis 1992 wissenschaftlicher Mitarbeiter am Zentralinstitut für Geschichte der Technik der Technischen Universität München, Promotion an der Ludwig-Maximilians-Universität München. Von 1993 bis 1995 wissenschaftlicher Angestellter am Forschungsinstitut des Deutschen Museums, München. Seit November 1995 wissenschaftlicher Geschäftsführer des Zentrums Technik und Gesellschaft (ZTG) der Technischen Universität Berlin. Koordinator und Teilprojektleiter der von der Deutschen Forschungsgemeinschaft geförderten Forschergruppe ›Seniorengerechte Technik im häuslichen Alltag‹.

Cornelia Foerster

Geboren 1953 in Ahaus. Studium der Geschichtswissenschaft, Germanistik und Philosophie an der Universität Trier. 1980 bis 1989 Konzeption von Ausstellungen für das Landesarchiv Speyer, das Kulturdezernat Düsseldorf und das Germanische Nationalmuseum Nürnberg, u.a. ›Leben und Arbeiten im Industriezeitalter‹, Nürnberg 1985. Seit 1989 Direktorin der Historischen Museen der Stadt Bielefeld. Zahlreiche Veröffentlichungen zur Sozialgeschichte im 19. Jahrhundert und zur Museologie.

Beate Hentschel

Geboren 1958 in Bielefeld. Studium der Geschichte und Philosophie an den Universitäten Bielefeld und Hamburg. 1987 Promotion in Philosophie an der Universität Bielefeld. Von 1987 bis 1988 wissenschaftliche Assistentin an der Fakultät für Geschichtswissenschaft und Philosophie, Abteilung Geschichte, der Universität Bielefeld. Seit 1990 als Kulturmanagerin tätig. Seit 1991 Projektleiterin für Zeit- und Kulturgeschichte beim Siemens Kulturprogramm, München.

Christof Kübler

Geboren 1956. Studium der Kunstgeschichte, Geschichte und Soziologie in Zürich mit Abschluß zum Lic. phil. Von 1986 bis 1988 wissenschaftlicher Assistent an der Eidgenössischen Technischen Hochschule Zürich, 1988 bis 1994 am Kunstgeschichtlichen Institut der Universität Zürich. Seit 1996 Konservator und Leiter der Fachstelle 20. Jahrhundert am Schweizerischen Landesmuseum Zürich. Mitarbeit am ›Inventar der neueren Schweizer Architektur‹ sowie an verschiedenen Ausstellungen, u.a. ›Die Erfindung der Schweiz 1848–1998‹, Zürich 1998. Publizistische Tätigkeit im Bereich Architektur-, Kunst- und Kulturgeschichte. 1993 Mitglied der Schriftleitung des ›Georges-Bloch-Jahrbuches‹ der Universität Zürich, seit 1991 Redaktionsmitglied der Zeitschrift ›Kunst+Architektur‹.

Die Autoren

Carl Amery

Geboren 1922. Erzähler und Essayist. War Mitglied der Gruppe 47 und von 1989 bis 1991 Präsident des PEN-Zentrums Bundesrepublik Deutschland. Lebt als freier Schriftsteller in München. Aufgrund seines politischen und ökologischen Engagements gefragter Kolumnist und Diskussionspartner für Presse und Fernsehen. Zahlreiche Preise und Auszeichnungen.

Raimund Beck

Geboren 1960. Lebt als Ausstellungsmacher in München. Konzeption verschiedener Ausstellungen: ›Die Angestellten‹, Münchner Stadtmuseum 1995; Dauerausstellung des Firmenhistorischen Archivs der Allianz Versicherungs AG, München 1996; ›Der letzte Schliff. 150 Jahre Arbeit und Alltag bei Carl Zeiss‹, Kulturamt der Stadt Jena 1997; ›Polizeireport München 1799–1999‹, Münchner Stadtmuseum 1999.

Christine von Blanckenburg

Geboren 1962. Studium der Musikwissenschaft, mittelalterlichen und neuen Geschichte in Heidelberg und Berlin. Wissenschaftliche Mitarbeiterin am Institut für Geschichte der Technischen Universität Berlin und am Zentrum Technik und Gesellschaft der Technischen Universität Berlin.

Markus Borchelt

Geboren 1963. Studium der Humanmedizin an der Freien Universität Berlin, dort Promotion 1992. Seit 1994 Mitglied des erweiterten Leitungsgremiums der Berliner Altersstudie (BASE) und stellvertretender Leiter der Forschungsgruppe Geriatrie an der Medizinischen Fakultät der Humboldt-Universität zu Berlin, Charité, Campus Virchow-Klinikum. Seit 1996 Oberarzt am Evangelischen Geriatriezentrum Berlin. Gerontologisch-geriatrische Forschungen mit den Schwerpunkten funktionelle Kapazität und medikamentöse Therapie im Alter.

Sabina Brändli

Studium der Geschichte, Kunstgeschichte und Filmwissenschaft mit Abschluß als Dr. phil. Arbeitet als Lehrbeauftragte und Publizistin; Schwerpunkte: Sozialgeschichte der Bildmedien, Europäischer Autorenfilm, Gender Studies. Publikation: ›Der herrlich biedere Mann. Vom Siegeszug des bürgerlichen Herrenanzuges‹, Zürich 1998.

Jürgen Büschenfeld

Geboren 1955. Studium der Geschichtswissenschaften, Biologie und Soziologie in Bielefeld und Promotion zum Dr. phil. Bearbeitung verschiedener Forschungsprojekte zur historischen Umweltforschung, u.a. zur Wasserhygiene und zur Umweltgeschichte der Landwirtschaft. Seit 1991 freier Mitarbeiter am Historischen Museum der Stadt Bielefeld, wissenschaftliche Betreuung verschiedener Ausstellungsprojekte. Zur Zeit wissenschaftlicher Mitarbeiter am Institut für Wissenschafts- und Technikforschung der Universität Bielefeld. Veröffentlichungen zur Umwelt-, Wissenschafts- und Stadtgeschichte.

Michael Detto

Geboren in Berlin. Praktische Berufserfahrung in den Institutionen Buchhandel, Krankenhaus, Hotel, Büro und Militär. Studium der Kunstgeschichte u.a. in Hamburg, der Filmregie und der Verzweiflung in Lodz (Polen). Inszenierung von Foto- und Theaterarbeiten in München.

Ursula Eymold

Geboren 1961. Studium der Kulturwissenschaften und Geschichte in München und Tübingen. Freiberufliche Ausstellungsregisseurin und Autorin. 1987 bis 1990 Neukonzeption und Errichtung des Stadtmuseums Immenstadt. Konzeption mehrerer Ausstellungen: ›Leibesvisitation‹, Hygienemuseum Dresden 1990; ›Feuer und Flamme. 200 Jahre Ruhrgebiet‹, Gasometer Oberhausen 1994; ›Der letzte Schliff. 150 Jahre Arbeit und Alltag bei Carl Zeiss‹, Kulturamt der Stadt Jena 1997.

Susanne Frohriep

Geboren 1968. Studium der Anthropologie, der Allgemeinen Sprachwissenschaft und der Englischen Philologie an der Christian-Albrechts-Universität zu Kiel. Promotion 1998. Zur Zeit Forschungstätigkeit am Anthropologischen Institut Kiel der Universität Kiel in den Bereichen Angewandte Anthropologie, Bevölkerungswissenschaft und Medienwissenschaft.

François Höpflinger

Geboren 1948. Titularprofessor für Soziologie an der Universität Zürich, 1992 bis 1998 Programmleitung des Nationalen Forschungsprogramms (NFP 32) ›Alter/Vieillesse/Anziani‹, seit 1999 Forschungsdirektion des Universitären Instituts ›Alter und Generationen‹ (INAG) in Sion. Neuere Buchpublikationen zum Thema Alter: ›Frauen im Alter – Alter der Frauen – ein Forschungsdossier‹, Zürich 1997^2; ›Demographische Alterung und individuelles Altern‹, Zürich 1999 (zusammen mit Astrid Stuckelberger).

Utz Jeggle

Geboren 1941 in Nagold. Studium der Volkskunde, Geschichte und Germanistik in Bonn, Wien und Tübingen. Promotion 1969, Habilitation 1978. Seit 1981 Professor für Empirische Kulturwissenschaft am Ludwig-Uhland-Institut der Universität Tübingen. Forschungsschwerpunkte: Seelenleben in unserer Kultur, Gedächtnis-Studien, Heimatkunde des Nationalsozialismus.

Hans W. Jürgens

Geboren 1932. Habilitation 1960 in Anthropologie. Vertritt die Gebiete Anthropologie und Bevölkerungswissenschaft an der Universität Kiel.

Robin Lohmann

Geboren 1962. Studium mit Abschluß BA und MA in den USA. Promotion 1992 am Anthropologischen Institut der Universität Kiel mit einer Arbeit über die Darstellung älterer Menschen in den Printmedien. Zur Zeit selbständige Arbeit im Bereich Biographie.

Erika Neubauer

Geboren 1942. Von 1962 bis 1966 Studium der Sozialwissenschaften an der Universität Erlangen-Nürnberg mit Abschluß als Diplom-Sozialwirt. Von 1977 bis 1981 Promotionsstudium an der Universität Bonn mit Abschluß als Dr. phil. 1983 Gründung der Gesellschaft für Familienforschung e.V. (GEFAM). Durchführung von Forschungsprojekten zu den Bereichen ›Frauen‹ und ›Familie‹ im Auftrag des zuständigen Bundesministeriums. Seit 1991 Geschäftsführerin der Bundesarbeitsgemeinschaft der Senioren-Organisationen (BAGSO e.V.). Herausgabe der vierteljährlich erscheinenden ›BAGSO-Nachrichten‹.

Horst Pichert

Geboren 1940. Studium der Fachrichtung Allgemeiner Maschinenbau am Ohm-Polytechnikum in Nürnberg. Von 1962 bis 1964 Konstrukteur, Fertigungsplaner und Kalkulator bei der Firma Robert Bosch. Anschließend Zweitstudium Maschinenbau mit Schwerpunkt Theorie und Forschung an der Technischen Universität München. Wissenschaftlicher Assistent am Institut für Technische Mechanik, Promotion zum Dr.-Ing. Ab 1974 Aufbau des Fachgebietes Haushalttechnik an der Technischen Universität München-Weihenstephan. 1983 Habilitation zum Dr. oec. troph. habil. Professur für Haushalttechnik am Institut für Ernährungswissenschaft. 1991 Gründung und seitdem Vorsitz des interdisziplinären Arbeitskreises ›Barrierefreie Hausgeräte‹. Aktuelle Forschungsschwerpunkte: Mikrowellen- und Induktions-Gargeräte, kombinierte Beheizungssysteme sowie ›Technik und Gesundheit‹. Behinderten- und seniorengerechte Produkte bei ganzheitlicher Beurteilung der Gebrauchstauglichkeit. Autor zahlreicher wissenschaftlicher Veröffentlichungen zur Haushalttechnik.

Birgit Riedel

Politikwissenschaftlerin. Seit 1990 Mitarbeiterin und freie Konsulentin des Europäischen Zentrums für Wohlfahrtspolitik und Sozialforschung in Wien. Forschungsprojekte und international vergleichende Studien zu folgenden Themengebieten: Pflegesicherung, Pflege in der Familie, Vereinbarkeit von Berufstätigkeit und der Pflege älterer Angehöriger. Derzeitige Schwerpunkte: Familienpolitik, Förderung ehrenamtlichen Engagements. Mitautorin mehrerer Bücher, u.a.: Adalbert Evers/Kai Leichsenring/Birgit Pruckner: ›Alt genug, um selbst zu entscheiden. Internationale Modelle für mehr Demokratie in Altenhilfe und Altenpolitik‹. Hrsg. vom Europäischen Zentrum für Wohlfahrtspolitik und Sozialforschung. Freiburg/Br. 1993.

Katharina Schicke

Geboren 1968. Studium der Neueren Geschichte, Kunstgeschichte und Spanischen Literaturwissenschaft in Bonn, Valladolid (Spanien) und Berlin. Freiberufliche Tätigkeit für Museen in den Bereichen Ausstellung, Publikation und Museumspädagogik. Zur Zeit wissenschaftliche Volontärin am Historischen Museum Bielefeld. Verschiedene Veröffentlichungen zur Frauen- und Geschlechtergeschichte.

Rolf Winau

Geboren 1937. Studium der Geschichte, Germanistik und Philosophie in Bonn und Freiburg. 1963 Promotion zum Dr. phil. Anschließend Studium der Medizin in Mainz mit Promotion zum Dr. med. 1970 Approbation als Arzt. Assistent am Medizinhistorischen Institut der Universität Mainz, dort 1972 Habilitation und 1973 Ernennung zum Wissenschaftlichen Rat und Professor. Seit 1976 Ordentlicher Professor für Geschichte der Medizin an der Freien Universität Berlin. 1997 Gründungsdirektor des Zentrums für Human- und Gesundheitswissenschaften der Berliner Medizinischen Fakultäten. Seit 1993 Vorsitzender des Fachverbandes Medizingeschichte. Wissenschaftliche Arbeiten zur Geschichte der Pharmakologie, zum Biologismus, zur Medizin im Nationalsozialismus, zu Bedeutung und Funktion der Medizingeschichte und zur Ethik in der Medizin.

Carsten Zorn

Geboren 1970. Studium der Politikwissenschaft, Soziologie, Philosophie und Germanistik in Marburg/Lahn und an der Freien Universität Berlin. Seit April 1998 wissenschaftlicher Mitarbeiter am Zentrum Technik und Gesellschaft (ZTG) der Technischen Universität Berlin. Seit April 1999 Doktorand mit einer Arbeit zur soziologischen Theorie Niklas Luhmanns und Stipendiat am Graduiertenkolleg ›Repräsentation – Rhetorik – Wissen. Grundlagen der Kulturwissenschaften‹ der DFG, Frankfurt/Oder.

Wir danken den Leihgebern und Künstlern

Bad Kissingen
Stadtarchiv Bad Kissingen, Fotosammlung

Basel
Naturhistorisches Museum

Berlin
Berliner Medizinhistorisches Museum
Bibliothek des Kammergerichts Berlin
Bildarchiv Preußischer Kulturbesitz
Bundesversicherungsanstalt für Angestellte
Deutsches Historisches Museum
Deutsches Technikmuseum
Die Sammlung Hansen
Heinle, Wischer und Partner Freie Architekten GbR
Museum für Post und Kommunikation
Stadtmuseum Berlin
Technische Universität Berlin, Institut für Biomedizinische Technik

Bern
Berner Historisches Museum
Museum für Kommunikation

Bielefeld
Baugenossenschaft Freie Scholle eG
Jürgen Büschenfeld
Evangelisches Johanneswerk e.V., Geschichtsschreibung
Historisches Museum Bielefeld
Wilhelm Niederröhrmann
Hermine Oberück
Stadtarchiv und Landesgeschichtliche Bibliothek
Hilla Wirth

Bonn
Rheinisches Landesmuseum

Bremen
Focke-Museum/Bremer Landesmuseum
Staatsarchiv Bremen
Universitätsbibliothek Bremen

Detmold
Westfälisches Freilichtmuseum Detmold/ Bildsammlung: Bildsuchaktion der Volksbanken und Spar- und Darlehenskassen

Dresden
Michael Nowak
Sammlung des Deutschen Hygiene-Museums

Düsseldorf
Landschaftsverband Rheinland – Medienzentrum Rheinland
Victoria-Versicherung

Ebersberg
Werner Bachmeier

Essen
Ruhrlandmuseum

Frankfurt/M.
Jüdisches Museum der Stadt Frankfurt am Main

Glasgow
Art Gallery & Museum/The Burrell Collection

Hamburg
Daniel Josefsohn
Günter Westphal

Hannover
Historisches Museum Hannover

Karlsruhe
Badisches Landesmuseum
Wolfgang Käppner
Jan Sturm

Koblenz
Bundesarchiv Koblenz

Köln
Karl Heinz Felten (Mitglied der European Money Bank Collectors EMBC)

Lausanne
Archiv La Rozavère, Etablissement médico-social
Musée de L'Elysée

London
Bridgeman Art Library
Melanie Manchot
The Saatchi Gallery
Freud Museum
The Rothschild Archive
City of Westminster Archives Center, Kerrison Preston Library, London

Ludwigsburg
Staatsarchiv Ludwigsburg

Manchester
Sue Fox

Morschenich
Michael Jeiter

München
Allianz Versicherungs AG, Firmenhistorisches Archiv
Altenheim St. Josef
Bayerische Staatsbibliothek
Bayerisches Nationalmuseum
Raimund Beck
Bilderdienst Süddeutscher Verlag
Deutsches Museum
Maria Mandlinger
Münchner Stadtmuseum, Fotomuseum
Münchner Stadtmuseum, Graphiksammlung
Siemens AG
Siemens-Electrogeräte GmbH
Siemens Archiv
Stadtarchiv München
Städtisches Fundbüro
Sudetendeutsches Archiv
Technische Universität München, Fachgebiet Haushalttechnik, Prof. Dr. Horst Pichert
Matthias Ziegler

Münster
Landesbildstelle Westfalen

Neuried
Herlinde Koelbl

New York
Museum of Modern Art
Paula Cooper Gallery

Nürnberg
Germanisches Nationalmuseum

Oldham, UK
Oldham Art Gallery & Museums

Paris
École nationale supérieure des beaux-arts
Muséum National d'Histoire Naturelle

Remscheid
Deutsches Röntgen-Museum

Schleswig
Stiftung Schleswig-Holsteinische Landesmuseen, Schloß Gottorf

St. Pölten
Niederösterreichisches Landesmuseum

Stuttgart
Dr. Karin Frank von Maur
Staatsgalerie Stuttgart
Württembergisches Landesmuseum Stuttgart, Landesstelle für Volkskunde

Marktgemeinde Tamsweg, Österreich
Gemeindearchiv

Tittling
Museumsdorf Bayerischer Wald
Rotel Tours

Weigendorf
Familie Haslbeck

Wien
Museen der Stadt Wien
Pathologisch-Anatomisches Bundesmuseum

Wiesbaden
Jahn Filmproduktion

Winterthur
Sulzer Medica AG

Zollikon
Hans G. Leuzinger

Zürich
Lotti Belz
Emmi Bühler-Nöthiger
Verena Diener
Eidgenössische Technische Hochschule, Institut für Geschichte und Theorie der Architektur
Rožà Erb
Genossenschaft Neubühl
MUSÉE SUISSE/Schweizerisches Landesmuseum
Museum für Gestaltung
Pro Senectute
Erika Rellstab
Schweizerische Bundesbahn, Fundbüro
Donat Stuppan
T&C Edition AG
Universitätsspital Zürich, Moulagensammlung
Annelies Wyss

sowie weiteren privaten Leihgebern